# Un año de esperanza

365
DEVOCIONALES
*para animar
tu alma*

ESPAÑOL
BRENTWOOD, TN

Un año de esperanza: 365 devocionales para animar tu alma

Copyright © 2023 por B&H Español
Todos los derechos reservados.
Derechos internacionales registrados.

B&H Publishing Group
Brentwood, TN 37027

Diseño de portada: B&H Español

Clasificación Decimal Dewey: 234.2
Clasifíquese: DIOS—PROMESAS \ ESPERANZA

ISBN: 978-1-0877-8297-3

Impreso en EE. UU.
1 2 3 4 5 * 26 25 24 23

# A SU IMAGEN

## Josué Ortiz

*Y creó Dios al hombre a su imagen, a imagen de Dios lo creó...*

(GÉNESIS 1:27)

**M**i primera opción de carrera profesional fue Relaciones Internacionales-Diseño Gráfico. Mi universidad había juntado ambas disciplinas en una sola carrera; no estoy seguro por qué. Siempre había querido dedicarme a la diplomacia, ¿pero dedicarme al diseño gráfico? ¡Jamás! No porque no quisiera, sino porque no podía. Prueba de ello fue cuando dibujamos un *autorretrato*. Mis compañeros hicieron verdaderas obras de arte, mientras que yo me ridiculicé al *dibujar a alguien* que definitivamente era una persona, pero no era yo. Era alguien que se parecía a mí, pero desfigurado, desteñido, lejano a mi rostro original.

En un sentido similar el ser humano se encuentra desfigurado, desteñido, lejano de su diseño original. En Génesis leemos que sí fuimos creados a imagen de alguien, fuimos formados a semejanza del Rey, pero hoy, es evidente que la humanidad ya no refleja esa imagen. Por eso el evangelio es tan importante. El evangelio de Dios (Rom. 1:1-6) restaura nuestra condición a través de un trasplante de corazón. De tener un corazón de piedra, nos transforma para tener un corazón de carne (Ezeq. 36:26), un corazón que de nuevo refleja la gloria de nuestro Creador. Ahora podemos hacer lo que antes era simplemente imposible: podemos glorificar a Dios.

¿Has creído en este evangelio? ¿Has recibido un nuevo corazón que trae consigo nuevos apetitos y deseos? ¡Vive una vida a imagen de Dios! Cada día asemejándote más a Dios y menos a ti.

# ¿VOLVER A LA TIERRA?

## Josué Ortiz

*Con el sudor de tu rostro comerás el pan hasta
que vuelvas a la tierra, porque de ella fuiste
tomado; pues polvo eres, y al polvo volverás.*

(GÉNESIS 3:19)

*H*ace algunos años, mi esposa y yo nos hicimos ávidos seguidores de una buena serie de televisión inglesa. La historia y trama se desarrolla a finales de la época aristocrática eduardiana del siglo xix. Sin embargo, la serie recibió duras críticas cuando los productores decidieron matar a uno de los personajes más importantes y carismáticos de la serie. El mensaje era claro: la gente no quiere finales tristes, solo felices.

Cuando Adán y Eva pecaron al desobedecer a Dios, ellos fueron los primeros receptores de la peor noticia posible: «Volverán a la tierra, porque de ella fuiste tomado» (Gén. 3:19). Definitivamente, ese día escucharon malísimas noticias que los afectarían a ellos y a toda su descendencia; tú y yo incluidos. Su mortalidad fue declarada. Ahora eran finitos, caídos, enfermizos y eventualmente regresarían a la tierra, que es una manera de decir que serían sepultados *debajo* de ella. Dios los había creado para regirla y gobernarla, pero ahora la tierra serviría como su ataúd.

Por eso es tan extraordinario que Jesús haya llegado a la tierra a anunciar que «los humildes heredarán la tierra» (Mat. 5:5). La llegada de Jesús no solo trae vida *después* de la muerte, sino vida *durante* nuestro tiempo en la tierra. En Cristo somos personas redimidas que no tienen que experimentar un final triste, sino una vida que nunca tendrá final.

# DORMIR TRANQUILOS

### Karla de Fernández

*Jehová peleará por vosotros, y vosotros estaréis tranquilos.*

(ÉXODO 14:14)

Ver dormir profundamente a mis hijos es algo que me asombra mucho. Escuchar su respirar pausado y tranquilo me permite entender que ellos están tranquilos, confiados de que a escasos metros de su habitación están sus padres que cuidarán de ellos tanto como cuando están despiertos.

¿No te parece increíble que mientras duermen y no están conscientes de lo que sucede a su alrededor aun así ellos confían en sus padres, personas imperfectas que los aman? Si bien es cierto que en algún momento los esfuerzos de los padres no serán suficientes o no estarán presentes siempre que los hijos los necesiten, ellos harán lo posible por cuidar de sus hijos.

¿Cuánto más podríamos confiar en Dios, el Padre perfecto que siempre está presente y quien peleará por nosotros? ¿Cuánto más podríamos confiar en aquel que descendió del cielo para darnos libertad? Aunque en esta tierra pasaremos por momentos de dolor, de aflicción que nadie desea que sucedan, nuestro Padre perfecto sí está presente, cuida de nosotros, guarda nuestra vida y a pesar del sufrimiento, Él nos da la paz y la tranquilidad que necesitamos.

Esa es nuestra esperanza. Dios está presente en los momentos que más lo necesitamos. La vida no siempre será de alegría, pero tampoco siempre será de sufrimiento; llegará un momento en el que ya no habrá dolor y en el que disfrutaremos por siempre de nuestro eterno Dios.

# EL MUNDO SIGUE GIRANDO

### Karla de Fernández

*Acuérdate del día de reposo para santificarlo. Seis días trabajarás, y harás toda tu obra; mas el séptimo día es reposo para Jehová tu Dios; no hagas en él obra alguna, tú, ni tu hijo, ni tu hija, ni tu siervo, ni tu criada, ni tu bestia, ni tu extranjero que está dentro de tus puertas.*

(ÉXODO 20:8-10)

Hace tiempo vi una publicación en la que buscaban crear conciencia en las personas respecto al trabajo y lo poco que deberían tomárselo en serio. En ella decían que era injusto tener que trabajar seis días de la semana para solo descansar uno; era injusto trabajar doce meses para solo tener vacaciones un par de semanas.

Todo depende de la perspectiva con la que lo veas y del conocimiento de lo que Dios dice acerca del descanso. Si vemos el trabajo que realizamos como una bendición por medio de la cual Dios nos provee, además de verlo como un lugar en el que podremos reflejar la bondad de Dios a quienes nos rodean, entonces esperaremos el día del descanso como una forma de gratitud a Dios y de imitar lo que Él realizó después de que hubo trabajado.

«Acuérdate del día de reposo para santificarlo. Seis días trabajarás, y harás toda tu obra; mas el séptimo día es reposo para Jehová tu Dios; no hagas en él obra alguna, tú, ni tu hijo, ni tu hija, ni tu siervo, ni tu criada, ni tu bestia, ni tu extranjero que está dentro de tus puertas» (Ex. 20:8-10).

Que cada día que descansemos sea para recordar que hemos sido bendecidos por Dios por medio de un trabajo en el que tenemos la oportunidad de reflejar Su imagen, de bendecir a quienes nos rodean. Que nuestro descanso refleje la gratitud que tenemos al Dios que nos permite trabajar en el lugar donde estamos.

# *WAZE* CELESTIAL

## Karla de Fernández

*He aquí yo envío mi Ángel delante de ti para que te guarde en el camino, y te introduzca en el lugar que yo he preparado.*

(ÉXODO 23:20)

En muchas ocasiones me jacté de mi capacidad para ubicarme en una ciudad. Es como si supiera dónde está el norte, el sur, el este y el oeste. Pero la realidad es que no tengo idea, de hecho, me confundo si alguien me dice oriente o poniente; ¡no tengo idea de cuál es cuál!

Sé que no soy la única que se siente feliz y agradecida por la aplicación *Waze*. Es una maravilla introducir la dirección y ni siquiera tener que mirar el mapa porque una voz amigable te va guiando hasta el lugar exacto al que te diriges.

Mucho de lo que vemos en esta tierra son ecos de la tierra que vendrá. Ecos del Edén. Vamos a un lugar mejor, a la tierra perfecta, donde Cristo Jesús estará en medio nuestro, pero no vamos solos ni a ciegas. Nuestro Dios dijo: «He aquí yo envío mi Ángel delante de ti para que te guarde en el camino, y te introduzca en el lugar que yo he preparado» (Éxodo 23:20).

Dios no solo nos dio a Cristo para guiarnos en el camino, ¡Él es el camino! Es Él quien nos acompaña en nuestro peregrinar, es Él quien nos guía, nos marca la ruta y estará con nosotros hasta que lleguemos al destino que ha preparado para nosotros desde el momento que decidió venir por nosotros. ¡Bendita esperanza! Podemos estar tranquilos de que no nos perderemos y de que llegaremos sanos y salvos a nuestro destino.

# LA NOVEDAD DE LA VIDA

## Obed Millan

*¿Qué, pues, diremos? ¿Perseveraremos en el pecado para que la gracia abunde? En ninguna manera. Porque los que hemos muerto al pecado, ¿cómo viviremos aún en él?*

(ROMANOS 6:1-2)

*D*espués de un accidente muchas personas suelen decir: «Nací de nuevo», pero generalmente la vida sigue igual... a menos que dejen al Espíritu de Dios renovar su naturaleza interior, admitan su alejamiento del Señor e inicien una comunión con Él. Seguir viviendo no significa nueva vida. Nuevo nacimiento es el requisito que establece Jesús para entrar a Su reino. El nacer de nuevo es un deber de todo creyente. Tú también puedes nacer de nuevo sin llegar al borde de la muerte.

Andar en vida nueva es dejar la vieja, dejar la atadura al pecado. Dejar de ofender a Dios con hechos y palabras y disfrutar de la vida en Cristo. Cuando lo hacemos genuinamente, resalta a toda luz un cambio de conducta en conformidad con los principios que enseña la Palabra de Dios.

José es un joven apuesto, de buenos modales, trabajador y alegre. Cuando vino a Cristo tuvo un cambio feliz en su vida. Leía la Palabra de Dios, le gustaban los coros, testificaba a todos. Las amigas con las que acostumbraba a salir lo llamaban con frecuencia, y él les respondía con gusto: «Ya me entregué a Cristo y no puedo volver al mundo contigo». Hoy día es un hombre realizado y feliz. José, al igual que todo el que nace de nuevo, entra voluntariamente en un régimen de orden, de respeto, de lealtad a Dios.

Disfrutemos ya la vida nueva en santa sujeción a Jesucristo. Hagamos de Su voluntad nuestra preferencia, nuestra suprema autoridad y nuestra gloriosa finalidad.

# BENDECIR A LOS MANSOS

## Óscar Bauer

---

*Bienaventurados los mansos, porque ellos recibirán la tierra por heredad.*

(MATEO 5:5)

E l ser humano tiene un hambre insaciable de poder y control. Nos gusta ser el más importante y decirles a todos los demás lo que pueden o no pueden hacer. La sociedad valora a las personas que son agresivas y ambiciosas. Una compañía exitosa es la que destruye o asimila a sus competidores. Una nación poderosa es la que ensambla una maquinaria militar imponente y domina a sus vecinos. Así es el hombre. El hambre de poder puede traer fama, dominio y riquezas, pero solo temporalmente.

Laura se crio en un hogar de mucha discordia. Su papá era un hombre agresivo y manipulador. Golpeaba a su esposa y a Laura la trataba como a una criada. Le exigía que se levantara a las cinco de la mañana para atenderlo. Si no se levantaba a tiempo, él la sacaba de la cama y con insultos la obligaba a plancharle la ropa y a prepararle el desayuno.

A la edad de 16 años Laura se fue de su casa para jamás volver. Ella creía que huyendo dejaría atrás ese tormento. Aquel día sería el último que un hombre la maltrataría. Sin embargo, aquel espíritu agresivo y dominante de su padre empezó a aflorar en ella. En el trabajo ella era la agresiva y manipuladora. Luego, a los tres meses de haberse casado con un buen muchacho, comenzaron los problemas en su propio hogar. Ella no podía ver a su esposo como un compañero, sino como un rival. Aunque él era noble, ella sentía la urgencia de imponerse sobre él. Ahora era ella la que gritaba y agredía. Su matrimonio no sobrevivió el primer aniversario.

Aquel fracaso hirió profundamente su orgullo. Ella se había convertido en el monstruo que tanto odiaba cuando era niña. La dirección de su vida empezó a cambiar cuando una amiga le regaló una Biblia. «Lee el Sermón del Monte», le decía su amiga, «te hará bien». Allí Laura descubrió que Dios promete Su bendición a los mansos. A aquellos que no confían en su propio poder y sagacidad. La felicidad no está en ser fuerte e imponerse sobre los demás. Ella no necesitaba controlarlo todo. Poco a poco comenzó a acercarse a Dios y a pedirle que guiara sus pasos, moldeara su carácter y la sostuviera con Su gracia.

# AYUDAR A LOS NECESITADOS

## Óscar Bauer

*Los ciegos ven, los cojos andan, los leprosos son limpiados, los sordos oyen, los muertos son resucitados, y a los pobres es anunciado el evangelio.*

(MATEO 11:5)

«**N**uestra iglesia es una sala de emergencia», le comentó una hermana de la congregación a mi esposa. Aquella hermana se había entrenado como médico y entendía muy bien lo que estaba diciendo. Cada dos o tres semanas llegan a nuestra congregación personas con diversas clases de crisis. Algunas llegan con hogares destrozados, otras con problemas legales y otras confrontando la enfermedad crónica o la muerte de un ser querido.

Nuestra congregación no está formada necesariamente por abogados, psiquiatras o consejeros familiares. Pero sí está llena de seguidores de Jesús. Sabemos que así como Jesús anduvo por el mundo haciendo bien y sanando las dolencias de las personas, la iglesia ha sido llamada a ser una comunidad sanadora. Nuestra medicina es el poder del Espíritu Santo y el poder del evangelio. Ambos nos han servido para saber cómo responder y ministrar a todas las personas afligidas que entran por las puertas del templo. Hemos aprendido a ser sensibles al dolor ajeno y a responder con acercamiento, aceptación y la voluntad de hacer todo lo que esté a nuestro alcance para aliviar el dolor y para dar esperanza al afligido.

Al pasar los años vemos que la iglesia continúa el ministerio de Jesús de forma efectiva. En Su tiempo, los cojos recibían el andar, los ciegos llegaban a ver y hasta los muertos eran resucitados. Nosotros no hemos visto tales milagros, pero sí hemos visto muchos otros. La persona que llegó derrotada, ahora se ha levantado. El que llegó confundido, ahora ve la luz y camina sin tropezar. El que llegó muerto en su pecado, ahora tiene vida nueva. Todos estos milagros no ocurren cuando la persona entra al templo, sino cuando Cristo entra en su corazón. Nuestro evangelio es un mensaje de salud, sana el alma, renueva corazones y restaura relaciones.

Tú llevas a Cristo en tu corazón y has sido comisionado para continuar Su misión en la tierra. Pon tus manos, tus labios y tus pies al servicio de Dios y podrás decir lo mismo que dijo Jesús. Las personas siguen siendo sanadas y salvadas por el poder de Jesús y de Su evangelio.

# UNA CONDUCTA LIMPIA Y RECTA

### Nilo Domínguez

*Aun el muchacho es conocido por sus hechos,*
*Si su conducta fuere limpia y recta.*

(PROVERBIOS 20:11)

*D*ijo José Martí, el gran patriota cubano: «La palabra ha caído en descrédito porque los necios han abusado de ella». Esto es cierto. Estamos en la época en que las palabras no tienen casi valor. Los políticos con sus promesas falsas han contribuido a ello. Los comerciantes con sus anuncios falsos también han contribuido a ello. Las personas quieren ver hechos, no palabras huecas y vacías. Hasta el cristianismo ha sufrido con esta situación.

Necesitamos vivir la vida cristiana. Necesitamos tener una conducta recta y limpia como indica el escritor sagrado. Dos cosas queremos enfatizar en este texto bíblico. Primero, una conducta limpia. No es secreto para nadie que vivimos en un mundo sucio. Alguien ha dicho que vivimos en una «sociedad» que es «suciedad». La contaminación no es solo material; aguas, aire, etcétera. La contaminación se ve también en lo moral; la política, la educación, la religión…

Lo segundo que queremos enfatizar es una conducta recta. No es secreto que vivimos en un mundo «torcido» donde a lo malo se le llama bueno y a la inversa. Se elogia la maldad y se critica la bondad. Se ensalza la violencia y se denigra la pasividad. Se elogia el pecado y se critica y denigra la santidad y la pureza. Pero en un mundo así, la Biblia nos invita a tener una conducta limpia y recta.

Recuerdo cuando me convertí al evangelio. Trabajaba en una imprenta, donde nadie creía en el Señor. La vida se me hizo muy difícil pues al brillar yo con la luz de Cristo, descubría las picardías y las trampas de los otros trabajadores. Ellos se burlaban de mí. Me criticaban y hasta me hicieron pasar malos ratos, enviando a una prostituta para que me sonsacara mientras ellos se reían. Pero al final, el dueño se dio cuenta de que yo era el hombre que necesitaba para su negocio; una persona cristiana, de conducta limpia y recta. Jesús nos invita a brillar con Su luz en medio de un mundo oscuro y sucio.

# LA VERDADERA SABIDURÍA

## Nilo Domínguez

---

*Y el niño crecía y se fortalecía, y se llenaba de
sabiduría; y la gracia de Dios era sobre él.*

(LUCAS 2:40)

Es necesario hacer una diferencia entre «cultura» (conocimientos) y «sabiduría» (capacidad de discernir entre el bien y el mal). He conocido a personas muy cultas y que carecen totalmente de sabiduría. Un médico puede tener muchos conocimientos y mucha cultura, pero si fuma y toma licor, no demuestra ninguna sabiduría. Un abogado podrá conocer muchas leyes y tener mucha cultura, pero si vive una vida sucia y de pecado, no demuestra sabiduría. Con razón la Biblia dice que «el principio de la sabiduría es el temor de Jehová». En el pasaje que nos sirve de base a esta meditación se dice que el niño Jesús crecía en «sabiduría». Esta sabiduría de Jesús quedó demostrada unos versículos más adelante cuando se quedó en el templo y discutía con los sabios a quienes dejó sorprendidos.

Es importante que tengamos esto en cuenta. No basta con tener cultura intelectual. Es necesario tener sabiduría divina para vivir recta y limpiamente. En lo personal, amo la cultura. Me he esforzado en ir a la universidad y cultivar mi mente y mi inteligencia. Pero he tenido buen cuidado de que la verdadera sabiduría habite en mi corazón. Por eso he dado mi corazón a Cristo. Era un adolescente cuando le di mi vida a Cristo. Recuerdo que eso me trajo problemas con la familia, con los amigos y con los compañeros de trabajo. Pero me siento feliz de haberlo hecho.

He enseñado a mis hijos y a mis nietos que lo más importante es tener a Cristo como Salvador. Todo lo demás es pasajero. Pasa el dinero, pasan las glorias de este mundo. Los trofeos y los títulos son echados un día al basurero de la vida. Solo permanecen los valores espirituales que Dios ha puesto en nuestras mentes y corazones. Eso es lo que vemos en Jesús. Siendo el Hijo de Dios, iba a la sinagoga. Leía los rollos del Antiguo Testamento. Oraba. Buscaba la gracia de Dios cada día. Y si eso lo hacía Jesús, qué no debemos hacer tú y yo, que somos indignos pecadores, rescatados del infierno por la sangre de Cristo. Te animo hermano y amigo, a buscar la verdadera sabiduría: «La que viene de Dios, la que viene de arriba».

# ENFÓCATE EN LA OBRA DE DIOS

## Mirián López

*Entonces él les dijo: ¿Por qué me buscabais? ¿No sabíais que en los negocios de mi Padre me es necesario estar?*

(LUCAS 2:49)

*D*esde muy joven Jesús se interesó en los asuntos de Su Padre celestial. La Biblia relata que en una ocasión estaba en el templo discutiendo con los doctores de la ley. Para Él era más importante hablar de los asuntos del reino de Dios que contar historias de Su vida diaria. ¿Qué haces cuando estás en el templo? ¿En qué temas se enfocan tus conversaciones con tus hermanos? ¿Cuentas tus peripecias diarias o los programas de televisión que has visto?

Es cierto que el compañerismo es necesario entre los hermanos de la fe y que la comunión forma parte de los planes de Dios para Su pueblo, pero sería muy saludable evaluar de qué hablamos mientras estamos en la casa del Señor. Una vez se acercó a mí una joven para decirme que se había sorprendido al escuchar a varias mujeres conversando en una reunión de la iglesia sobre sus achaques y las medicinas que tomaban. Se supone que debían hablar acerca de experiencias espirituales. No, no es cosa de santurronas, es un asunto de prioridades. Si a veces no tenemos la oportunidad de hablar en la casa ni en los centros de trabajo de las cosas del Señor, ¿también nos vamos a olvidar de que vamos al templo a aprender y a ocuparnos de las cosas del Señor? Lo mejor que tú y yo podemos hacer al entrar al templo es concentrarnos en lo que Dios quiere decirnos. La lectura y el estudio de la Palabra, la oración, la música y el mensaje son medios que te permiten adorar y comunicarte con tu Creador. Nunca olvides que los negocios de tu Padre celestial son parte fundamental de tus intereses.

# GRACIA PARA CON DIOS Y LOS HOMBRES

### Mirián López

*Y Jesús crecía en sabiduría y en estatura, y en gracia para con Dios y los hombres.*

(LUCAS 2:52)

El gozo más precioso que unos padres pueden disfrutar es ver a sus hijos crecer saludables. Muchos padres se preocupan cuando ven que sus hijos se demoran en crecer o en comenzar a hablar y hasta los llevan a especialistas para que los ayuden en el proceso. Una buena salud cuenta para un desarrollo equilibrado, pero como siempre, la Biblia va mucho más allá de lo que nosotros miramos a simple vista. Jesús no solo estaba creciendo físicamente, sino en conocimiento y en ingenio, en piedad, en compasión, en favor, no solo para los que lo rodeaban, sino para con Dios.

Hay muchas personas que todavía no han llegado tan profundo. Aparentemente quedan bien con todos, les caen bien a todos, se llevan bien con todos, menos con Dios. Para estar en gracia con Dios hay que hacer Su voluntad. No basta con que crezcamos espiritualmente, sino que procuremos siempre seguir creciendo con el propósito de alcanzar la estatura de Cristo.

Algunos creyentes piensan que por aprobar algunos estudios bíblicos o de discipulado ya han llegado a la meta. No es así. Aquí en la tierra no tenemos límite, porque es menester que imitemos a Cristo y emular a nuestro Maestro es una tarea continua. La palabra dice en Lucas 2:40: «Y el niño crecía y se fortalecía, y se llenaba de sabiduría; y la gracia de Dios era sobre él». Cuando la gracia de Dios sea sobre ti primero, tu vida estará impregnada de Sus enseñanzas y de Sus bendiciones. Entonces los que te rodean no solo te admirarán, sino que se beneficiarán de lo que Dios puede hacer a través de ti. No te conformes con lo que has logrado, ni te canses con lo que le queda por hacer. Esta es tu carrera constante mientras permanezcas en la tierra.

# CRECIMIENTO ESPIRITUAL

## Mirián López

*... desead, como niños recién nacidos, la leche espiritual no adulterada, para que por ella crezcáis para salvación.*

(1 PEDRO 2:2)

Hay que procurarlo: El crecimiento espiritual no se logra automáticamente después de que recibimos la salvación. Siempre han existido «niños espirituales» merodeando por las congregaciones cristianas. Son aquellos que requieren que se les reconozca y agradezca lo que hacen por la obra del Señor. Los que como niños malcriados se llevan su juguete cuando los demás no juegan como él quiere. Los que buscan primero ser complacidos ellos que complacer a Dios. Los que quieren ser el centro de atención. La salvación es instantánea pero el crecimiento espiritual es un proceso largo y constante. No todos los niños están dispuestos a comprometerse a hacer su tarea diaria.

Cuando una persona se entrega a Jesús, lo más normal es que desee con todo su corazón mantener una relación constante con Él. Desea conocer Su historia, Sus enseñanzas y Sus preceptos. Conocer la historia de la vida de Jesús en la tierra ayuda a entender la razón de la salvación. Conocer las enseñanzas de Jesús ayuda a sobrellevar la vida cristiana en medio de un mundo incrédulo. Conocer los preceptos de Jesús ayuda a tener una regla que seguir y una razón para vivir. Una cosa es ser un creyente en Cristo y otra muy distinta es ser un discípulo de Cristo. El creyente se sienta en los asientos del templo para ver lo que está sucediendo, el discípulo forma parte fundamental de lo que sucede.

Para crecer espiritualmente hay que desearlo. Jesús quiere enseñarnos, quiere que lo sigamos, que estemos con Él y permanezcamos en Él. Para eso es necesario entregarse y comprometerse. ¿Estás disponible para el Señor o estás esperando tener un tiempo libre para servirle? ¿Perteneces a la iglesia de Cristo o solo asistes a los cultos de adoración matutinos? ¿Te alimentas con el pan diario que es la Palabra de Dios o comes las migajas que otros echan al aire? ¿Es Dios tu primera prioridad o tu último recurso?

# FIDELIDAD

### Mirián López

*¿Quién es, pues, el siervo fiel y prudente, al cual puso su señor sobre su casa para que les dé el alimento a tiempo?*

(MATEO 24:45)

Recientemente vimos una lista de diez cosas que están a punto de desaparecer en nuestra cultura. Es interesante, pero todas ellas estaban relacionadas con cosas físicas y materiales. No sé si a alguien se le ha ocurrido escribir una lista de diez cosas éticas que están en peligro de extinción en nuestra sociedad. Yo voy a arriesgarme: «La amabilidad, la bondad, el compromiso, la decencia, la educación, la fidelidad, la generosidad, la integridad, la privacidad y la seguridad». Y puedo encontrar dieciocho palabras más hasta completar el alfabeto. La ética es parte de la filosofía que trata de la moral y de las obligaciones del hombre. ¿No es cierto que estas actitudes escasean hoy?

El pasaje que nos ocupa hoy es aplicable a lo que sucede en la actualidad, como todo lo que encontramos en la Biblia. Jesús habla de que los males de los últimos tiempos nos pueden desviar de nuestra labor como hijos de Dios. La mejor manera de estar preparados para la segunda venida de nuestro Señor es preservar los valores y los principios bíblicos, los cuales han dado razón de ser a todas las cosas, costumbres y hombres que han beneficiado al mundo. Todo lo bueno proviene de Dios, y no creo que alguien pueda probar lo contrario. La fidelidad proviene de una devoción sincera a Dios, forjada bajo el compromiso de la integridad del hombre, que se ha educado para mostrar decentemente su amabilidad, bondad y generosidad en la sociedad en que se desenvuelve.

Como pueblo de Dios, estamos comprometidos a no colaborar con los hipócritas. La clave no es ser políticamente correctos, sino bíblicamente correctos. El Señor puede venir en cualquier momento. Él puede hacer que se cumpla en unos segundos todo lo que falta por cumplirse antes de Su segunda venida. ¿Estás en condiciones de recibirle? ¿Estás cuidando de Su obra dentro y fuera del templo? ¿Hay muestras visibles de Su fidelidad? ¿Te hallará fiel?

# AMOR

**Mirián López**

*Y ahora permanecen la fe, la esperanza y el amor,
estos tres; pero el mayor de ellos es el amor.*

(1 CORINTIOS 13:13)

¿Has pensado cómo sería este mundo si no existiera el amor? Piensa por un momento cómo serían las canciones si no hablaran del amor. Cómo te relacionarías con tus familiares a los que no podrías llamar tus «seres queridos» si no hubiese amor. Cómo te manifestarías a tus amigos, a tus animales domésticos, a tus deportes y entretenimientos favoritos si no pudieras apreciarlos o tenerles cariño. ¡Cómo te comunicarías con Dios! Si se quitara el amor de este mundo todo quedaría trastornado, confuso y viviríamos en un caos. Todavía el hombre no ha descubierto del todo el gran significado del amor. Es el tema más predicado y menos comprendido en las iglesias. Es la palabra más pronunciada y menos practicada. El amor es un atributo de Dios. La forma más eficaz de explicar el significado de este término la ha mostrado Dios al enviar a Su único Hijo a morir por nosotros. Aun así, ni el cristiano más devoto está dispuesto en la actualidad a entregar un hijo para salvar a otros. ¿Sabemos qué es el amor? El amor es la más grande y hermosa de las cualidades humanas. Dios nos lo ha mostrado infinidad de veces en Su Palabra y todavía lo sigue haciendo en nuestras vidas. Pero Dios sabe que nosotros nos amamos más a nosotros mismos que a otros. Por eso nos dice que debemos amar a nuestro semejante como a nosotros mismos. Este es el tope. El máximo. Por lo tanto, debemos aprender a poner la otra mejilla, a caminar la otra milla, a dejar la capa, a reconciliarnos con nuestro hermano, a dar, a orar por los que nos aborrecen y nos ultrajan y ¡a amar a nuestros enemigos! El que no practica lo que dice la Biblia, realmente no lo cree.

# UN CAMINO PARA NUESTROS OJOS

### Mirián López

*Voz que clama en el desierto: Preparad camino a Jehová; enderezad calzada en la soledad a nuestro Dios.*

(ISAÍAS 40:3)

Los hijos de Dios podemos allanar el camino para aquellos que están buscándolo a Él o podemos entorpecer su avance. El Señor quiere que sirvamos de ejemplo a los que todavía no lo conocen y les facilitemos el camino hacia Dios.

Teresa se había bautizado recientemente y se hizo amiga de una miembro de la iglesia a la que asistía. Esta amiga se convirtió en su consejera. Estando en el culto de adoración Teresa, sentada junto a su consejera, pone un sobre con su diezmo en el plato de la ofrenda. La amiga le pregunta: «¿Y cómo puedes diezmar si no trabajas?». Teresa le contesta: «Mi esposo me designa una cantidad de dinero semanal y antes de gastarlo separo el diezmo». La consejera le dice: «¡Fíjate bien en lo que estás haciendo porque le estás robando el dinero a tu esposo!». ¡Con consejeras como esa las iglesias estarían vacías!

Preparar el camino y enderezar las sendas al Señor es como poner la alfombra en el templo para que pase el novio. Es quitar del camino cualquier cosa con la que otros pudieran tropezar. Ser tropezadero para la fe de los nuevos creyentes o de los que buscan al Señor es un asunto muy serio. Jesús dice que es mejor que se le cuelgue al cuello una piedra y se le hundiese en el fondo mar. Es fuerte, ¿verdad?

Cuando vuelvas a leer este pasaje, piensa en lo importante que es para Dios que nosotros preparemos la alfombra, el puente, la calzada, derecha y sin obstáculos para que otros se acerquen a Él y conozcan a Cristo. Recuerda cuando fuiste por primera vez a una iglesia. ¿Cómo te sentiste? ¿Quiénes te ayudaron? ¿Quién te ayudó a tener un encuentro con Dios? Haz lo mismo con otros. Dios te manifestará Su gloria.

# FRUTOS DE ARREPENTIMIENTO

## Marta Sedaca

*Haced, pues, frutos dignos de arrepentimiento, y no comencéis a decir dentro de vosotros mismos: Tenemos a Abraham por padre; porque os digo que Dios puede levantar hijos a Abraham aun de estas piedras.*

(LUCAS 3:8)

¡Qué personaje tan interesante es Juan el Bautista! Desde el momento de su concepción hasta la manera trágica que murió nos impacta por ser directo y hasta un poco agresivo. Criado en el hogar de un sacerdote judío, seguramente su vida fue diferente a la de los otros niños. Probablemente vivió experiencias muy particulares. Si hubiera seguido en los pasos normales de un hijo de sacerdote, me imagino que él habría sido sacerdote también. Pero Dios lo llamó a una tarea mayor. No solamente fue el que preparó el camino para el Mesías sino que también predicó acerca del pecado y el arrepentimiento.

Él les dijo verdades a los líderes religiosos y políticos de la época. Exhortó a las personas del pueblo y a los militares. Denunció los pecados de los empresarios y de los empleados del gobierno. Él no tenía ningún problema en decir lo correcto sin temer las consecuencias que por último lo llevaron a la muerte. ¡Cuánto tenemos que aprender de Juan! ¿Verdad?

Juan sabía bien que los judíos, especialmente los religiosos, pensaban que estaban en una situación más privilegiada que el resto de la humanidad. Pero no era así. Tampoco es así ahora. No importa cuán religiosos somos o a qué pueblo o raza pertenecemos. No tenemos un lugar privilegiado por la posición social o política que tengamos. Ni siquiera es importante el país donde vivimos.

Aunque las situaciones cambiaron, el mensaje es el mismo. ¿Cómo mostramos que nos arrepentimos de nuestro pecado? Por los frutos que damos. No importa de dónde venimos ni en qué familia nacimos o nos criamos. Como dice el refrán: «Las palabras se las lleva el viento». Podemos decirle a nuestro cónyuge que lo amamos, podemos decirles a nuestros hijos o padres que los amamos, pero si no lo mostramos con nuestras acciones son palabras totalmente huecas y sin significado. Los frutos son la demostración externa del cambio del corazón.

# TU DIOS, MI DIOS

### Karla de Fernández

*No me ruegues que te deje, y me aparte de ti; porque a dondequiera que tú fueres, iré yo, y dondequiera que vivieres, viviré. Tu pueblo será mi pueblo, y tu Dios mi Dios.*

(RUT 1:16)

La historia bíblica de Rut, para muchos de nosotros, es muy conocida. Sabemos que ella era de una cultura en la que no creían en Dios, ni lo adoraban. Rut conoció al Dios santo por medio de la vida de su esposo y la familia de él.

Ella pudo ser testigo en primera fila del poder de Dios, Su providencia y soberanía a través de la historia de su esposo y familia. Más adelante ella experimentaría en carne propia cómo es que Dios actúa y obra para el bien de Sus hijos, en favor de todos aquellos que en Él esperan.

Cuando ella le dijo a su suegra: «No me ruegues que te deje, y me aparte de ti; porque a dondequiera que tú fueres, iré yo, y dondequiera que vivieres, viviré. Tu pueblo será mi pueblo, y tu Dios mi Dios» (Rut 1:16), también estaba diciendo que creería en el Dios que había conocido por medio de ellos.

Esta es una bella afirmación de que Dios no echa fuera a nadie que lo busque con un corazón sincero, contrito, humillado (Sal. 51:17). Nuestro Dios no hace distinción entre personas, Él no elige a Sus hijos de acuerdo a su cultura, nacionalidad o, incluso, de acuerdo a su historia de vida.

Al igual que Rut, nosotros podemos descansar en la misericordia del Dios de los cielos, el Dios que a pesar de nuestros pecados nos llama a Él, por medio de Cristo al perdonar nuestros pecados.

# SUMISIÓN A CRISTO

## Marta Sedaca

*... respondió Juan, diciendo a todos: Yo a la verdad os bautizo en agua; pero viene uno más poderoso que yo, de quien no soy digno de desatar la correa de su calzado; él os bautizará en Espíritu Santo y fuego.*

**(LUCAS 3:16)**

Nuevamente hoy nos encontramos con Juan el Bautista. Juan, el directo, transparente sin «pelos en la lengua». El hombre que no tenía miedo de predicar la verdad aunque lo llevara a la muerte. Acababa de predicar un sermón que los hizo temblar a todos. Su comportamiento refleja una de las cualidades más extraordinarias de Juan, su humildad y sumisión a Jesús.

Como hija única, tuve la bendición de criarme con muchos primos. Aunque nos amábamos entrañablemente, siempre competíamos por la atención de los mayores. Especialmente si hay más de un líder en el grupo. Todos queríamos guiar y muy pocos querían seguir. ¡Qué diferente era Juan! Él no tenía ningún problema en dejar que Jesús creciera mientras que él menguaba.

A través de los años he aprendido a admirar a mis primos por sus logros. Es más, me siento orgullosa de nombrarlos y hablar de ellos con otras personas. Me han enseñado mucho, admiro sus vidas y cómo muestran su amor por la familia. Pero Juan nos muestra algo mucho más profundo.

Juan está admitiendo que él no es nada porque Jesús es el verdadero Mesías. Juan sabía muy bien su lugar. Él era el «Elías» prometido que iba a anunciar la llegada del Mesías. El pueblo judío sigue esperando que venga Elías porque después de él viene el Mesías. Cada Pascua que celebran siguen esperando que venga. ¡Gloria a Dios que el Mesías ya vino! ¡Gloria a Dios que volverá nuevamente como un Rey triunfante!

Es difícil a veces admitir cuando hay otros que son más importantes que nosotros. Como seres humanos queremos destacarnos por algo. Sin embargo, lo más importante que podemos hacer es someternos a Dios. Aunque es difícil, tenemos la ayuda del Espíritu Santo. Jesús nos prometió no dejarnos solos y nuevamente cumplió Su promesa.

# SER PERDONADO

### Marta Sedaca

*Pedro les dijo: Arrepentíos, y bautícese cada uno de vosotros en el nombre de Jesucristo para perdón de los pecados; y recibiréis el don del Espíritu Santo.*

(HECHOS 2:38)

*E*l pasaje bíblico de este devocional es la conclusión del famoso discurso de Pedro durante la Fiesta de Pentecostés. Los judíos no estaban reunidos por casualidad. Esta era una fiesta que Dios instituyó, donde se celebraba la cosecha de los primeros frutos y se los dedicaban a Él.

Es maravilloso pensar que Dios utilizó este momento para que la iglesia primitiva experimentara una de las cosechas más grandes que tuvo. En cierta manera era la culminación del sacrificio que Jesús hizo en la cruz con la llegada del Espíritu Santo a Su iglesia.

Después de que Pedro habló se dieron cuenta de que habían cometido un crimen terrible. Habían matado al Mesías que tanto anhelaron durante toda la historia de Israel. Los judíos entendían bien lo que significaba la llegada del Mesías. Era todo lo que anhelaban. Un Mesías que los liberaría del cautiverio que vivían y que comenzaría una nueva era para el pueblo.

Pedro les mostró que ese Mesías esperado era Jesús. ¡Y ellos habían participado en Su ejecución! ¿Se imaginan la desesperación?

Pero Pedro no los dejó sentirse culpables. Tampoco se enojó con ellos por lo que habían hecho. Al contrario, los llamó al arrepentimiento. ¡Era mucho pedirle al pueblo judío! Tenían que públicamente reconocer a Jesús como el Mesías y mostrar su fe a través de un acto público como el bautismo. Si es difícil para cualquier persona hacer esto, era más difícil para estos judíos pues tenían que ir en contra de todo el pueblo, sus familias y sus costumbres. Pero era la única manera de demostrarlo. Hoy día nada ha cambiado. Esta sigue siendo la única manera de alcanzar perdón por nuestros pecados. Todos somos iguales y no importa a qué pueblo pertenezcamos.

# PREPARACIÓN PARA EL JUICIO

## Marta Sedaca

*... por cuanto ha establecido un día en el cual juzgará al mundo con justicia, por aquel varón a quien designó, dando fe a todos con haberle levantado de los muertos.*

(HECHOS 17:31)

N uevamente en este devocional nos encontramos con la conclusión de otro mensaje. Esta vez el mensajero es Pablo. En esta era de relativismo, escuchar a Pablo hablar de cosas absolutas puede parecer absurdo. Los atenienses creían en todo. Eran tan inclusivos (término que se usa mucho ahora) que hasta tenían un altar a un dios no conocido.

Pablo, lleno de sabiduría comienza a hablarles de este Dios que ellos no conocían, hacedor del cielo y de la tierra, el único Dios verdadero. El mensaje sigue siendo tan absoluto como lo era cuando Pablo lo predicó: «Dios se encarnó en la persona de Jesús, para traer las buenas nuevas de salvación».

Dios es un Dios absoluto. Su amor y Su gracia nunca se acaban. ¿Qué más grande prueba necesitamos que el sacrificio de Cristo por nosotros? Aun cuando constantemente nos alejamos por nuestros propios caminos, el Señor siempre está allí para amarnos. Absoluta gracia. Absoluto amor.

También recordemos que Dios es absoluta justicia. Él permite pruebas y dificultades en nuestras vidas para que aprendamos a confiar en Sus promesas. Él es un Dios amoroso, pero también es un Dios justo.

El pecado que Dios no puede perdonar es el rechazo a Jesús. Si rechazamos a Jesús, a quien Dios nos presenta como muestra de Su gracia y amor, entonces estamos rechazándolo a Él mismo.

Infinita gracia. Infinito amor. Solamente tenemos que arrepentirnos y creer en Jesús. Si esto hacemos, la gracia y el amor de Dios serán nuestros por la eternidad.

# EL PRIMER AMOR

## Marta Sedaca

*Recuerda, por tanto, de dónde has caído, y arrepiéntete, y haz las primeras obras; pues si no, vendré pronto a ti, y quitaré tu candelero de su lugar, si no te hubieres arrepentido.*

(APOCALIPSIS 2:5)

Nunca ha sido tan importante como hoy mantener nuestro testimonio. Cuando miramos alrededor y vemos los cambios sociales, políticos y morales que ocurren en el mundo, debemos recordar con toda certeza que Jesús es el único camino a Dios.

Algunas veces nos olvidamos de ese primer amor del que habla este pasaje. Ese primer amor es Jesús. Durante el transcurso de los años hemos puesto otras cosas antes que a Dios. Puede ser una persona, una profesión, estudios, familia o dinero.

Esperamos que esas cosas o personas nos den la felicidad. Esperamos que otro ser humano haga lo que es imposible para nosotros. Queremos que las posesiones nos hagan sentir bien. Pensamos que una vez que logremos terminar la carrera o tener un buen trabajo, entonces vamos a ser felices. El único que nos puede hacer felices es Dios. Volver al primer amor significa volver a poner a Jesús como lo más importante en nuestra vida. Significa dejar cualquier otra cosa por obedecerlo a Él. Significa una entrega total a seguir Su voluntad en nuestras vidas. No es fácil, pero Dios no nos prometió eso. Lo único que Dios nos prometió es estar con nosotros todo el tiempo. ¡Maravilloso! Hasta en los momentos más oscuros y difíciles de nuestra vida Dios está con nosotros.

Volver al primer amor significa amarlo a Él sobre todas las cosas. A veces no es fácil hacerlo, especialmente cuando las personas se burlan de nosotros o cuando hablar de Él significa poner nuestra vida o la de nuestra familia en peligro.

Volver al primer amor significa arrepentirnos y volver a empezar. ¿Significa tener que ser «salvos» otra vez? No, ya fuimos salvos cuando le pedimos a Jesús que entrara en nuestros corazones. Significa volver a revivir el amor por el Señor, volver a someternos a Su voluntad y a consagrarnos de nuevo para Su servicio. Y en esto alcanzaremos la felicidad más grande que podemos obtener.

# EL HIJO AMADO DE DIOS

## Marta Sedaca

*Y hubo una voz de los cielos, que decía: Éste es mi
Hijo amado, en quien tengo complacencia.*

(MATEO 3:17)

*H*ace un par de años pude cumplir un sueño que siempre tuve, viajar a Israel. ¡Qué emocionante! No creo que hubiera un solo día del viaje que no lloré. Fue hermoso recorrer todo ese país que ha perdurado por tantos siglos. Fue increíble caminar por los lugares que caminó Jesús. El solo hecho de estar allí hace que la Biblia tenga un significado mayor en nuestras vidas.

Uno de los momentos que quedaron marcados en mi mente fue cuando mi esposo tuvo la oportunidad de bautizar a dos personas en el río Jordán. ¡El mismo río donde Juan bautizó a Jesús! ¡Totalmente inolvidable! ¿Se imaginan lo que debe haber sido para Juan que Jesús le pidiera que lo bautizara?

Podemos hacer muchas conjeturas. Lo cierto es que Jesús fue bautizado e inmediatamente descendió el Espíritu Santo del cielo y se escuchó la voz de Dios diciendo que Jesús era Su Hijo amado. Otro momento impactante. ¿Se imaginan lo que sintieron los que estaban alrededor? ¿Se habrán dado cuenta de lo que estaba sucediendo?

Este es el momento en que no solo Jesús comienza Su ministerio, sino que es el momento en que nos mostró que hay una esperanza para el futuro. Con este bautismo Jesús mostró lo que le iba a suceder en unos pocos años, Su muerte y Su resurrección. Jesús mostró Su compromiso de vida que lo llevaría a una muerte cruel para salvar a todo aquel que cree en Él. Pero que no termina allí. El Hijo amado de Dios resucitó y entonces Su muerte no solo borra nuestros pecados, sino que Su resurrección nos da la esperanza de nuestra propia resurrección para vida eterna.

# LA PALABRA DE DIOS

## Marta Sedaca

---

*Él respondió y dijo: Escrito está: No sólo de pan vivirá el hombre, sino de toda palabra que sale de la boca de Dios.*

(MATEO 4:4)

*A*yer meditamos acerca de uno de los momentos más hermosos y dramáticos del Señor Jesús en la tierra. El reconocimiento por parte de Dios de que Jesús era Su Hijo. Fue algo que todos los que estaban a Su alrededor vieron. Me imagino que muchos se habrán sorprendido. ¿Se imagina lo que debe haber sido eso?

¿Has tenido algún momento similar? ¿Cuándo sucede algo que te deja mudo y maravillado del poder de Dios? ¿Cuando esperas un diagnóstico médico negativo y el diagnóstico es mejor de lo que esperabas? ¿Cuando suena el teléfono y temes contestar porque sabes que van a ser malas noticias y por el contrario las noticias son buenas?

Seguido a este momento tan espectacular en la vida de Jesús, vinieron las tentaciones. Satanás estaba esperando para atacarlo. Es muy cierto que después de un momento grandioso en la vida, un momento en la cumbre, viene el descenso y la tentación. ¿Imaginas lo que habrá sido para Jesús después de ayunar cuarenta días y cuarenta noches? Por supuesto que Satanás lo tentó con lo que más deseaba el Señor en ese momento. Quizás para ti no sea la comida. Puede ser el dinero, los bienes materiales, la posición social, la educación o la moda.

Debemos responder con la Palabra de Dios, como Jesús respondió. La Biblia siempre tiene la respuesta a nuestras necesidades. Leerla, memorizarla, meditarla. Allí encontramos a Dios mismo que nos muestra el camino por el que debemos andar. No pienses que una vez que vences una tentación, no volverás a ser tentado más. De la misma manera que Jesús fue tentado hasta cuando estaba en la cruz, nosotros también lo seremos. Pero confía. Jesús, el que venció la muerte, nunca te dejará solo.

# VENCER LA TENTACIÓN

### Pedro Pared

*Jesús le dijo: Escrito está también: No tentarás al Señor tu Dios.*

(MATEO 4:7)

La tentación es una especie de trampa. El deseo de hacer algo surge en la mente instigado por Satanás. Él pone delante de nosotros el deseo y hace que eso que deseamos luzca agradable, atractivo, inofensivo y fácil. Nunca deja ver el lado oscuro, peligroso o inmoral de lo que nos propone. Satanás es el tentador, el que pone delante de nosotros la trampa y cuando caemos es muy difícil escapar.

Los creyentes en Cristo tenemos un ejemplo perfecto para enfrentar y vencer al tentador: El Señor Jesús. Él luchó con el propio Satanás y este no consiguió hacerlo caer. Las condiciones físicas de Jesús, después de cuarenta días de ayuno, le parecieron ideales a Satanás para hacerlo caer en su trampa. Pero Jesús se mantuvo por encima de la situación, no permitió que Su estado físico le sirviera de excusa para entregarse a las trampas satánicas.

Cuando caemos en tentación, solemos encontrar excusas y motivos para explicar la caída. Situaciones difíciles, la falta de trabajo y la escasez material son algunas de estas excusas.

No le prestemos atención a lo que Satanás nos presenta cuando estemos frente a la tentación. Tengamos los ojos fijos en el Señor, busquemos poder en Él y digamos «no» al tentador. Si acaso hemos cedido en alguna ocasión, levantémonos agarrados de la mano del Señor y no volvamos a entretener la idea que antes nos arrastró. Así como el Señor reprendió a Satanás para que no intentara tentarlo otra vez, reprendámoslo nosotros, en el poderoso nombre de nuestro Señor y Salvador. El Señor nos ha dado la autoridad suficiente para reprender y echar a Satanás de nuestra presencia. Cuando actuamos en el nombre de Jesucristo, el tentador no puede vencernos.

Jesucristo derrotó a Satanás y con Su ejemplo nos enseñó el método para resistir y evitar caer en la trampa que él nos tiende. Somos hijos del Padre celestial. Satanás no puede hacernos caer si estamos en comunión con nuestro Señor. El secreto es la conexión con el Padre por medio de la oración.

# ENFRENTAR A SATANÁS

### Pedro Pared

---

*Entonces Jesús le dijo: Vete, Satanás, porque escrito está: Al Señor tu Dios adorarás, y a él solo servirás.*

(MATEO 4:10)

*C*onocimos a un hombre, anciano ya, que contaba una experiencia de cuando su casa fue destruida por un tornado. El anciano cuenta cómo la furia del viento arrancaba secciones de la casa: primero el porche del fondo, después la cocina, seguida de una habitación. A medida que la casa iba desapareciendo, la familia se refugiaba en otra habitación, hasta que finalmente pasó la tormenta. La única habitación que estaba en pie era el baño donde todos se refugiaron.

El anciano recuerda que en su mente le parecía que el viento los perseguía para llevárselos. El padre rogaba a Dios que los guardara de la furiosa tormenta que amenazaba sus vidas. En medio del fragor y del miedo, escuchó la voz de la madre que gritó: «Tenemos que resistir, Dios ha prometido cuidar de Sus hijos y en medio de esta prueba Él nos guardará». Alentados por la fe de la madre la familia resistió hasta que los vientos se calmaron.

Las tentaciones que nos presenta Satanás pudieran desatar una verdadera tormenta en nuestra vida. El tentador sabe aprovechar los momentos de debilidad espiritual, de duda, de depresión, de ansiedad o de tristeza para poner frente a nosotros algo que nos afecte o nos atraiga profundamente. Pero resistiendo sin ceder podremos vencer. Resistir o negarnos a complacer a Satanás es la clave. El Señor alejó a Satanás reprendiéndolo, nosotros también podemos reprenderlo en el nombre y por medio del poder de Jesucristo. Aunque Satanás tiene poder, el Señor tiene más. No hay mayor poder que el poder de Dios. ¡El Señor es todopoderoso!

Solos, apoyados únicamente en nuestros propios recursos, no podremos resistir los ataques del tentador. Pero apoyados en el poder divino sí podemos. El Espíritu Santo es nuestro aliado en la lucha contra la tentación. Cuando pedimos Su ayuda en oración Él responde de forma segura y Su asistencia nos capacita para resistir sin claudicar ante las trampas del maligno. Alejemos al tentador y venzamos la tentación por medio del poder que Dios nos entrega a través de Su Espíritu.

# SIGAMOS EL EJEMPLO DE CRISTO

### Pedro Pared

---

*Pues en cuanto él mismo padeció siendo tentado, es poderoso para socorrer a los que son tentados.*

**(HEBREOS 2:18)**

*U*n amigo mío tiene un hermano alcohólico rehabilitado. Durante muchos años estuvo apresado por las garras del alcohol, pero gracias a Dios pudo dejarlo y ahora se dedica a ayudar a otros que están padeciendo el mismo mal. Su testimonio resulta muy impactante para los que escuchan sus clases. Les pide a sus estudiantes que sigan su ejemplo. Sus consejos están avalados por lo que él padeció y cómo pudo vencer el alcoholismo.

Cuando somos tentados, miremos a Cristo porque Él sufrió en carne propia las estocadas diabólicas que trataron de arrastrarlo al pecado. La parte humana de Su naturaleza sufrió los resultados de un prolongado ayuno, pero aun en medio de la debilidad física que embargaba Su cuerpo, encontró fuerzas para resistir a Satanás y no cayó en la tentación. Él enfrentó la prueba como cualquiera de nosotros los seres humanos. Resultó triunfador y sirve de ejemplo vivo para cuando nosotros tenemos que enfrentar las pruebas en nuestra vida. La Palabra de Dios nos asegura que Él es «uno que fue tentado en todo según nuestra semejanza, pero sin pecado».

En Cristo tenemos el líder perfecto, cuya experiencia fue semejante a la nuestra hoy. Cuando la tentación ataca podemos volver los ojos y seguir Su ejemplo para vencer la prueba. En su experiencia, Jesús mostró dos herramientas muy poderosas: «resistencia y represión». La primera no es otra cosa que negarse a ceder, no dejarse arrastrar aunque las circunstancias parezcan justificarlo. Toda tentación viene acompañada de rasgos bellos, de colores atractivos, de promesas encantadoras; pero todo eso es falso. Una vez que seamos atrapados, todo lo bello desaparecerá y solo quedará la dura realidad de haberle fallado al Señor.

La segunda consiste en regañar al tentador. La Palabra de Dios es una espada con filo que nos permite enfrentar al enemigo. El Señor citó palabras en Deuteronomio (6:13) cuando fue tentado. Nosotros también debemos echar mano de las Escrituras para alejar a Satanás de nuestra presencia. Él no resiste la Palabra de Dios, su naturaleza le hace huir de ella.

# CON LA GRACIA DE JESÚS

### Pedro Pared

*Acerquémonos, pues, confiadamente al trono de la gracia, para alcanzar misericordia y hallar gracia para el oportuno socorro.*

(HEBREOS 4:16)

*M*anuel y Ángela perdieron su casa a causa de un incendio en el edificio donde vivían. Las dos primeras noches se hospedaron en un hotel pagado por la Cruz Roja, pero al tercer día no tenían dónde pasar la noche con sus tres niños pequeños. Cuando salían del hotel se encontraron con una señora que les brindó su casa y su ayuda hasta que pudieran establecerse por ellos mismos. Vivieron con esta señora por dos meses y finalmente pudieron regresar a su propio hogar.

En una reunión de damas de la iglesia, Ángela contaba su testimonio y decía: «Gracias a aquella señora, enviada por Dios, pudimos rehacer nuestra vida. Su ayuda fue muy oportuna». Eso nos muestra que Dios nunca deja a Sus hijos fuera de Su gracia. Él nos mantiene constantemente bajo Su gracia.

En la experiencia vivida por Ángela y su familia vemos claramente el cumplimiento del versículo de hoy. Dios, desde Su trono de gracia, controla la vida de Sus hijos y Su gran amor se muestra en todas las circunstancias de nuestra vida, que a veces puede sorprendernos con experiencias inesperadas, amargas y difíciles. Sin embargo, no olvidemos que toda prueba, por dura que sea, trae enseñanzas y bendiciones para los que aman a Dios. Él no permitirá una prueba más dura que aquella que podemos sufrir, ni carga mayor que la que podemos llevar. Su auxilio, Su pronto socorro, vendrá oportunamente y saldremos airosos porque siempre estamos bajo la gracia de nuestro Señor.

La oración y la lectura diaria de la Biblia proveen una vía ideal para acercarnos al trono de la gracia de Dios. Él permanece atento a nuestras necesidades, Su mano está siempre extendida y dispuesta para proteger a aquellos que compró con la sangre de Cristo. Acerquémonos entonces con toda confianza. El Señor nos espera con la mejor disposición para ofrecernos el consuelo, la paz, la seguridad y la confianza de Su cuidado amoroso.

# BUSCAR LAS COSAS DE ARRIBA

### Pedro Pared

*Si, pues, habéis resucitado con Cristo, buscad las cosas de arriba, donde está Cristo sentado a la diestra de Dios.*

(COLOSENSES 3:1)

Toda crisis, de cualquier naturaleza que sea, provoca un período de grandes dificultades para aquellos que la sufren. La crisis económica de esta década nos ha hecho vivir una etapa de grandes dificultades financieras. Han abundado el desempleo, los embargos hipotecarios (decenas de miles de personas han perdido sus casas), las bancarrotas, los negocios quebrados y más. Hemos escuchado de suicidios y otras locuras de personas que se han visto afectadas de manera directa. Todo eso muestra la importancia que tienen los bienes materiales para los seres humanos, pero también muestra la exagerada importancia que les concedemos a dichos bienes.

La pérdida de bienes materiales, sin duda alguna, nos afecta, pero no debemos olvidar que todo lo material está sujeto a la decadencia, al desgaste, a la corrupción, a la pérdida de valor y a la desaparición. Nuestras riquezas materiales no pueden ser trasladadas al cielo, se quedan en la tierra y otros las disfrutan. Hay otros bienes que son imperecederos, incorruptibles y nunca pierden su valor: los bienes o riquezas espirituales.

Mientras muchos valoran extraordinariamente, anhelan, desean y buscan los bienes materiales, pocos son los que se ocupan de las riquezas espirituales. Aunque no lo parezca, ésta es una razón de primer orden por la que muchos se sienten perdidos o destruidos cuando ocurren las crisis materiales. Las vidas construidas sobre valores materiales suelen terminar en tragedias y desastres, mientras que los que se apoyan en las riquezas del espíritu viven sosegadamente. La vida construida sobre los bienes espirituales tiene recompensas eternas. El consejo bíblico nos insta a buscar las riquezas del espíritu en la comunión con Cristo como Señor y Salvador.

Los tesoros espirituales no padecen de pérdida de valor o corrupción. Estos son eternos y sostienen en alto la fe y la confianza de quienes los atesoran. Cuando abundan en nuestra vida nos hacen felices, nos colocan por encima de toda circunstancia y nos dan la seguridad de la vida eterna.

# POR MEDIO DEL ESPÍRITU DE DIOS

### Pedro Pared

*He aquí mi siervo, yo le sostendré; mi escogido, en
quien mi alma tiene contentamiento; he puesto sobre
él mi Espíritu; él traerá justicia a las naciones.*

(ISAÍAS 42:1)

Mientras ateos, agnósticos e incrédulos dudan de la existencia de Dios, los creyentes vemos Su presencia en todo lo que nos rodea. Lo vemos en nuestra propia vida. Él nos guarda del maligno. Nos muestra Su poder en la creación. Nos muestra Su amor y Su perdón en todas nuestras acciones.

Georgina nació en un hogar cristiano. Su familia asistía fielmente a la iglesia y ella participó de la Escuela Bíblica Dominical hasta su juventud. Mientras estudiaba en la universidad se apartó de la iglesia e inclusive perteneció a grupos que se oponían a la fe cristiana. Se graduó con honores y se casó con un joven arquitecto. En su viaje de luna de miel sufrieron un accidente. El esposo resultó gravemente herido y estuvo sumido en un profundo estado de coma durante 33 días. Los médicos le dijeron que su esposo no sobreviviría, y si lo hacía, quedaría en estado vegetativo.

Ante esta situación, Georgina comenzó a buscar respuesta: ¿Por qué la tragedia la asaltaba en el momento más feliz de su vida? En su mente la pregunta se repetía una y otra vez: ¿Por qué…? Sus padres llegaron varios días después para acompañarla. En más de una ocasión ella los vio orando junto a la cama de su esposo. Al principio pensó que ellos eran unos ilusos que todavía mantenían su antigua fe. En más de una oportunidad la invitaron para orar juntos. Pasaron los días y cuando ella contemplaba la idea de desconectar a su esposo de la máquina respiratoria, que según los médicos era lo único que lo mantenía vivo, la madre se acercó y le dijo: «Hija, el Señor me ha hablado. Tu esposo se recuperará». Finalmente al cumplirse un mes del accidente, el esposo fue desconectado. Transcurrieron otros dos días y no se produjo la muerte. Al tercer día el enfermo abrió los ojos, habló coherentemente, conoció a los que estaban con él y pudo mover los brazos y las piernas. Los propios médicos reconocieron que solo la mano de Dios pudo hacer aquel milagro.

# UN REY LEAL

### Josué Ortiz

---

*Ayunamos, pues, y pedimos a nuestro Dios*
*sobre esto, y él nos fue propicio.*

(ESDRAS 8:23)

E n 1994 se estrenó la película *El Rey León*, y casi de manera inmediata se convirtió en un clásico infantil que trajo consigo una nueva era para Disney. Hay varias razones que la hicieron tan popular, pero sin lugar a duda, el villano de la historia, Scar, tuvo mucho que ver. El personaje era *malo* de pies a cabeza, pero la *deslealtad* hacia su hermano mayor era como ninguna otra. Eventualmente, y por solo poco tiempo, Scar llegó al trono, pero llegó manchado de *deslealtad*: Scar era un rey *desleal*.

En Esdras leemos el recuento de un pueblo *desleal* que servía a un Rey leal. Israel, como nación, había caído por completo, primero, por una guerra civil que los había dividido en dos, y luego, por los asirios y los babilonios que habían capturado el reino del norte y el del sur respectivamente. Después de setenta años de cautiverio, Dios les estaba permitiendo regresar a Jerusalén. Pero el regreso sería peligroso, con caminos infestados de asaltantes y sicarios. Lo obvio hubiese sido que Esdras pidiera ayuda del rey persa, pero se dio cuenta de que los ejércitos del rey eran pequeños comparados con los del Rey, y entonces decidió pedir ayuda a Aquel que *nunca* nos deja ni nos desampara.

En tu vida es igual. No hay nadie que se compare con nuestro gran Dios. Ayuna, pide y confía en el pronto auxilio de un Rey que *siempre* es fiel.

# CREADOS PARA ADORAR

## Josué Ortiz

---

*Tú solo eres Jehová; tú hiciste los cielos, y los cielos de los cielos, con todo su ejército, la tierra y todo lo que está en ella, los mares y todo lo que hay en ellos; y tú vivificas todas estas cosas, y los ejércitos de los cielos te adoran.*

(NEHEMÍAS 9:6)

El fútbol es un deporte increíblemente popular en el mundo. Las estadísticas nos dicen que cerca de *cien millones* de personas vieron la edición del Súper Tazón en 2022[1], y más de *doce millones* sintonizaron la Serie Mundial de Beisbol[2]. Pero más de *doscientos cuarenta millones* de personas prendieron sus televisores para ver la final del Mundial de Fútbol en Qatar 2022[3]. El fútbol es un deporte que coloca a once jugadores sobre un terreno de juego para dar espectáculo a la audiencia. Busca anotar goles con belleza y calidad.

En un sentido similar, los mares, la tierra, los cielos y los cielos de los cielos fueron creados para dar un espectáculo de adoración absoluta al Rey de reyes. Sin embargo, lo que Dios ha creado no es observado por solo unos cuantos, sino por cada persona que vive en la faz de la tierra. Nadie puede negar la belleza de la creación, y, por lo tanto, nadie puede negar la existencia de Dios. Si los cielos lo adoran, ¿por qué tú no también?

---

1. *"TV viewership of the Super Bowl in the United States"*, https://cutt.ly/43zlu7A
2. *"2022 World Series tops all primetime TV"*, https://cutt.ly/93zk1Pa
3. *"Record Breaking"*, https://www.beinsports.com/en/fifa-world-cup-qatar-2022/news/bein-sports-announces-record-breaking-cumulat/2011581

# ¿MALA SUERTE?

### Josué Ortiz

---

*Porque si callas absolutamente en este tiempo, respiro y liberación vendrá de alguna otra parte para los judíos; mas tú y la casa de tu padre pereceréis. ¿Y quién sabe si para esta hora has llegado al reino?*

(ESTER 4:14)

¿Te has visto en días en los que aparentemente *nada* sale bien? Tal vez no había agua caliente para bañarte, perdiste el autobús que te llevaría a tu trabajo o te encontraste en un tránsito que te hizo llegar tarde a una reunión importante. Más aún, ¿has pensado que *nada* en tu vida sale bien? Tal vez tuviste una infancia marcada por el abuso, fracturas familiares o la muerte de un padre o madre.

Quisiera explicarte, desde las Escrituras, que nada, *absolutamente nada*, es mala suerte para el hijo de Dios. Para los creyentes, no hay «día malo», porque Dios *siempre* está en control. Ester, una joven judía, había conocido *solo* dolor y tormento. Su nación había sido destruida, ella vivía en el exilio, sus padres probablemente habían sido asesinados, fue adoptada, para luego ser secuestrada y usada a través del abuso sexual.

Ante cualquier estándar humano, podríamos pensar que *todo* le iba mal. Pero ante el estándar de la soberanía y la providencia de Dios, *todo* sería usado para el bien de Ester y para la gloria de Dios. Dios no desperdicia nada.

Te animo a recordar esta verdad todos los días.

# ¿Y TÚ, QUIÉN ERES?

### Josué Ortiz

*Él es sabio de corazón, y poderoso en fuerzas;*
*¿Quién se endureció contra él, y le fue bien?*

(JOB 9:4)

*H*ay un problema de identidad en el mundo. Hay adultos que se quieren comportar como niños, y niños que quieren hacer cosas reservadas para adultos. Hay confusiones de identidad de género y falta de conocimiento entre lo que es bueno y lo que es malo. Como creyentes, nuestro trabajo es ser la sal y la luz en un mundo que necesita guía y dirección (Mat. 5:13-14). Pero no estamos exentos de olvidar nuestra posición ante Dios y haremos bien en recordar que nosotros somos el barro, Él es el alfarero (Jer. 18).

Job aprendió esto en su vida. Para Su gloria y por el bien de Job, Dios permitió que se le quitara todo aquello que más amaba: aquellas cosas que Job consideraba como sus más preciadas posesiones. Todo le fue quitado en un aparente exceso de fuerza bruta en contra de Job. No obstante, Job entiende que solo somos barro en manos del alfarero. No es de sabios, dice Job, contender con Dios, endurecernos contra Él, porque, ¿a quién le fue bien?

Tal vez no entiendas lo que estás atravesando en tu vida ni lo que Dios está haciendo a través de tus circunstancias, pero ya sea que estés cosechando las consecuencias de tus decisiones, o que estés pasando por etapas difíciles, no olvides esta verdad: Dios es sabio y todo lo que hace, lo permite para tu bien y para Su gloria.

# EN LOS DÍAS MALOS, TÚ ERES BUENO

## Josué Ortiz

*Vida y misericordia me concediste, y tu
cuidado guardó mi espíritu.*

(JOB 10:12)

*M*i esposa y yo sabemos que si nuestros hijos (11, 9 y 4 años) no duermen la cantidad de horas necesarias, al otro día despertarán malhumorados, cansados y quejándose por todo. «No me gusta el desayuno», «es muy temprano», «no quiero ir a la escuela», son algunas de las quejas que ya anticipamos.

Como seres humanos fallamos constantemente, nuestra naturaleza pecaminosa estorba al Espíritu Santo y frecuentemente caemos en tentaciones o accedemos a los deseos de nuestro corazón. Este patrón solo se agrava cuando las cosas «no van bien». ¿Te ha pasado que te quejas con Dios cuando algo sale mal? Tal vez no te han subido el sueldo como te lo prometieron, o tal vez los médicos te encontraron un problema de salud crónico. Cualquiera que sea la «mala noticia» tenemos que guardarnos de la queja y la confrontación contra Dios.

Job estaba «de malas» cuando escribió esas palabras. Se estaba quejando contra Dios por la condición en la que se encontraba, pero a pesar de todo, Job seguía creyendo que su vida y su espíritu le pertenecían a Dios. Job estaba reconociendo, aun en medio de su desesperación, que en sus días malos, Dios sigue siendo bueno.

Te animo a que no olvides esa realidad. No negamos el dolor de nuestro sufrimiento, pero no olvides que Dios te acompaña en cada episodio de tu dolor, sosteniendo tu vida y protegiendo tu espíritu.

# TÚ SABES, YO NO

## Josué Ortiz

*Con Dios está la sabiduría y el poder; Suyo
es el consejo y la inteligencia.*

(JOB 12:13)

*U*na de las cosas que más emociona a nuestros hijos, es cuando mi esposa y yo hacemos «planes sorpresa» para nuestros días de descanso. Les decimos que vamos a hacer algo *divertido*, pero no les decimos qué. Ellos entonces están en total algarabía tratando de «adivinar» cuál será el lugar que visitaremos, y aunque no saben los detalles del plan, nosotros sí, y eso, los hace felices.

En un sentido similar, es bueno recordar que *nosotros* no sabemos, pero Dios sí, y eso nos debe provocar un verdadero sentido de tranquilidad y paz. Después de perder *todo* lo que Job amaba más profundamente, y luego de recibir consejo de sus amigos que en realidad no fueron «buenos» consejos, Job se frustró por su situación y dudaba de que Dios en realidad tuviera un propósito en medio de todas sus tormentas. Sin embargo, con la ayuda del Espíritu de Dios, Job reflexiona sobre su condición humana y entiende que la mente terrenal no puede entender las cosas celestiales, por lo menos no *plenamente*. Por fin, Job admite y comprende que el «consejo y la inteligencia» le pertenecen al Creador, no a la criatura.

Nunca olvides que Dios sabe todo lo que tú no sabes, y esas son buenas noticias. Él ve todo lo que tú no ves, y en Su perfecta y eterna sabiduría, todas las cosas contribuyen para el cumplimiento de Su voluntad.

# ¡TE AMO HASTA LAS ESTRELLAS!

## Josué Ortiz

*¿No está Dios en la altura de los cielos? Mira lo encumbrado de las estrellas, cuán elevadas están.*

(JOB 22:12)

*T*engo tres hijos, y cada uno de ellos me ha dicho lo mismo en un momento u otro. Muy probablemente tú también se lo dijiste a tus padres, o tus hijos te lo han dicho a ti: *«Te amo hasta la luna».* Esta expresión busca explicar lo profundo, lo sincero y lo real del amor hacia alguna persona.

Elifaz, uno de los amigos de Job, expresa la idea de que Dios está en todo lugar. No hay distancia muy lejana para la presencia de Dios. El Rey lo llena todo. Creador de todo lo que vemos y de lo que no vemos, no hay nada que sea inalcanzable para Él; es lo que los teólogos llaman la *omnipresencia* de Dios. No hay espacio en el que Él no esté.

Sin embargo, no solo es la presencia de Dios la que lo llena todo. No solo es que *nada* es inalcanzable para Dios. Sino que Su *omnipresencia* quiere decir que todos Sus demás atributos lo llenan todo también. Su santidad, Su justicia, Su amor o Su poder están *siempre* presentes.

Por lo tanto, *nunca* tenemos razón para temer porque el Rey *siempre* está cerca de nosotros. Su amor, Su poder, Su perfección *siempre* están en todo lugar. Así que la próxima vez que veas las estrellas, con confianza puedes decir: «Dios, te amo de aquí y hasta las estrellas porque allí *también* estás tú».

# MAL MOMENTO, BUEN CONSEJO

**Josué Ortiz**

---

*Vuelve ahora en amistad con él, y tendrás paz; y por ello te vendrá bien. Toma ahora la ley de su boca, y pon sus palabras en tu corazón.*

(JOB 22:21-22)

Si tienes hermanos o hermanas, seguramente has pasado por situaciones similares a esta. «¿Quién se comió todos los dulces?», pregunta tu mamá. Tú sabes que tu hermano se los comió, lo viste, fuiste su cómplice, pero no dijiste nada por lealtad de hermanos. Por eso te sorprende tanto cuando tu hermano, ¡te acusa de ser el delincuente! Es verdad que tú sabías, y es verdad que participaste, pero no es *toda* la verdad.

Job, el hombre que perdió todo en cuestión de minutos, estaba pasando por algo similar. Satanás estaba seguro de que Job seguía a Dios por interés, no por convicción. Dios, en Su perfecta soberanía, permitió que Job se quedara sin nada. Una serie de infortunios caen sobre él y lo orillan a pensar que hubiese sido mejor no haber nacido. Elifaz, un amigo de Job estaba seguro de que sus males se debían a pecados ocultos. Por eso, aunque fue un mal momento, Elifaz da un buen consejo (v. 22).

Puede que estés cosechando las consecuencias de tus malas decisiones, o puede que estés en medio de una prueba que Dios está permitiendo en tu vida sin aparente razón, pero cualquiera sea tu condición, siempre toma la ley de Dios y ponla en tu corazón; por más malo que sea el momento, ese siempre será el mejor consejo.

# TESOROS ENTRE ROCAS

## Josué Ortiz

*Mas él conoce mi camino; me probará, y saldré como oro.*

(JOB 23:10)

*R*ecientemente tuvimos la oportunidad de visitar una de las minas de ópalo más importantes del mundo. Fue espectacular ver las montañas en las que los mineros pasan días enteros buscando tesoros entre rocas. Mientras caminábamos por las minas, sin saber sobre qué estábamos caminando, los guías nos enseñaban que con un poco de perseverancia se puede encontrar verdaderos tesoros entre lo que muchos llamarían «solo rocas». Nosotros no sabíamos qué buscar, ellos sí.

Job se da cuenta de que él no sabe, pero Dios sí. Él es el Alfarero, nosotros el barro (Jer. 18). Job finalmente entiende que sus infortunios no son infortunios si es Dios quien los permite, y entonces descansa en entender que cada cosa que Dios derrama sobre nosotros está dentro del control, la soberanía y la providencia de Dios, y más aún, comprende que todo servirá para que al final del camino, lo que fue roca dura, sin valor y sin pureza, se convierta en oro, oro puro.

El Dios de Job es tu Dios. Tú tampoco sabes, pero Dios sí. Te está puliendo, limpiando, exfoliando, preservando, restaurando y santificando. No confundas el proceso de limpiarte con falta de amor de parte de Dios, porque no lo es. Su amor por ti y su amor por Su propia santidad no le permiten dejarte en tu condición de «roca», sino que te quiere transformar en algo suave, sensible a Su Palabra y limpio a Sus ojos.

# LA CLAVE DEL ÉXITO

### Josué Ortiz

---

*Y dijo al hombre: He aquí que el temor del Señor es la sabiduría, y el apartarse del mal, la inteligencia.*

(JOB 28:28)

E n la ciudad de México, y en muchas ciudades del mundo, se ha dado una popular fiebre por «cuartos de escape». Si nunca has escuchado de esos lugares, esencialmente son laberintos por los que tienes que ir navegando mientras resuelves correctamente acertijos que te dan acceso al siguiente cuarto, y al siguiente cuarto, y que eventualmente te llevarán a la salida.

La vida sin Dios es como un «cuarto de escape». El ser humano se ha dado a la tarea de tratar de «resolver» los acertijos de la vida. ¿Con quién casarme? ¿Cómo criar a mis hijos? ¿Cómo resolver los problemas de la vida? La vida sin Dios es peligrosa, arriesgada y confusa. No sabes que no sabes, y eso provoca una cantidad inimaginable de dolores y llanto que podrían ser evitados si tan solo supieras ¡cómo vivir bien!

Dios no te creó para vivir así; eso no es vivir, es sobrevivir. Dios creó al ser humano para ser feliz *en Él,* y la única manera de que eso suceda es vivir en el temor del Señor siendo sabios e inteligentes a través de Su Palabra. La clave del éxito no está en este mundo, sino en la sabiduría divina, perfecta y de lo alto. Vive en Su Palabra, léela diariamente, aplícala y obedécela en cada esfera de tu vida. No adivines cómo vivir, mejor sé sabio en toda tu manera de vivir.

# VISIÓN 20/20

### Josué Ortiz

---

*Porque sus ojos están sobre los caminos*
*del hombre, y ve todos sus pasos.*

(JOB 34:21)

*E*sa noche nos pidieron tiempo para leer sus libros favoritos, pero les dijimos que no... ya era muy tarde y necesitaban dormir. Nuestros hijos (12 y 9 años) son ávidos lectores que terminan libros de trescientas páginas en menos de dos semanas. Por esa razón nos piden tiempo para leer antes de dormir. Esa noche dijimos que no, pero Santiago (9 años) decidió hacerlo de cualquier modo. Rebekah y yo lo vimos en la cámara de seguridad y fuimos a llamarle la atención. Él se había olvidado de esa cámara y estaba atónito de saber que nosotros lo habíamos visto. Cuando me preguntó acerca de cómo lo supimos, solo le respondí: «Los papás lo vemos todo».

Dios, nuestro Padre celestial, sí lo ve todo, y si no tenemos cuidado podemos olvidarlo también. Cada pensamiento, actitud, motivación y deseos del corazón están todos delante de Dios, ¿qué ve Dios en ti? ¿Vives recordando la omnipresencia de Dios, o crees que puedes evadir Su presencia? El amigo de Job, Eliú, le recuerda a Job que Dios está en todo lugar, que nada se le escapa y que observa detenidamente cada acción humana.

Vive recordando esta verdad. No se trata de temer Su presencia, sino de disfrutarla. No obedecemos a Dios *solo* porque sabemos que Él nos ve. Más bien, obedecemos a Dios porque queremos agradarle, glorificarle y amarle con cada una de las acciones y pensamientos que Él ve.

# EL REY PERFECTO

### Josué Ortiz

---

*Bienaventurado el varón que no anduvo en consejo de malos, ni estuvo en camino de pecadores, ni en silla de escarnecedores se ha sentado.*

(SALMO 1:1)

*C*onstantemente tengo que recordar que «yo, soy yo», no puedo ser alguien más. Cuando escucho a mis predicadores favoritos, tengo la tentación de querer ser como ellos, de predicar como ellos, hablar como ellos. Cuando veo el progreso de otras iglesias, también peleo con el deseo de que nuestra iglesia crezca como la de ellos. Sin embargo, Dios me recuerda que no puede ser así. Él no me creó para que yo sea como otros, *Él me creó para que yo sea como Él.*

En el Salmo 1 vemos la viva descripción de una persona que es como ninguna otra. Este varón es perfecto, nunca en consejo de malos, ni camino de pecadores, ni en silla de escarnecedores, ¡vaya! Yo no soy esa persona, definitivamente. El Salmo 1 más bien describe la perfección de nuestro Rey Jesús. Él es el único que ha vivido una vida santa, intachable e íntegra en cada aspecto externo e interno.

Lo hermoso del Salmo 1 es que, aunque no me describe a mí, Dios me ve *como si fuera* el varón de ese salmo, ¿por qué? Porque todos los que estamos en Cristo hemos sido revestidos de Su perfección (Gál. 3:27). Cuando Dios ve a Sus hijos, no ve sus bondades, las cuales son nulas, sino que Dios ve la perfección de Jesús *sobre* nosotros. Vive siendo menos como tú, y más como Cristo.

# ¿DIOS ENTRE NOSOTROS?

### Nathan Díaz

*Cuando veo tus cielos, obra de tus dedos, la luna y las estrellas que tú formaste, digo: ¿Qué es el hombre, para que tengas de él memoria, y el hijo del hombre, para que lo visites?*

(SALMO 8:3-4)

La tierra tiene una circunferencia de 6371 kilómetros. Cuando pensamos en nuestro tamaño como seres humanos en relación con el tamaño de nuestro planeta, somos bastante pequeños. La distancia de nosotros al sol es de 149 millones de kilómetros. El diámetro de nuestro sistema solar es 36 billones de veces más grande que nuestro planeta tierra. Nuestra galaxia (la Vía Láctea) tiene 100 000 años luz de diámetro. La Vía Láctea es solo una de billones de galaxias que existen en nuestro universo.

Dios es más grande que nuestro universo porque él es el Creador del universo. Eso pone en perspectiva la diferencia entre ser Creador y ser criatura. Si Dios se encarnó en la persona de Jesucristo, tenemos una de las realidades más asombrosas de la Biblia. Esta realidad es no solamente asombrosa, sino también nos llena de esperanza ya que nos muestra que Dios ha condescendido para estar entre nosotros (Juan 1:1-3). ¡Como uno de nosotros! ¡Un punto pequeño en el vasto universo! No hay mayor misterio y verdad incompresible que la manera en que Dios entró en la historia humana en la persona de Su Hijo Jesús. ¡Si nuestro corazón se maravilla al contemplar estas palabras de David terminaremos llenos de gratitud y adoración!

# LABIOS DE MIEL

### Karla de Fernández

*T*odos conocemos personas íntegras, personas que actúan de acuerdo con lo que creen y defienden. Personas que con su forma de vivir nos dejan ver destellos de la gracia de Dios en ellos. Destellos de la imagen de Dios plasmada en cada ser humano y que por instantes nos recuerdan que, aunque somos humanos falibles, también hay belleza en nosotros porque somos creados por Dios.

Esa belleza puede verse reflejada a través de lo que decimos a otras personas, belleza a través de nuestros labios. Palabras que sean dulces a los oídos de quienes nos escuchan, porque están cargadas de verdad y buscan hacer brillar el evangelio que hemos creído.

No obstante, aun con todo eso podemos lastimar a otras personas con nuestras palabras porque aún están manchadas con el pecado que todavía mora en nosotros. No siempre hablamos como deberíamos.

No sucede así con Dios. Su Palabra es verdad, Sus palabras son puras, sin engaño, Su Palabra es probada y aprobada. Lo que Él ha dicho, así fue y así será. Podemos confiar en lo que está escrito porque: «Las palabras de Jehová son palabras limpias, como plata refinada en horno de tierra, purificada siete veces» (Sal. 12:6).

Dios no es hombre, no hay pecado en Él. Sus palabras siempre serán de bendición, afirmación y ánimo a nuestros corazones. Aun si son palabras duras podemos confiar en que todo lo que Él dice será para nuestro bien.

# LA PALABRA PERFECTA

### Josué Ortiz

*La ley de Jehová es perfecta, que convierte el alma; el testimonio de Jehová es fiel, que hace sabio al sencillo. Los mandamientos de Jehová son rectos, que alegran el corazón; el precepto de Jehová es puro, que alumbra los ojos. El temor de Jehová es limpio, que permanece para siempre; los juicios de Jehová son verdad, todos justos. Deseables son más que el oro, y más que mucho oro afinado; y dulces más que miel, y que la que destila del panal. Tu siervo es además amonestado con ellos; en guardarlos hay grande galardón.*

(SALMO 19:7-11)

¿Alguna vez has dicho un comentario en el *momento incorrecto*? En una ocasión, un amigo me estaba platicando acerca de una emergencia médica. Tuvieron que llevar a su esposa en helicóptero a otro país debido a las complicaciones, y estaba a punto de morir. Honestamente, yo estaba distraído y no le estaba prestando atención, y en mi falta de concentración le respondí: «¡Qué bien!». Él, dándose cuenta de mi error, respondió: «No, no fue algo bueno, fue muy malo».

A diferencia de nosotros, Dios *nunca* dice algo incorrecto, inoportuno o innecesario. Su Palabra es perfecta, dulce, atractiva, edificante y poderosa para transformar corazones muertos, en corazones vivos, santos y redimidos. Su Palabra restaura, repara, reconstruye. Su Palabra nos limpia y nos purifica (Juan 15:3). Su Palabra lo es todo para el creyente. La necesitas, léela. Tu mente es renovada y tu alma es nutrida con las palabras más dulces que existen. No desprecies las perfectas palabras de tu Dios.

# MI GOZO EN LO SECRETO

### Nathan Díaz

*Sean gratos los dichos de mi boca y la meditación de mi corazón delante de ti, Oh Jehová, roca mía, y redentor mío.*

(SALMO 19:14)

Si alguien nos preguntara si somos ateos, como cristianos profesantes, contestaríamos que no. Todos los que nos consideramos creyentes en la Palabra de Dios creemos que Dios es real y también omnipresente. Pero en la práctica, muchas veces somos «ateos funcionales». Actuamos como ateos porque hacemos cosas en lo secreto que no haríamos delante de otras personas. Pensamos cosas terribles que si fueran reveladas nos avergonzarían mucho. Pero si no hacemos cosas delante de otras personas ¿por qué las hacemos delante de Dios?

El Salmo 19 nos invita a pensar en la realidad de la existencia de un Dios Creador (v. 1), en la manera en que manifiesta Su carácter a través de Sus mandamientos y la manera en que Su ley debe transformar nuestras vidas (v. 7). Esto es lo que se conoce como revelación natural (lo que podemos saber sobre Dios en la creación) y revelación especial (lo que Dios nos revela sobre Él mismo en Su Palabra). Si es verdad que la ley de Dios es dulce como la miel (v. 10), entonces estaremos constantemente buscando vivir agradándole con nuestros pensamientos y con nuestras acciones. Necesitamos que Dios nos revele los cambios internos que quiere hacer en nosotros para que aun cuando otros no nos vean, nos deleitemos en hacer Su voluntad. Que Dios nos muestre nuestros errores diariamente (v. 12), y así vivamos deleitándonos en nuestra Roca y Redentor.

# CIELOS QUE DANZAN

## Karla de Fernández

*De Jehová es la tierra y su plenitud; el mundo, y los que en él habitan.*

(SALMO 24:1)

*A*mo fotografiar los cielos. Amo ver cómo cambian las nubes, cómo son llevadas con el viento en una danza que no necesita una coreografía estudiada. Amo sentir el viento acariciar mi piel, y amo el barro frío bajo mis pies.

Solo un Dios como el nuestro pudo crear un mundo que lo refleje, un mundo que en cada instante muestre la gloria de Su Nombre. Solo un Dios como el nuestro pudo crear a un ser humano capaz de maravillarse con la creación que refleja la gloria de su Dios y creador.

Todo lo que Dios creó lo refleja. Es verdad que cuando el pecado entró al mundo, toda esa perfección se manchó. La gloria excelsa que irradiaba el mundo y la creación, con el pecado en acción, distorsionada se volvió. No así con Dios, solo Su creación.

No teníamos remedio, no éramos un buen reflejo, nuestro mundo dejaba al descubierto que el pecado había triunfado por un ínfimo momento. Pero el Dios perfecto, por Su amor intacto, nos dio la salida a ese quebranto. Fue Jesucristo quien, en un momento santo, descendió de los cielos para pagar la culpa por nuestros pecados.

Aún no reflejamos Su gloria perfectamente, pero no hemos de olvidar que «De Jehová es la tierra y su plenitud; el mundo, y los que en él habitan» (Sal. 24:1). Le pertenecemos y el Cordero que fue inmolado por nuestros pecados, algún día volverá y todo será como debía haber sido.

# NO TEMERÉ

**Josué Ortiz**

---

*Jehová es mi luz y mi salvación; ¿de quién temeré? Jehová es la fortaleza de mi vida; ¿de quién he de atemorizarme?*

(SALMO 27:1)

La mayoría de los niños tienen miedo de la oscuridad, tal vez tú mismo tuviste ese problema. Por lo tanto, la hora de dormir se vuelve en un reto en niños particularmente pequeños. Sebastián, nuestro hijo de tres años en ese entonces, estaba preocupado por la noche, la quería evitar y nos trataba de convencer de que *aún no era tiempo de dormir*. Una noche, finalmente, mientras yo lo abrazaba para ponerlo en su cama, me dijo: «Papi, Dios me cuida, ¿verdad?».

Un niño puede entender esa verdad, tú también necesitas entenderla. Vivimos en un mundo peligroso, corrupto y hostil. Hay terremotos, inseguridad, asaltos y secuestros. Por si no fuera suficiente, también sufrimos enfermedades y muerte. Pero si no tenemos cuidado podemos caer en un miedo paralizante que nos hace dudar de Dios, de Su bondad y de Su fidelidad. Comenzamos a pensar que nuestros problemas son muy grandes y Dios, muy pequeño.

El salmista te está animando a recordar la verdad que revolucionará tu día a día. Si confías en ti mismo, en tu empleo o en tu salud, pronto serás defraudado. Pero si recuerdas que Dios es tu refugio y tu fortaleza, te darás cuenta de que en efecto hay muchos peligros, pero Dios es más grande que cada uno de ellos. Él es Rey, Soberano y Rector de todo lo que vemos y de lo que no vemos, ¿de quién temerás?

# LLEGARÁ EL GOZO DEL AMANECER

### Nathan Díaz

*Porque un momento será su ira, pero su favor dura toda la vida.*
*Por la noche durará el lloro, y a la mañana vendrá la alegría.*

(SALMO 30:5)

¿Qué es lo que trae gozo a nuestras vidas? ¿Cuál es la razón de nuestra adoración a Dios? La verdadera adoración tiene que empezar con reconocer lo que merecemos en nuestra culpabilidad delante de un Dios santo y justo. Solo cuando comenzamos pensando en nuestra pecaminosidad es que el evangelio de la misericordia y perdón de Dios brilla con más gloria. Es increíble pensar en la manera que Dios restringe Su justicia inmediata sobre una humanidad rebelde para ser paciente y dar lugar a la esperanza de redención para todo el que se arrepiente.

En el Salmo 30, David reconoce el auxilio y el rescate de Dios en las circunstancias difíciles de su vida. Esto trae verdadero gozo y esperanza a su vida (vv. 11-12). La perspectiva cristiana es que la aflicción siempre es temporal (la noche), por eso Pablo dice: «Pues tengo por cierto que las aflicciones del tiempo presente no son comparables con la gloria venidera que en nosotros ha de manifestarse» (Rom. 8:18).

Pero el propósito final por el que queremos ser restaurados de nuestra aflicción es para poder darle el crédito a Dios al mostrar Su fidelidad en nuestras vidas (v. 9). Su fidelidad y Su gloria se verán reflejadas eternamente en la era venidera (la mañana).

# NUESTRO BIEN MAYOR

### Karla de Fernández

*Los leoncillos necesitan, y tienen hambre; pero los que buscan a Jehová no tendrán falta de ningún bien.*

(SALMO 34:10)

*H*ace tiempo, mientras viajábamos en el auto, uno de nuestros hijos de la nada preguntó: «¿Se han dado cuenta de que a pesar de que somos cinco personas en la familia y se han quedado sin empleo papá y mamá, nunca nos ha faltado nada? Nunca nos hemos quedado sin comer, sin casa y sin ropa».

Para nosotros, sus padres, escuchar a nuestros hijos maravillarse de la bondad y el cuidado de Dios fue un momento de alabanza. Un momento de alabanza porque Dios nunca ha dejado de cumplir Sus promesas.

El Salmo 34:10 nos dice que: «Los leoncillos necesitan, y tienen hambre; pero los que buscan a Jehová no tendrán falta de ningún bien». Podemos pensar que el salmista se refería solo a lo material, no obstante, va mucho más allá.

Desde la rebelión en el Edén, la mayor necesidad para toda la creación es y será Jesucristo. Podemos tener todo lo que necesitemos para subsistir en esta tierra, pero si no tenemos a Cristo, estaremos en pobreza eternamente.

Hemos de estar conscientes de que nuestro bien mayor es y siempre será Jesucristo. Él es a quien necesitamos para estar completos, plenos, con paz, sabiduría; es a Él a quien necesitamos para el perdón de nuestros pecados. Es a Él a quien necesitamos para vivir bien en esta tierra, pero también en la eternidad.

Nuestra esperanza es que Su misericordia aún alcanza para el día de hoy. Cristo sigue siendo nuestro bien mayor y así será, por siempre.

# TU GRACIA ME SOSTIENE

## Josué Ortiz

---

*Muchas son las aflicciones del justo, pero
de todas ellas le librará Jehová.*

(SALMO 34:19)

*H*e platicado con personas que están pasando por graves problemas personales que deberían tenerlos en profunda desesperanza y tristezas. Sin embargo, emanan esperanza, alegría y paz. El común denominador es claro, ellos saben que Dios los sostiene en medio de cada una de sus aflicciones. En ese sentido, entre más dificultades tengan, mayor es la gracia de Dios.

El salmista está hablando de una clase de vida que no está libre de problemas, todo lo contrario, el autor parece sugerir que la vida del hijo de Dios está plagada de aflicciones. Desde luego que David, el autor de este salmo, está hablando de su experiencia propia, y aunque nosotros no pasaremos las mismas experiencias que David tuvo, sí nos podemos identificar con él. A veces parece que los que *no son* creyentes tienen vidas tan estables, tan perfectas, tan prósperas. Nada los molesta, hacen lo que quieren sin temor a Dios, y «nada» les pasa. Pero el salmista nos da la verdadera definición de paz. La paz no es la *ausencia* de problemas, sino la *presencia* del Rey en tu vida.

Este salmo no es una alegoría, es una promesa, así que no camines cabizbajo, decepcionado de la vida, ahogado en tus muchas aflicciones y pensando que estás solo. Sino que imprime este salmo en tu corazón y observa, alegremente, que, «Muchas son las aflicciones del justo, pero de todas ellas le librará Jehová».

# UN RECORDATORIO DEL GOZO QUE VENDRÁ

### Nathan Díaz

*Deléitate asimismo en Jehová, y él te concederá las peticiones de tu corazón.*

(SALMO 37:4)

*M*i anillo de bodas tiene este versículo grabado por dentro. Es un recordatorio de que Dios debe ser nuestro mayor tesoro y todo lo demás en esta vida es temporal. Podemos disfrutar de las bendiciones de esta vida pero las bendiciones nunca deben superar el valor del Dador de esas bendiciones. El matrimonio es una de las bendiciones más grandes de Dios en esta vida, pero no se compara con la bendición eterna del gozo de Su gloria.

¿En dónde está nuestro verdadero gozo y nuestra verdadera esperanza? Es fácil que nuestro anhelo de ser amados por otra persona, encontrar a alguien que parezca valorarnos, se convierta en nuestra búsqueda final de gozo y satisfacción. Pero cualquier cosa que pueda traernos deleite en esta vida solo es un pequeño bocado, un breve recordatorio de una profunda satisfacción que la presencia de Dios traerá a nuestras almas.

Así que cada decisión de la vida diaria que tomemos y sus resultados, podemos encomendarlos a Dios (v. 5) al pedirle que los use para mostrarnos cómo Él es nuestro valor supremo. Cuando sea algo que disfrutamos, que nos recuerde que hay un gozo mayor en Él. Cuando sea aflicción y sufrimiento, que nos recuerde que podemos soportar cualquier dolor en esta vida a la luz de la gloria venidera (Rom. 8:18).

# ESPERA EN DIOS

### Karla de Fernández

*Guarda silencio ante Jehová, y espera en él. No te alteres con motivo del que prospera en su camino, por el hombre que hace maldades.*

(SALMO 37:7)

*P*uedo decir con seguridad que mientras estemos en esta tierra, en muchas ocasiones nos encontraremos con personas que haciendo el mal seguramente prosperarán en sus caminos. Es probable que sus vidas parezcan solucionadas y sin consecuencias a pesar de actuar de manera contraria a las leyes humanas, pero también a las leyes divinas.

Esto me lleva a pensar que no porque una vida parezca bien vivida y plena, necesariamente es porque hace bien las cosas. En ocasiones, a aquellos que están lejos de Dios en esta tierra les va mejor —materialmente hablando— que a los que nos entregamos de lleno a Dios.

Si lo vemos con los ojos humanos que buscan siempre más y más en esta tierra, podremos pensar que es injusto. Pero cuando aprendemos a ver la vida con la esperanza de la eternidad y una vida completa en Cristo, entonces entendemos que nuestra vida, en las manos de Dios está segura.

Miremos a nuestro alrededor, quizá habrá personas a quienes les vaya mejor en sus negocios y en lo material, pero eso no significa que Dios se haya olvidado de nosotros. Si nos detenemos un momento y miramos todo cuanto tenemos y que nos ha sido dado, veremos cuán amados y bendecidos somos por Dios.

Todo, absolutamente todo es gracia. Lo que tenemos y lo que no, es solo por gracia de Dios; estemos agradecidos.

# MI SALVACIÓN Y MI DIOS

### Josué Ortiz

*¿Por qué te abates, oh alma mía, y por qué te turbas dentro de mí? Espera en Dios; porque aún he de alabarle, salvación mía y Dios mío.*

(SALMO 42:11)

*T*odos hemos tenido que enfrentar momentos difíciles en la vida; momentos oscuros e inesperados. Tal vez has tenido que ver la muerte de un ser querido, o tal vez han sufrido de infertilidad en su matrimonio, pero independientemente, todos hemos sido testigos de primera fila de que este mundo es un mundo caído. Sin embargo, tenemos que recordar que aunque los días sean malos, Dios siempre es bueno.

El salmista escribe de esta realidad en el Salmo 42. Evidentemente, el salmista estaba en un momento muy bajo de su vida. Habla de la persecución de sus enemigos, menciona estar de luto y hace referencia a dificultades frecuentes, y no obstante, su confianza en un Dios confiable, permanece real, firme y más genuina que nunca. El autor del salmo le pregunta a su misma alma: «¿Por qué te abates, oh alma mía?». La idea es que, contrario a lo que parecía, no había razón para turbarse, solo muchas razones para alabarle.

Probablemente también has pasado por momentos difíciles, o puede que estés pasando por tormentas en tu vida, pero nunca olvides que los que estamos en Cristo siempre tenemos esperanza verdadera. No hay razones para temer, solo razones para confiar en Él. Dios siempre está cuidando de Sus hijos, y no negamos los problemas, pero tampoco los hacemos más grandes que nuestro Rey.

# DILES A TUS HIJOS LO QUE DIOS HA HECHO

## Nathan Díaz

*Haré perpetua la memoria de tu nombre en todas las generaciones, por lo cual te alabarán los pueblos eternamente y para siempre.*

(SALMO 45:17)

C uando era niño, mi mamá nos leía los libros de *Las Crónicas de Narnia*. Cuando yo tuve hijos, también les leímos los mismos libros. Hasta salieron películas basadas en los libros que disfrutamos juntos. Las tradiciones familiares pueden ser algo muy bueno. Cuando esas tradiciones tienen un impacto real en nuestras vidas es cuando buscamos pasarlas a las siguientes generaciones. ¡Cuánto más debemos anhelar pasar nuestras convicciones sobre Dios y sobre las verdades de Su Palabra a nuestros hijos!

El Salmo 45 está lleno de descripciones sobre los atributos y la gloria de Dios. El anhelo de los hijos de Coré es que no solo sus hijos terminen alabando a Dios por Su majestad sino que todos los pueblos también lo reconozcan como el único y verdadero Rey de todas las naciones. Este salmo usado como canto de bodas reales sería un recordatorio de quién es el verdadero Rey y cuál es Su verdadera esposa: gente redimida de todo pueblo, lengua y nación (Apoc. 7:9-10).

La verdad de la increíble belleza de la gloria suprema de Dios sobre todas las cosas de este mundo es la verdad más importante que debemos repetir a nuestros hijos para que ellos anhelen esa realidad en sus propias vidas y para que ellos también las proclamen con convicción a sus hijos.

# ESTAD QUIETOS

### Karla de Fernández

*Estad quietos, y conoced que yo soy Dios; seré exaltado entre las naciones; enaltecido seré en la tierra.*

(SALMO 46:10)

Recuerdo que desde muy pequeña solía pasar horas y horas admirando el cielo. Mi mirada se perdía en la inmensidad de la bóveda celeste; imaginaba que subía lentamente y admiraba desde arriba el mundo donde tenía los pies sumergidos en el barro.

Cuatro décadas después sigo admirando el cielo. Intento capturar con mi cámara los rayos del sol que hacen melodías mientras se filtran entre las nubes y llegan hasta mis ojos que se embelesan ante tal obra de arte.

Una obra de arte que corresponde al Creador. Nadie como nuestro Dios para regalarnos amaneceres y ocasos como los que nos regala cada día. Unos más espectaculares que otros, pero todos llenos de la gloria de Dios.

Si el Dios Creador del universo, el autor de la belleza de los cielos, el Dios que sostiene la vida de Sus criaturas, quien cuida de ellas y las sustenta es nuestro Padre, ¿por qué vivimos con incertidumbre o ansiedad?

En Él reposa nuestra esperanza. Nos corresponde creer en Él, confiar en Su poder y esperar en Sus promesas. Su Nombre será enaltecido sobre la tierra, lo que hoy es, algún día no será más pues ya no habrá pecado que acarrea dolor, angustia, quebranto.

Estaremos solos con Él y Él será todo en todo. Mantengamos nuestra fe y esperanza en que Él es Dios, por siempre y siempre.

# EL GRAN REY

### Josué Ortiz

*Porque Jehová el Altísimo es temible;*
*Rey grande sobre toda la tierra.*

(SALMO 47:2)

*E*l Palacio de Windsor es un castillo icónico de la monarquía británica. Es uno de los lugares más imponentes que he visitado. La arquitectura medieval y la historia que lleva consigo, hacen del palacio un verdadero centro histórico del mundo entero. Cuando mi familia y yo visitamos el palacio, sabíamos que la reina Isabel II estaba presente porque su estandarte real ondeaba en lo alto de una de las torres. La reina de la monarquía más longeva de Europa estaba allí, y su estandarte lo anunciaba orgullosamente.

Sin embargo, por más impresionante que sea la monarquía británica, no se compara con la monarquía de Dios. El salmista reconoce el título más importante de Dios: Rey. Nuestro Rey es «grande sobre toda la tierra», lo cual quiere decir que Él creó toda la tierra. No la conquistó, como los reyes humanos conquistan tierras, Dios la formó con el poder de Su voz. Nuestro Rey tampoco secuestró a súbditos como lo hacen los reyes. Sino que Dios los creó del polvo de la tierra y les dio un propósito: *anuncien mi presencia.* Los seres humanos somos los estandartes que proclamamos la presencia de Dios en la tierra.

Vive en humildad ante el Rey, no seas rebelde a Su reinado, sino anuncia en cada lugar de la tierra que el Rey reina, y que pronto, muy pronto, Él regresa otra vez a reclamar lo que es legítimamente suyo.

# EL TESORO DE LO ETERNO

### Nathan Díaz

---

*No temas cuando se enriquece alguno, cuando
aumenta la gloria de su casa; porque cuando muera
no llevará nada, ni descenderá tras él su gloria.*

(SALMO 49:16-17)

*U*na de las tentaciones más grandes en nuestras vidas es pensar que tener más dinero nos traerá paz y felicidad. Pasamos mucho tiempo tratando de tener más cosas materiales. Muchos de nosotros tenemos problemas financieros, no porque no ganamos lo suficiente para vivir cómodamente, sino porque nuestro estilo de vida es más alto que nuestros ingresos. Esto nos lleva a estar pensando constantemente: «si tan solo tuviera…».

Pero la Biblia nos invita siempre a comparar lo temporal con lo eterno. Nos confronta con las prioridades de lo que es importante para Dios y las prioridades de lo que es importante para el hombre. En Mateo 6:19-21 Jesús lo expuso así: «No os hagáis tesoros en la tierra, donde la polilla y el orín corrompen, y donde ladrones minan y hurtan; sino haceos tesoros en el cielo, donde ni la polilla ni el orín corrompen, y donde ladrones no minan ni hurtan. Porque donde esté vuestro tesoro, allí estará también vuestro corazón».

¿Cuánto tiempo pasaremos hoy invirtiendo en cosas que durarán para siempre? ¿Cuánto envidiamos las posesiones que otros tienen y que se pueden perder fácilmente? Podemos acumular muchas cosas en esta vida, pero el día que muramos, todo eso se quedará atrás. Que nuestro tesoro sea lo que durará para siempre: lo que hacemos para el reino de Dios (Mat. 6:33).

# SIN DEUDAS

### Karla de Fernández

*No tomaré de tu casa becerros, ni machos cabríos de tus apriscos. Porque mía es toda bestia del bosque, y los millares de animales en los collados. Conozco a todas las aves de los montes, y todo lo que se mueve en los campos me pertenece.*

(SALMO 50:9-11)

Todo cuanto hay en la tierra le pertenece a Dios. Desde lo más minúsculo e invisible a nuestros ojos, hasta los grandes mamíferos marinos que navegan en altamar le pertenecen.

Vano sería presentar una ofrenda con algo que Él mismo ha creado para nosotros. Vano sería que quisiéramos pagar las deudas que tenemos con Él a causa de nuestra desobediencia y rebelión. Vano sería querer salvarnos a nosotros mismos, con nuestras propias manos, con nuestro propio esfuerzo.

Ni aún los animales más excelsos del reino podían pagar de una vez y para siempre nuestra deuda, siempre habría un remanente, un interés que no fue cubierto, una deuda que pagar. Humillante sería venir delante de Dios para pagar nuestras deudas con algo que a Él le pertenece y que no es suficiente para cubrir una parte.

Pero qué esperanzador es saber que la deuda que estaba a nuestro nombre por causa de nuestros pecados y rebeliones ya fue cubierta en su totalidad con la sangre de Cristo. Su sacrificio fue suficiente, ya no tendremos que buscar pagar nuestras deudas con algo que ni siquiera es nuestro. Dios nos ha amado tanto que nuestra deuda ha sido cancelada.

# LIMPIEZA DE CORAZÓN

## Josué Ortiz

*Crea en mí, oh Dios, un corazón limpio, y renueva un espíritu recto dentro de mí. [...] Vuélveme el gozo de tu salvación, y espíritu noble me sustente.*

(SALMO 51:10, 12)

La Ciudad de México es un lugar esplendido para vivir, pero como cualquier centro urbano, especialmente los de gran tamaño, la capital mexicana tiene serios retos por resolver. La sobrepoblación ha causado toneladas de basura diariamente, y a pesar de las estrategias de procesamiento, la ciudad, en muchas de sus calles, es una ciudad sucia. Muchas veces los cestos de basura colocados en las calles se llenan rápidamente, provocando que las calles se conviertan en basureros públicos. Caminar entre la basura no es higiénico ni cómodo, pero vivir con *un corazón sucio* es millones de veces más mortal.

Un corazón sucio habla de pecado sin confesar, de pecados ocultos o de pecados abiertamente públicos que ya viven cómoda y arrogantemente en nuestros corazones. Cualquiera que sea el caso, el resultado es el mismo: un corazón sucio. Con esa condición no se puede alabar a Dios, no se puede tener comunión con Él, ni ver victoria sobre el pecado.

Junto con el salmista, aprende a rogar por un corazón limpio, la clase de corazón que es transparente e íntegro. En Cristo siempre hay esperanza, no importa cuán bajo has caído, o cuán sucio estás, la mano del Rey siempre está extendida para rescatar y limpiar a todos aquellos que lo pidan. Clama por limpieza y vive en pureza y santidad.

# ¿PARA QUÉ ORAR?

## Nathan Díaz

*Tarde y mañana y a mediodía oraré y clamaré,*
*Y él oirá mi voz.*

(SALMO 55:17)

E n nuestra época de tecnología accesible para todos, la comunicación se ha convertido en algo muy sencillo y eficaz. Siempre cargamos un teléfono con el que podemos enviar un mensaje a cualquier persona en el mundo con conexión a internet. Sin importar dónde estemos, sabemos que cualquiera también nos puede contactar si es necesario. Pero la comunicación más importante y eficaz es la que tenemos con Dios. Como sus hijos, sabemos que tiene cuidado de nosotros aún en las aflicciones más profundas de nuestras vidas. Cuando nos sentimos abrumados por la incertidumbre de mañana, podemos estar seguros de que Dios tiene el control.

Dios ha diseñado la oración para que así como David, podamos recordar que Dios es soberano y que él hará justicia perfecta al final. La oración no es principalmente para recordarle a Dios nuestra situación, sino para recordarnos nosotros mismos el carácter de nuestro Dios en medio de nuestra situación. Dios nunca se cansará de escucharnos y nosotros nunca debemos cansarnos de hablarle. La mejor manera de experimentar la paz en esta vida es sabiendo que el día de mañana está completa y perfectamente en manos de Jesucristo.

Desde que te levantas en la mañana hasta que te acuestas en la noche: «Echa sobre Jehová tu carga, y él te sustentará; No dejará para siempre caído al justo» (Sal. 55:22).

# PON ATENCIÓN

## Karla de Fernández

*Porque ni de oriente ni de occidente, ni del desierto viene el enaltecimiento. Mas Dios es el juez; a este humilla, y a aquel enaltece.*

(SALMO 75:6-7)

En reiteradas ocasiones he hablado con mi hijo que está en la adolescencia acerca del enaltecimiento y la humillación. A muchos de nosotros nos gustaría ser enaltecidos por determinada situación, por alguna área de nuestro carácter o por nuestros talentos.

Buscamos con entusiasmo que otros den a conocer nuestro nombre o lo que nos distingue de entre los demás. Nos levanta el ánimo saber que somos admirados y que otros quieren seguir nuestro ejemplo.

No obstante, hay algo muy importante que no debemos pasar por alto. Si bien es cierto que querer ser conocidos por nuestras destrezas o habilidades no es malo en sí mismo, debemos recordar que cuando el fin es ponernos en un lugar superior para desprestigiar o humillar a los demás, ya no es algo que debamos buscar.

Si al buscar ser reconocidos hemos dejado de reconocer quién es el que nos da el talento y a quién le pertenecemos, hemos perdido de vista a Dios; hemos fallado. Todo proviene de Él, todo cuanto somos y hacemos proviene de Dios. Él nos creó y nos dio todo lo que hoy somos.

Tengamos cuidado de no olvidar de dónde viene todo lo que tenemos. No vaya a ser que en lugar de ser reconocidos y enaltecidos por lo que brilla en nosotros, por nuestra actitud errónea seamos humillados. Dios nos ayude.

# MI MEJOR DEFENSA

### Josué Ortiz

---

*Porque sol y escudo es Jehová Dios; gracia y gloria dará Jehová. No quitará el bien a los que andan en integridad.*

(SALMO 84:11)

L a industria automotriz ha evolucionado en las últimas décadas. ¿Podrías creer que no fue hasta el final de los años 90 que Estados Unidos ordenó que todos los autos tuvieran bolsas de aire? Antes de ese entonces era algo opcional, o bien, era tecnología que aún no existía. Hoy, los compradores de autos se preocupan por saber si el auto tiene bolsas de aire frontales y *también* laterales, o cuántas bolsas hay en total. Las bolsas sirven como una herramienta de protección en caso de un accidente: las bolsas salvan vidas.

¿Quién te protege a ti en tu vida? Las bolsas ofrecen *cierta* protección, pero, ¿qué de tu día a día? ¿Quién te protege de peligros, de las malas personas o de las dificultades de la vida? El salmista afirma que su protector es el mismísimo Dios que creó los cielos y la tierra. El autor está convencido de la bondad de Dios para con sus hijos, Dios nunca le falla, no le debe a nadie, siempre es bueno.

Cada mañana, al despertar, recuerda que Dios es tu protector, tu mejor defensa. Él es el dador de la gracia a todos aquellos que llama hijos. Sus hijos, desde luego, deben vivir en obediencia a Él, esa es la marca de Sus ciudadanos. Tú, confía en Él. Nada sale de Su control, Él es tu sol y tu escudo, ¿de quién temerás?

# ¿QUIÉN ES TU REY?

### Nathan Díaz

---

*Porque Jehová es Dios grande, y Rey grande sobre todos los dioses.*

(SALMO 95:3)

Las dos categorías más grandes de la realidad son Creador y creación. Todo lo que nos rodea y todo ser humano tiene su origen en Dios. Pero Dios no fue creado. No hay nada más grande ni más poderoso que Él. ¿Por qué vivimos nuestras vidas como si fuéramos lo más glorioso que existe? ¿Por qué no reconocemos que hay un Dios que hizo posible nuestra existencia? La esencia de la rebeldía humana está en no reconocer la supremacía de Dios como el verdadero Rey y someterse a Su autoridad.

El verdadero Rey de las naciones y del universo nos está hablando hoy. El autor de Hebreos cita al salmista con esta exhortación: «Si oyereis hoy su voz, no endurezcáis vuestro corazón…» (Sal. 95:7-11 en Heb. 3:7-11; 4:1-14).

Debemos responder a la voz de Dios en adoración porque Él es supremo. Nuestras vidas deben ser para Él simplemente porque Él es Creador. ¿Cómo vas a vivir para tu Creador hoy? ¿Cómo somos tentados a vivir ignorando Su voz en las decisiones que tomamos cada día? ¿Pueden otros ver en nosotros que vivimos para un Rey que gobierna sobre nuestras vidas? Todos tenemos un rey. Todos nos sometemos a algo que atesoramos. Ese rey puede ser el dinero, el sexo o el poder. Pero como cristianos, el Rey evidente debe ser nuestro Dios, encarnado en la persona y obra de Jesucristo.

# TAN LEJOS Y TAN CERCA

### Karla de Fernández

*Cuanto está lejos el oriente del occidente, hizo
alejar de nosotros nuestras rebeliones.*

(SALMO 103:12)

E l oriente y el occidente jamás podrán converger. Están de extremo a extremo. Podemos correr con dirección al oriente durante toda nuestra vida tratando de llegar el occidente y será en vano, una pérdida de tiempo y energía.

Cuando leemos esta declaración de nuestro Dios nos damos cuenta de cuán grande es Su amor y Su perdón para con Sus hijos. Sabemos que el corazón de todo ser humano prefiere hacer lo malo a lo bueno, la gran mayoría de las veces. Busca su propio bienestar aun yendo en contra de lo que Dios ha dicho.

Nuestras rebeliones nos alejan de Dios, nos hacen ir corriendo en contra de Él, de Su presencia; sin embargo, aun a pesar de nosotros, a pesar de nuestros intentos por hacer nuestra voluntad, Dios nos encuentra a medio camino y nos toma para Él.

Una muestra de Su gracia y misericordia es precisamente no dejarnos hacer nuestra voluntad, frenar nuestra carrera y atraernos hacia Él. Nos da una nueva vida, transforma nuestro corazón rebelde, terco y necio en uno sensible a Su voz. Un corazón que tendrá la capacidad de elegir hacer lo bueno antes que lo malo, solo por quién habita ahora en él.

Dios aleja nuestras rebeliones, no de nosotros mismos, sino de Él. Cuando hemos creído en Cristo, esas rebeliones, el ir en contra de Dios son borradas de nuestro historial y nunca más nos alcanzarán.

# HOY, ME GOZARÉ EN TI

## Josué Ortiz

*Este es el día que hizo Jehová; nos gozaremos y alegraremos en él.*

(SALMO 118:24)

*U*na de las realidades más evidentes del ser humano es que no todos los días ocurren como lo planeamos. A veces los minutos se salen de nuestro control y ocurren «accidentes triviales» como perder el autobús que te lleva a tu trabajo, o algunos más serios como la noticia de que un ser querido ha fallecido. Hay días que son inesperados, llenos de miedo y temor, con dudas o angustias personales, laborales o familiares.

Precisamente por eso, necesitamos algo más estable, más firme, más constante, que funcione como un ancla que nos mantenga estables todos los días, los días «buenos» y también los días que erróneamente llamamos «malos». El salmista nos da la respuesta: Alegrémonos *en el día que Él ha hecho.*

Si buscas alegría en las cosas pasajeras de este mundo, rápidamente serás decepcionado. Nada en este mundo trae consigo alegría permanente. Obviamente, hay momentos grandiosos que nos llenan de gozo, el día de tu boda, el nacimiento de tus hijos o la graduación de una carrera profesional. Pero si tu alegría está puesta en *tus circunstancias* pronto te verás traicionado por tus emociones. Lo que tu corazón anhela solo puede encontrarse en Dios. Tienes que descansar en la providencia y soberanía de Dios. Cada día de tu vida ha sido cuidadosamente diseñado por Dios mismo, alégrate hoy, pues hoy es el día que Dios ha hecho especialmente para ti.

# UN PLACER MAYOR QUE EL PECADO

**Nathan Díaz**

*¿Con qué limpiará el joven su camino? Con guardar tu palabra.*

(SALMO 119:9)

Todos los que somos cristianos sentimos un grado de frustración sobre las áreas de pecado en nuestras vidas en las que seguimos fallando. Pero no nos damos cuenta de que la frustración que sentimos proviene principalmente de nuestros propios esfuerzos para vencer nuestro pecado. Por ejemplo, vivimos en un mundo que nos bombardea con mensajes de inmoralidad y lujuria. Creemos que la manera de pelear contra esos deseos de vivir nuestra sexualidad fuera del plan de Dios es simplemente decir que no. Pero nuestra fuerza de voluntad es débil. Tarde o temprano vamos a ceder a la tentación.

Así que, ¿cuál es la clave de la victoria contra el pecado? No puede ser simplemente la negación del placer que nos ofrece el pecado, sino encontrar un placer mayor que el pecado. El Salmo 119 nos recuerda esta verdad cuando habla de encontrar satisfacción en la ley de Dios.

«Me he gozado en el camino de tus testimonios
Más que de toda riqueza». (v. 14)

«Me regocijaré en tus estatutos;
No me olvidaré de tus palabras». (v. 16)

Pero el amor a la ley solo vendrá cuando amemos al Dador de la ley primero (más grande mandamiento) porque la transformación real se produce desde un corazón nuevo que ha sido regenerado por el Espíritu Santo (Ezeq. 36:26-27). Que Dios nos conceda depender de Su poder para experimentar verdadero triunfo sobre el pecado al gozarnos en Su ley.

# CONOCERLO PARA MEDITAR

### Karla de Fernández

*Bendito tú, oh Jehová; enséñame tus estatutos. Con mis labios he contado todos los juicios de tu boca. Me he gozado en el camino de tus testimonios más que de toda riqueza. En tus mandamientos meditaré; consideraré tus caminos. Me regocijaré en tus estatutos; no me olvidaré de tus palabras.*

(SALMO 119:12-16)

Cuando no conocemos a Dios y leemos Su Palabra, es probable que la veamos como algo muy difícil de obedecer. Es probable que al leer acerca de Sus juicios veamos a Dios siendo malo, cruel e insensible.

Si no lo conocemos y nos adentramos en Su Palabra sin oración, sin un corazón que anhela conocerle y hacer Su voluntad, es muy probable que lejos de querer seguir conociendo más prefiramos alejarnos de Él y cerrar Su Palabra para siempre.

Es verdad, muchos de Sus juicios parecerían severos, pero cuando vemos toda la historia de la Biblia entendiendo la gracia y la misericordia de Dios, así como la maldad que está en los seres humanos que buscan su bienestar lejos de Dios podremos entender que cada acto escrito es un acto de bondad para con la creación.

Dios nos ha dejado Su Palabra para que, cuando reconozcamos nuestra necesidad de Cristo, Su Espíritu Santo nos guíe a encontrar esas bellas joyas que ha dejado escritas para nosotros. Podremos leer la historia desde un corazón que sabe su necesidad de la gracia de Dios y entonces nos regocijaremos en ella, tal como está escrito:

«Bendito tú, oh Jehová; enséñame tus estatutos. Con mis labios he contado todos los juicios de tu boca. Me he gozado en el camino de tus testimonios más que de toda riqueza. En tus mandamientos meditaré; consideraré tus caminos. Me regocijaré en tus estatutos; no me olvidaré de tus palabras» (Sal. 119:12-16).

# SABIOS

**Josué Ortiz**

*A toda perfección he visto fin; amplio sobremanera es tu mandamiento. ¡Oh, cuánto amo yo tu ley! Todo el día es ella mi meditación. Me has hecho más sabio que mis enemigos con tus mandamientos, porque siempre están conmigo. Más que todos mis enseñadores he entendido, porque tus testimonios son mi meditación. Más que los viejos he entendido, porque he guardado tus mandamientos.*

(SALMO 119:96-100)

La mayoría de las universidades prometen que sus estudiantes serán la próxima generación de líderes. Hombres y mujeres equipados para enfrentar y solucionar toda clase de retos. Mientras que esto puede ser cierto en el ámbito secular, en realidad, la Biblia nos muestra que la *verdadera* preparación que necesitamos es la que viene de lo alto (Sant. 3:17).

Solo la sabiduría de Dios nos prepara para *todo* lo que tengamos que enfrentar. Desde luego que Dios quiere que seamos excelentes en todo lo que hagamos, escuela, trabajo o cualquier otra cosa (1 Cor. 10:31), pero la única fuente de sabiduría permanente es la Palabra de Dios.

En este salmo, el autor nos lleva a través de una larga lista de gráficas maneras de entender la Palabra de Dios. La Palabra es nuestra meditación, nuestra fuente de sabiduría y nuestra fuente de alegría. El salmista hace una extraordinaria afirmación cuando dice: «Más que los viejos he entendido». Esto quiere decir que no hay nadie que pueda ser sabio *fuera de* las Palabras del Rey. ¿Estás deleitándote en la sabiduría de las Escrituras? ¿Tú también puedes decir: «Oh, cuánto amo yo tu ley»?

# LUZ QUE MUESTRA EL CAMINO

## Nathan Díaz

*Lámpara es a mis pies tu palabra, y lumbrera a mi camino.*

(SALMO 119:105)

E n Cuajimalpa, la alcaldía de la ciudad de México donde vivimos y donde está nuestra iglesia, hay un exconvento del siglo XVII en el bosque del Desierto de los Leones. Cuando entras a este lugar misterioso, que ahora es un museo abierto al público, puedes recorrer túneles subterráneos que están completamente oscuros. La oscuridad extrema en donde no puedes ver tu mano frente a tu cara por más que abras los ojos es bastante desconcertante. Después de caminar en este nivel de oscuridad por treinta minutos, realmente aprecias lo que la luz representa para nuestras vidas: claridad para entender y percibir el mundo que nos rodea.

Algo muy parecido sucede con nuestro mundo de ceguera espiritual. La gente no sabe por dónde está caminando. No saben de dónde vienen, por qué están aquí y hacia dónde van. Necesitamos la revelación especial de Dios para tener repuestas a las preguntas más profundas de la vida. Sin esas respuestas estamos caminando en oscuridad total. Podemos tratar de inventar direcciones diferentes para caminar pero realmente no sabemos hacia dónde vamos. Solo la Biblia nos provee la clase de luz que necesitamos para ver claramente el camino a Dios. Ese camino es la esperanza de la reconciliación con nuestro Creador por medio de la obra perfecta y completa de Cristo, quien se ha convertido en la luz que atesoramos porque nos muestra el propósito de nuestra existencia (Juan 1:4-9).

# HOGAR BAJO SU GRACIA

## Karla de Fernández

*Si Jehová no edificare la casa, en vano trabajan los que la edifican; si Jehová no guardare la ciudad, en vano vela la guardia. Por demás es que os levantéis de madrugada, y vayáis tarde a reposar, y que comáis pan de dolores; pues que a su amado dará Dios el sueño.*

(SALMO 127:1-2)

Edificar un hogar no es sencillo. Hay días color de rosa, pero también los hay gris tormenta. Hay momentos para celebrar y gozar, pero también hay momentos que seguramente preferiríamos olvidar.

Dentro de nuestros hogares habitan personas pecadoras, con necesidad de perdón, de transformación. Todos estamos en un proceso de cambio que terminará cuando bajemos al sepulcro o cuando Cristo vuelva.

Si vemos las historias de cada uno de los que habitan en un hogar, seguramente por el amor que les tenemos, haremos lo posible por acelerar ese proceso de cambio. Sin embargo, nunca se ha tratado de nuestras habilidades porque el único que puede cambiar corazones es Cristo.

Todo nuestro empeño se ve frustrado cuando nos damos cuenta de que no nos corresponde a nosotros cambiar a nadie, no tenemos la capacidad o facultad para hacerlo; de hecho, ni siquiera podemos hacerlo con nosotros mismos. Y, eso es bueno.

Necesitamos de alguien mayor que nos ayude a edificar y sostener un hogar que es habitado por personas necesitadas de Cristo. ¿Quién mejor que Él mismo? Nadie. Necesitamos Su presencia en nosotros y en medio de nuestros hogares. Porque sin Él en el centro, será derrumbado en un dos por tres.

# LA HERENCIA DEL REY

## Josué Ortiz

*He aquí, herencia de Jehová son los hijos;*
*cosa de estima el fruto del vientre.*

(SALMO 127:3)

*U*no de los problemas más tristes que tienen las familias después de la muerte de un ser querido, es la administración de la herencia. En la mayoría de las veces ya hay estrés por todo el trauma emocional que la muerte trae consigo, pero si esto no fuese suficiente, el estrés de repartir una herencia llega a provocar fracturas familiares irreversibles.

En la Biblia hay varias menciones de la herencia de Dios hacia Sus hijos. Jesús dijo que los humildes «heredarán la tierra» (Mat. 5:5), Pablo aseguró que somos «coherederos con Cristo» (Rom. 8:17), pero en el Salmo 127, claramente nos dice que los hijos son «herencia de Dios». En una cultura que ve a los niños y a la procreación como algo del pasado, Dios afirma que no es así. Vivimos en un mundo que ve a las mascotas como algo más atractivo que tener hijos, incluso se ha acuñado el término «perrhijos». Pero nada ni nadie puede ser substituto de la herencia que Dios nos ha dado: los hijos.

Tener hijos es una bendición que viene directamente de Dios. Los hijos pueden ser una tarea difícil, pero no son una carga. Pueden ser necios, pero no son un castigo. Puede que pierdas parte de tu independencia, pero no hay nada más glorioso que dar tu vida por el bien de ellos. Como creyentes, amamos a los niños, los llevamos a Cristo y entendemos que son herencia de Dios.

# CAMBIA TUS TESOROS

### Nathan Díaz

---

*¡Cuán preciosos me son, oh Dios, tus pensamientos! ¡Cuán grande es la suma de ellos! Si los enumero, se multiplican más que la arena; despierto, y aún estoy contigo.*

(SALMO 139:17-18)

Si supieras que hay un tesoro enterrado en tu jardín, pero no sabes dónde está, ¿cuánto te esforzarías por hablar con alguien que conociera su ubicación? ¿Cuál es la clave de nuestra santificación? La clave está en lo que atesoramos. Entre más atesoremos lo mismo que Dios atesora, más nos pareceremos a Él. Tenemos que buscar los tesoros de Dios y luego hacerlos nuestros. Pero este tesoro es algo que necesitamos descubrir. Para descubrir lo que Dios atesora tenemos que conocer Sus pensamientos. Si reconocemos que Dios conoce todas las cosas y que nos conoce mejor de lo que nosotros nos conocemos a nosotros mismos (vv. 1-16), entonces le pedimos que nos muestre las áreas de nuestra vida que atesoran cosas que Él no atesora (vv. 23-24). Nuestra santificación es cambiar los tesoros de este mundo en nuestras vidas por los tesoros de Dios.

Los tesoros de Dios son los tesoros más valiosos porque son eternos, pero la tentación más grande es enfocarnos en cosas temporales, cosas que podemos perder en un solo momento (Mat. 6:19-21). Si el reino de Dios es nuestra verdadera esperanza y tesoro, entonces aun el día de nuestra muerte, podremos despertar en una nueva realidad y decir, «aún estoy contigo».

# ¡EXAMÍNAME, OH DIOS!

## Karla de Fernández

*Examíname, oh Dios, y conoce mi corazón; pruébame
y conoce mis pensamientos; y ve si hay en mí camino
de perversidad, y guíame en el camino eterno.*

(SALMO 139:23-24)

*¿C*uántos de nosotros podríamos pedirle a Dios que examinara nuestro corazón para ver si acaso en él hay algo malo, algo perverso? Es como si afirmáramos que somos buenos siempre, todo el tiempo. De sobra sabemos que no lo somos.

No somos buenos todo el tiempo. Nuestro corazón en muchas ocasiones —quizá más de las que nos guste admitir— tiende a buscar su propio bien aun por encima de los demás, aun por encima de lo que Dios nos dice que no nos conviene.

Pero ser vulnerables con Dios de esa forma es decirle a gran voz: ¡No soy bueno, necesito de ti! Y quizá no estamos siempre tan convencidos de reconocer nuestra necesidad de Él, por vergüenza, por saber que hay algo malo en nosotros.

La buena noticia es que Dios lo sabe todo. Delante de Él estamos desnudos, sin máscaras; Él nos conoce y sabe de lo que somos capaces. Delante de Él no necesitamos fingir que somos buenos, Él sabe que no lo somos.

Es gracias a que Él sabe nuestra incapacidad de ser buenos por nosotros mismos que envió a Cristo a vivir la vida que no podíamos vivir, para entonces recibirlo como sacrificio perfecto y que nosotros podamos ser totalmente transparentes y clamar como lo hizo el salmista al decir: «Examíname, oh Dios, y conoce mi corazón; pruébame y conoce mis pensamientos; y ve si hay en mí camino de perversidad, y guíame en el camino eterno» (Sal. 139:23-24).

# ¿EN QUIÉN CONFÍAS?

### Josué Ortiz

*Fíate de Jehová de todo tu corazón, y no te apoyes en tu propia prudencia. Reconócelo en todos tus caminos, y él enderezará tus veredas.*

(PROVERBIOS 3:5-6)

¿Quién te inspira confianza? Tal vez conoces a un médico que *siempre* es atinado en su diagnóstico y en su tratamiento, y por lo tanto, te la pasas recomendándolo a cuantas personas puedes. Un doctor confiable, bueno, serio y apasionado por su profesión, *merece* ser recomendado a todas las personas.

En un sentido similar, Salomón nos está «recomendando» a alguien que es *sumamente* confiable: el Dios de los cielos y la tierra. Salomón asevera que es de sabios confiar en Él y no en nosotros mismos. Asegura que es recomendable confiarle «cada camino» que transitamos, y que todo nuestro corazón debe descansar en Su eterna y soberana sabiduría. ¿El argumento de Salomón para tal afirmación? Simple. Solo Dios puede «enderezar» todas nuestras veredas.

Los creyentes debemos vivir como tales: *creyendo* que Él lo sabe todo, nosotros no. No vivas tu vida usando tus propios juicios, o creando tus propios estándares de lo que es bueno o lo que es malo. Sino que vive sometido a la guía de Dios; vive confiando en Él, no en ti. ¿Lo mejor de todo? ¡Él restaura caminos que han sido deformados por nuestras malas decisiones! Muchas veces tenemos que beber los amargos sabores de nuestros propios pecados, pero en Él, *siempre en Él*, hay esperanza de restauración para todos aquellos que confíen en Él en cada aspecto de sus vidas.

# LO QUE DIOS ODIA

**Nathan Díaz**

*Seis cosas aborrece Jehová, y aun siete abomina su alma:
Los ojos altivos, la lengua mentirosa, las manos derramadoras
de sangre inocente, el corazón que maquina pensamientos
inicuos, los pies presurosos para correr al mal, el testigo falso
que habla mentiras, y el que siembra discordia entre hermanos.*

(PROVERBIOS 6:16-19)

No importa cuán liberal, permisiva y anárquica sea una sociedad, todos saben que existen límites para la libertad de la conducta humana. Hay cosas que simplemente no son aceptables y consideradas como objetivamente malas moralmente. Aunque la implicación de una cosmovisión atea o agnóstica es que no existe verdadero fundamento para creer que existe el bien y el mal, todos queremos una sociedad con valores morales absolutos.

Dios establece claramente que existen verdades de una ley moral que Él mismo ha establecido como Creador de todas las cosas. Las siete cosas que este proverbio menciona como cosas que Dios odia tienen que ver con partes del cuerpo con las que pecamos contra otros. Esto simplemente muestra que el pecado en nuestro corazón se expresa en todas las áreas de nuestra vida. Pero en particular sobresale que Dios odia la mentira, que es nuestra manera de suprimir Su verdad (Rom. 1:18). Cuando Dios llama a algo malo, realmente es malo. La verdad absoluta de la ley de Dios es evidente así como nuestra culpabilidad delante de Él. ¿Cuál es nuestra única esperanza? Confesar cómo nuestro quebrantamiento de Su ley nos hace culpables delante de Él, y que lo que necesitamos es Su perdón.

# SABIDURÍA E INTELIGENCIA

## Karla de Fernández

*El temor de Jehová es el principio de la sabiduría, y
el conocimiento del Santísimo es la inteligencia.*

(PROVERBIOS 9:10)

*H*ay una novela inglesa en la que la protagonista es una mujer que brilla en el mundo de los noticieros no por su inteligencia y elocuencia al hablar, sino todo lo contrario. Una mujer que, aunque tiene buenas ideas, carece de sabiduría para llevarlas a cabo y, por ende, tampoco sabe argumentar.

Cada vez que ella habla termina haciendo el ridículo, así sea frente a una persona o ante una audiencia de tres cifras. Bueno, muchas veces a nosotros nos sucede lo mismo, a mí me sucede. Pienso en hacer o decir algo y al final mis argumentos son tales que digo cosas que no tienen sentido o que no van de acuerdo al tema. Más de una vez me he dado cuenta de que me falta sabiduría.

¿Por qué? El autor de los proverbios nos dice: «El temor de Jehová es el principio de la sabiduría, y el conocimiento del Santísimo es la inteligencia» (Proverbios 9:10). Podrías pensar que no tiene que ver una cosa con la otra, pero sí la tiene.

Cuando tememos a Dios buscaremos agradarle a Él, buscaremos hacer todo de manera impecable y eficazmente. Todo cuanto hagamos o digamos deberá embellecer aún más el nombre de Dios.

Así que cuando tenemos eso en mente, y caminamos en la seguridad de que Él nos ama, entonces hablaremos con sabiduría, nuestros labios buscarán dar a conocer a Dios y hacer brillar a Cristo.

Si buscamos exaltar a Dios, entonces actuaremos con sabiduría e inteligencia en cada asunto que nos corresponda.

# VIVE SABIAMENTE

## Josué Ortiz

---

*El que anda con sabios, sabio será; Mas el que se junta con necios será quebrantado.*

(PROVERBIOS 13:20)

*R*ecuerdo vivamente cuando una profesora mandó a llamar a mis padres. Tendría menos de diez años, y seguramente no había estado trabajado como debía. Mi maestra dijo la siguiente frase: «Si Josué pasa tiempo con los niños estudiosos, se hace estudioso. Pero si se acerca a los que no están trabajando, rápidamente se contagia». ¡Cuánta verdad había en esa observación! Como niños, afecta profundamente la clase de personas con las que nos rodeamos durante esos años formativos. Sin embargo, nuestro texto asegura que esa verdad no es exclusiva de niños, sino que incluye a adultos también… tal vez a adultos *primordialmente*.

El texto no está sugiriendo que de manera «mágica» vamos a ser sabios cuando nos «juntamos» con personas sabias. Tampoco está diciendo que la sabiduría se puede «trasplantar» de persona a persona. Sino que Dios nos está mostrando la importancia de cuidar nuestras amistades, pues ellas ejercen una fuerte influencia en nuestras vidas. Si no tenemos cuidado, podemos ser sutilmente agitados por las suaves mareas de las amistades.

Cuida de tus amigos, de tus influencias y de tus círculos más cercanos pues puede que estés poniéndote en un riesgo innecesario. Asimismo, debes vigilar sigilosamente tus redes sociales. ¿Qué *influencers* estás siguiendo? Los canales a los que te suscribes y los videos que ves, ¿son edificantes? ¿Son buena influencia a tu vida? Filtra cada aspecto de tu vida a la luz de la Biblia y anda sabiamente.

# EL CAMINO DE LA VIDA

### Nathan Díaz

*Hay camino que al hombre le parece derecho;*
*Pero su fin es camino de muerte.*

(PROVERBIOS 14:12)

Recuerdo los días en que no teníamos navegadores de GPS para llegar a algún lugar. Tenías que guardar un mapa en la guantera para poder descifrar las mejores rutas para llegar a tu destino. Sin embargo, muchas veces me encontré perdido en la ciudad porque no tenía ningún mapa y no me gustaba pedir direcciones. Siempre sentía que si seguía manejando, en algún momento llegaría a una zona conocida o por lo menos con letreros que apuntaran a lugares familiares. Casi nunca resultó mi estrategia.

Así es la humanidad caída que busca independencia de Dios. Nos inventamos destinos finales para nuestra existencia. Queremos vivir para tener más cosas materiales o relaciones personales más profundas. Creemos que esos caminos llevan a la felicidad. Pero cuando nos damos cuenta de que la gente nos falla y que siempre sentimos que necesitamos más dinero para realmente sentirnos satisfechos, nos damos cuenta de que el camino en el que estamos no nos llevará al destino que anhelábamos. La Biblia dice que solo hay un camino que cumple el propósito de nuestra existencia: la reconciliación con Dios a través del sacrificio de Jesucristo (Juan 14:6). Cualquier otro camino, por muy noble y satisfactorio que parezca, nos llevará a la muerte.

No podemos inventarnos propósitos para nuestra existencia. Solo el que nos hizo puede determinar qué es lo que realmente nos traerá esperanza de gozo eterno. ¿Hacia dónde va el camino en el que estás viviendo hoy?

# TESTIGO VERAZ

### Karla de Fernández

*El testigo verdadero libra las almas; mas
el engañoso hablará mentiras.*

(PROVERBIOS 14:25)

Todos conocemos personas que hablan más verdades que mentiras, pero también hay quienes sus labios parecen siempre estar inclinados a hablar mentiras. Hombres y mujeres que de sus bocas proceden verdad y mentiras en las que en muchas ocasiones están involucradas otras personas.

Nosotros somos de esas personas también. Ninguno de nosotros puede decir ni asegurar que siempre y únicamente hablamos verdad, pero tampoco que siempre y únicamente hablamos mentiras. Esto se debe a que en nosotros aún hay rasgos de pecado, todavía pecamos incluso con nuestras palabras, quizá más de lo que nos gustaría aceptar.

No obstante, para cada pecador aún hay esperanza. No esperanza en que de la noche a la mañana dejaremos de pecar, ni en que de la noche a la mañana dejaremos de hablar engaños; sino esperanza en el testigo verdadero que libra nuestras almas.

Ese testigo verdadero es y siempre será Cristo, el Dios que se hizo hombre y jamás se halló engaño en Sus palabras. Cristo, el único que con Su vida perfecta pudo hablar bien de nosotros delante del Padre y lo sigue haciendo aún hoy.

¿Miente al hablar cosas buenas de nosotros? Ciertamente no. Él habla a través de Su sacrificio en la cruz; es así como Dios, el Padre, nos mira como si siempre hubiéramos actuado bien.

Bien hacemos si nos encomendamos todos los días a ese testigo veraz que libra nuestras almas y nos lleva a Dios todo el tiempo.

# ¿ORGULLOSAMENTE HUMILDE?

### Josué Ortiz

*Antes del quebrantamiento es la soberbia, y
antes de la caída la altivez de espíritu.*

(PROVERBIOS 16:18)

Los médicos tienen un archienemigo: *la presión alta*. Entre los cardiólogos y la comunidad médica, la presión alta se conoce como «el asesino silencioso». ¿Por qué? Porque muchas veces los pacientes explican que no tienen ningún síntoma. Sin ellos saberlo, están en un alto riesgo de enfermedades del corazón, insuficiencia cardíaca, infartos y otros males mortales.

De igual manera, los creyentes tenemos un «asesino silencioso», un mal que muchas veces no trae síntomas visibles hasta que ya es muy tarde. ¿A cuál mal me refiero? El orgullo. En nuestro texto, vemos que la ruina siempre viene de la mano del orgullo. Es decir, una vida arruinada, destruida o descompuesta, es provocada en origen, por el orgullo. ¿Qué es el orgullo? Hay muchas maneras de definirlo, pero esta es una forma simple de entenderlo: *el orgullo es tener un más alto concepto de sí mismo, que el que Dios tiene de nosotros.*

¿Eres orgulloso? ¿Constantemente piensas en ti, tus deseos, tus logros, tu persona? ¿Sueles creer que siempre estás en lo correcto, o que tu manera de hacer las cosas es la mejor? ¿Presumes delante de otros por lo que haces o lo que obtienes? Si es así, arrepiéntete de inmediato pues tu vida está en riesgo. Somos llamados a imitar a nuestro Señor, y Él siempre demostró humildad a lo largo de Su vida en la tierra. Odia el orgullo tanto como Dios lo hace.

# ¿EL REGALO O EL DADOR DE LOS REGALOS?

### Nathan Díaz

*El que halla esposa halla el bien, y alcanza la benevolencia de Jehová.*

(PROVERBIOS 18:22)

Uno de mis días favoritos como niño era la mañana del 25 de diciembre. El despertar para abrir regalos toda la mañana era muy emocionante. Pero ahora que pienso sobre la experiencia de abrir los regalos cada año, no valoro los regalos principalmente, sino el amor que llevaba a mis padres a darme esos regalos. Así es con las cosas buenas de esta vida que Dios nos da. Los regalos de Dios son increíbles, especialmente el regalo del matrimonio. La cercanía e intimidad con otro ser humano nunca puede sobrepasar el de tu cónyuge.

Debemos gozarnos en la bondad de Dios en darnos regalos tan asombrosos. Pero debemos siempre recordar que el amor del Dador de los regalos es infinitamente mejor que los regalos mismos. Hallar una esposa es algo bueno. Dios nos hizo para anhelar esa relación. Pero la relación matrimonial solo debe ser un recordatorio constante de la suprema satisfacción que existe en el Creador del matrimonio. Este proverbio es un recordatorio de esta verdad: el matrimonio es un regalo de Dios. Por eso dice que el que ha encontrado la grande bendición de una esposa también ha alcanzado la bondad de Dios.

Que no se nos olvide que las cosas que disfrutamos en esta vida solo son un recordatorio de una verdad más importante y profunda: el infinito amor y regalo de la reconciliación con Dios a través del evangelio.

# AMIGO NUESTRO

## Karla de Fernández

*El hombre que tiene amigos ha de mostrarse amigo;*
*y amigo hay más unido que un hermano.*

(PROVERBIOS 18:24)

*A* las personas introvertidas nos cuesta mucho iniciar amistades. No todos saben cuán difícil puede ser para nosotros platicar con alguien desconocido, pero también lo difícil que es continuar con una amistad.

Antes pensaba que era una cuestión de orgullo, pero ahora entiendo que cada persona tiene una forma de ser y hacer amigos de manera diferente. Por supuesto que hay principios bíblicos para una amistad duradera, pero cada relación de amistad es diferente.

Hay amistades temporales, las cuales Dios usa para cumplir algún propósito en nuestras vidas en ese momento, y eso es bueno. Habrá amistades que Dios permitirá que duren por siempre para cumplir otros propósitos en nuestras vidas, y eso es bueno también.[1]

No seremos amigos de todos aquellos que conozcamos o con quienes convivamos en el día a día, pero seguramente seremos buenos amigos de algunas cuantas personas. Amigos de verdad, que vemos por su bienestar, que estamos para ellos en las buenas y en las malas; amigos por los cuales oramos y esperamos que Dios bendiga en abundancia.

Qué solitaria sería la vida si no contamos con al menos un amigo de verdad. Pero qué maravillosa noticia es saber que Jesús, el Hijo de Dios, el Salvador del mundo no solo nos enseña a ser un buen amigo, Él mismo se dice amigo nuestro. ¡Bendito Dios por Su bondad!

---

1. https://twitter.com/karlowsky/status/1425648211134488577

# ¡NO DETENGAS TU MANO!

### Josué Ortiz

*A Jehová presta el que da al pobre, y el bien
que ha hecho, se lo volverá a pagar.*

(PROVERBIOS 19:17)

La pobreza en los países de Latinoamérica no es cosa extraña para los que vivimos en esta región del mundo. No es fuera de lo común encontrar a niños pidiendo dinero, o a madres sentadas en la calle en pobreza extrema. Como creyentes, ¿qué debemos hacer al respecto?

Nuestro texto da un principio: ayuden, no detengan sus manos. Muchas veces tendemos a cerrar los ojos ante la necesidad social. Nos quedamos solamente con lo que tenemos, nos preocupamos exclusivamente por lo que nos conviene, por nuestras propias necesidades. Nos ocupamos en tener una mejor vida, con más comodidad, para «vivir mejor», decimos. Y aunque no está mal ser buenos administradores de lo que Dios nos da, un aspecto de la mayordomía cristiana es apartar de lo que Dios nos ha dado, para ser de bendición a otros.

¿Cuánto ayudas a las personas en necesidad? ¿Tienes los ojos y las manos abiertos a los que no tienen nada? Ayuda a miembros de tu familia inmediata, o a hermanos en Cristo que asisten a tu iglesia, y cuando vayas por la calle y veas a niños pidiendo dinero, no dudes en hacer lo correcto, ayúdales, sé de bendición a sus vidas. Y luego ruega a Dios que venga pronto. Porque entendemos que nuestra ayuda no soluciona el problema, un mejor Rey sí lo hará. Decimos, junto con Pablo: «¡Maranata!» (1 Cor. 16:22).

# AMEMOS LA DISCIPLINA

## Nathan Díaz

*Castiga a tu hijo en tanto que hay esperanza;*
*mas no se apresure tu alma para destruirlo.*

(PROVERBIOS 19:18)

*C*uando mis hijos eran pequeños recuerdo que cada vez que entrábamos a una tienda, el primer lugar donde querían ir era la juguetería. De hecho, recuerdo que ese era mi lugar favorito de niño también. Inevitablemente, mis hijos siempre encontraban algo que querían que les comprara. Pero todos sabemos que amar a nuestros hijos no significa darles todo lo que quieran. Nuestra perspectiva como padres siempre entiende un panorama más amplio de lo que es mejor para ellos.

Así es Dios con nosotros. Hebreos 12:5-11 nos recuerda que el amor lleva a la disciplina. Dios nos castiga porque nos ama, y de la misma manera nosotros corregimos a nuestros hijos con la esperanza de que se darán cuenta de que el pecado trae consecuencias negativas. Desde pequeños nuestro objetivo es que puedan relacionar el dolor, en su medida correcta, con su desobediencia. Si no les mostramos de maneras tangibles que el pecado es doloroso y requiere arrepentimiento y reconciliación con el ofendido, entonces no les hemos mostrado a nuestros hijos la verdad del evangelio, y los estamos poniendo en el camino de destrucción para sus almas.

¿Qué mejor esperanza puede haber que la esperanza de ver que nuestros hijos encuentren el significado y propósito de su existencia en creer y vivir la realidad del evangelio? Podemos empezar por disciplinarlos amorosamente para mostrarles que el pecado es serio para un Dios santo.

# PLANIFIQUEMOS

**Karla de Fernández**

*Todo camino del hombre es recto en su propia opinión; pero Jehová pesa los corazones.*

(PROVERBIOS 21:2)

L a vida consta de planes para todo. Solemos planear nuestra vida diaria y a largo plazo. Por ejemplo: desde la noche anterior planeamos a qué hora nos levantaremos, qué nos pondremos, la ruta que seguiremos para llegar a nuestro destino. Planeamos la rutina desde que amanece hasta que anochece, y así durante toda la vida.

Pero también solemos planear a largo plazo. Por ejemplo: Planeamos nuestras vacaciones soñadas, aunque sean dentro de diez años; planeamos nuestro retiro de la empresa y muchos planean cómo desean que sea su funeral y dónde les gustaría descansar eternamente.

Planes que, seguramente, son realizados con las mejores intenciones. Sin embargo, olvidamos que nuestra vida le pertenece a Dios, en Sus manos reposa nuestra existencia. Nosotros podemos creer que la vida y los planes que estamos realizando son los mejores y con las mejores intenciones, pero, el Dios que conoce lo más profundo de nuestros corazones, no guarda silencio y nos recuerda:

«Todo camino del hombre es recto en su propia opinión; pero Jehová pesa los corazones» (Proverbios 21:2).

Dichos planes podrán ser trazados de acuerdo a nuestras expectativas, a nuestros anhelos y deseos, pero es Dios quien determina si esos planes son nacidos desde un corazón sincero y que busca agradarle, o bien, si solo está interesado en sí mismo.

¿Esto querrá decir que no debemos hacer planes? No, lo que quiere decir es que debemos evaluar si nuestros planes incluyen a Dios o solamente estamos buscando nuestro propio bien; y, si es así, hagamos los cambios correspondientes.

# ENSEÑA SABIAMENTE

· **Josué Ortiz**

*Instruye al niño en su camino, y aun cuando fuere viejo no se apartará de él.*

(PROVERBIOS 22:6)

La labor más importante de los padres es enseñar el evangelio a sus hijos. Vivimos en una sociedad que se *«ocupa de ocuparnos»*. Si no nos mantenemos vigilantes, nuestra semana se puede saturar de clases de inglés, fútbol, música, eventos sociales, trabajo, etc. Sin embargo, la labor primaria de los padres es llevar a sus hijos a los pies de Cristo. ¿Pero qué pasa cuando los padres hacen esta labor y aun así los hijos no creen en el Señor, o se apartan por completo? ¿Qué quiere decir Proverbios 22:6?

Hay dos aspectos importantes a considerar. Primero, este proverbio, *no es una promesa, es un principio*. El texto no está asegurando que si enseñamos a nuestros hijos en el camino de Dios, automáticamente su salvación estará garantizada. Nuestras oraciones son para que Dios abra su entendimiento y que el Espíritu los guíe a su conocimiento. Segundo, este texto no necesariamente está diciendo lo que muchos pensamos que está diciendo. El proverbio es muy simple: «Si dejas que tu hijo haga las cosas a su modo, o bien, en su camino, en su opinión, en su manera, entonces, aprenderá a vivir así por muchos años más».

¿Qué aprendemos de este proverbio? No dejes que tu hijo se críe solo, sino que sé la guía que le muestra por dónde andar. Luego confía en la providencia de Dios, y que Él haga el resto en sus vidas.

# NO CONTROLAMOS NADA

### Nathan Díaz

---

*No te jactes del día de mañana; porque*
*no sabes qué dará de sí el día.*

**(PROVERBIOS 27:1)**

Una de las lecciones más importantes que nos dio la pandemia del 2020, fue que no podemos controlar lo que sucederá mañana. Muchos adivinos y profetas estaban diciendo en enero que sería un año de mucha prosperidad económica y salud para todo el mundo. La insensatez e ignorancia de sus predicciones se hizo evidente desde el mes de marzo cuando los negocios comenzaron a cerrar y la gente empezó a morir por complicaciones de COVID.

¿Qué es lo que pensamos que tendremos seguro el día de mañana? ¿Salud? ¿Una cuenta bancaria próspera? ¿Relaciones funcionales y sanas con familia y amistades? Todas estas cosas pueden desaparecer en un instante. Por eso Santiago nos advierte: «¡Vamos ahora! los que decís: Hoy y mañana iremos a tal ciudad, y estaremos allá un año, y traficaremos, y ganaremos; cuando no sabéis lo que será mañana. Porque ¿qué es vuestra vida? Ciertamente es neblina que se aparece por un poco de tiempo, y luego se desvanece. En lugar de lo cual deberíais decir: Si el Señor quiere, viviremos y haremos esto o aquello» (Sant. 4:13-15).

Solo hay Uno que realmente sabe lo que sucederá mañana. La mejor manera de vivir en esperanza es confiando en el único que tiene el tiempo mismo en Sus manos. No viviremos ni un día más de lo que Dios quiere que vivamos. Dejemos todo afán por mañana en Sus manos (Mat. 6:25-33).

# CORAZÓN

### Karla de Fernández

*Como en el agua el rostro corresponde al rostro,
así el corazón del hombre al del hombre.*

(PROVERBIOS 27:19)

¡Ay, los espejos! Quizá te has visto en esos espejos que son cóncavos y convexos, aquellos en los que tu imagen se distorsiona de manera graciosa y es posible que no te parezcas en nada a la realidad.

También hay espejos que nos muestran tal y como somos a gran escala, podemos ver los poros de gran tamaño y son útiles para el maquillaje de las mujeres. Al final, todos esos espejos nos muestran nuestro reflejo, aunque distorsionado, sabemos que somos nosotras, no nos muestra el rostro de alguien más.

Lo mismo sucede con nuestro corazón. Ninguno de nosotros podría reflejar lo que hay en el corazón de otro, sino el que nos pertenece. Si sé que mi corazón tiende al engaño, sería muy difícil pretender que mi corazón es veraz siempre. Puede ser que alguien a quien admiro sea humilde, pero mi corazón no; sería imposible fingir humildad sin que la posea realmente.

Nuestro corazón da señales de quién es. No porque tenga vida propia, sino porque, como lo dijo Jesucristo: «De la abundancia del corazón, habla la boca». Nuestro corazón nos pertenece, da muestras del pecado que hay en él, de las inclinaciones que tiene, no de las de alguien más.

Sin embargo, también da muestras de la gracia que ha recibido de Dios, del amor que tiene por Él y por los demás, da muestra del perdón y de la necesidad de un Salvador.

# EL PAN DE CADA DÍA

## Josué Ortiz

*Dos cosas te he demandado; no me las niegues antes que muera: vanidad y palabra mentirosa aparta de mí; no me des pobreza ni riquezas; mantenme del pan necesario.*

(PROVERBIOS 30:7-8)

¿Te han contactado para ofrecerte planes de jubilación o inversión? Estoy convencido que un aspecto muy positivo en la educación financiera es la preparación para nuestros años futuros. No sabemos qué ha de pasar, y es prudente guardar recursos hoy, para ser usados mañana. Tristemente, sin embargo, el corazón del ser humano no tiene fondo, y si no tenemos cuidado, podemos confundir el ahorro, con la avaricia.

En nuestro texto, el autor hace dos peticiones a Dios que haremos muy bien en aprender: «No quiero vanidad, y no quiero riquezas». Los recursos materiales y el dinero son el método que Dios ha permitido para que nosotros vivamos en esta tierra, pero ese no fue el plan original. En Génesis vemos un sistema económico dependiente totalmente de Dios, no del dinero. Por eso los bienes materiales son un aspecto que tenemos que vigilar con mucho cuidado, porque rápidamente se pueden convertir en un ídolo.

¿Cómo controlas tu deseo de más? ¿Te estás quejando constantemente por lo que *no tienes*? ¿Te causa ansiedad gastar dinero? ¿Administras tus finanzas sabiamente, o estás en constante deuda por falta de dominio propio? Cualquiera que sea tu caso o tu posición financiera, oremos sinceramente este proverbio: «No me des pobreza ni riquezas; mantenme del pan necesario».

# HOY ES PARA LA GLORIA DE DIOS

## Nathan Díaz

*Todo tiene su tiempo, y todo lo que se quiere
debajo del cielo tiene su hora.*

(ECLESIASTÉS 3:1)

Cuando estás en la escuela, aprendes rápidamente que hay un horario específico que tienes que seguir. Cada clase comienza a una hora específica y termina a otra. Hay un tiempo de receso y un tiempo para comer. En el desarrollo de nuestras vidas, Dios ha diseñado diferentes etapas que podemos disfrutar y apreciar con diferentes propósitos y lecciones.

Los solteros quisieran estar casados y los casados quisieran estar solteros. Los que están en la escuela quisieran terminar para poder trabajar y los que trabajan extrañan los días en que solo estudiaban. Pero cada etapa está diseñada por Dios para que podamos honrarlo con las ventajas y características de ese periodo de nuestras vidas. El propósito de cada situación que vivimos como hijos de Dios es poder glorificarlo aunque no sea una situación que disfrutemos. Por eso Pablo nos da un principio que podemos aplicar a cada momento que vivimos:

«Si, pues, coméis o bebéis, o hacéis otra cosa, hacedlo todo para la gloria de Dios» (1 Cor. 10:31).

Nosotros vivimos dentro de la limitación del tiempo. Cada minuto que vivimos es un minuto que hemos aprovechado o desperdiciado en nuestro trabajo para el reino de Dios. Por eso es crucial que nuestro testimonio sea uno de esperanza en las cosas eternas y no de ociosidad y enfoque en cosas temporales. ¿Cómo vas a usar tu tiempo hoy?

# ENTRE NOSOTROS

## Karla de Fernández

*Mejores son dos que uno; porque tienen mejor paga de su trabajo. Porque si cayeren, el uno levantará a su compañero; pero ¡ay del solo! Que cuando cayere, no habrá segundo que lo levante.*

(ECLESIASTÉS 4:9-10)

S iempre pensé en mí como una persona autómata, alguien programado para hacer las tareas y obligaciones solo, sin tener que lidiar con otras personas. Disfrutaba de mi soledad incluso en los malos momentos, creía que no necesitaba de nadie, pensé que podía hacer todo sin ayuda.

No podía estar más equivocada. Fuimos diseñados en parejas, al igual que el resto de las criaturas. De dos en dos, varón y hembra, alguien con quien podamos andar juntos, así como el diseño original de Dios.

Con nuestros hermanos alrededor del mundo es igual, tanto ellos como nosotros necesitamos siempre alguien dispuesto a caminar junto a nosotros o alguien a quien podamos acompañar en los diferentes momentos de la vida.

Aunque en ocasiones no tenemos a una persona así es maravilloso saber que hay alguien que está dispuesto en todo momento a abrazarnos cuando lo necesitamos, quien nos acompaña en cada paso que damos día a día y que nos ama tanto que mandó a su Hijo a morir por nosotros.

Él quiso hacerlo para que pudiéramos vivir libres sabiendo que Él está presente todos los días y hasta el fin del mundo y así ha sido y así será. Dios ha cumplido Su promesa. Haríamos bien en imitar Su compañía con los que tenemos alrededor.

# NADA ES SUFICIENTE, NUNCA

### Josué Ortiz

*El que ama el dinero, no se saciará de dinero; y el que ama el mucho tener, no sacará fruto. También esto es vanidad.*

(ECLESIASTÉS 5:10)

Entrar a una juguetería era un verdadero dolor de alma para mí. Cuando era niño, como cualquier otro niño, soñaba con tener el juguete más popular, el más nuevo, el más sofisticado. Pero las etiquetas de precios eran mi peor enemigo, «¿Por qué cuesta tanto?» recuerdo preguntarme a mí mismo con desesperación. Soñaba con tener tanto dinero algún día, que no tendría que ver cuánto costaba un producto, solo lo tomaría y listo.

Ed Sheeran, el famoso compositor y cantante británico, dio una entrevista a la cadena BBC de Londres, donde compartió experiencias personales de su carrera y de su salud mental[1]. El cantante admitió que nada de lo que hace, sus logros y todo el dinero que ha ganado le dan la clase de felicidad que es permanente. Al contrario, en un sentido, son la causa de dolores, ansiedad y toda clase de problemas emocionales y físicos.

Salomón, uno de los hombres más ricos que ha vivido en la tierra, afirma que el dinero, los bienes, lo material, no sacia, lo cual es una verdadera paradoja para muchos de nosotros. Inicialmente podríamos pensar que esa aseveración es falsa, ¡claro que el dinero llena! Sin embargo, lo que el ser humano busca, solamente puede ser encontrado en Dios. Así que no pases tu vida acumulando humo que un día se disipará para dejarte sin nada.

---

1. https://www.bbc.com/news/entertainment-arts-53553951

4 DE ABRIL

# TODOS TENEMOS EL MISMO PROBLEMA

**Nathan Díaz**

*Ciertamente no hay hombre justo en la tierra,*
*que haga el bien y nunca peque.*

(ECLESIASTÉS 7:20)

*U*na crítica común y justificada hacia el cristianismo y hacia las religiones en general, es que existe un aire de superioridad al juzgar a los pecadores de este mundo. Sin embargo, esta crítica no toma en cuenta lo que la Biblia realmente dice sobre el problema del ser humano. La realidad de la naturaleza pecaminosa de todo hombre separa al cristianismo de todas las demás religiones. La Biblia nos muestra que todo descendiente de Adán tiene el mismo problema: ha quebrantado la perfecta ley de Dios (Rom. 3:23; 5:12).

Si todos tenemos el mismo problema, la Biblia también nos presenta la misma solución: el evangelio del sacrificio sustitutivo de Cristo como regalo de gracia a través de la fe (Ef. 2:8).

La manera en que compartimos el tesoro de la verdad que hemos descubierto con otros nunca debe ser con orgullo que menosprecia al pecador, sino con la humildad que da testimonio de que la obra y la gloria en la salvación es de Dios y solamente de Dios. ¿Cómo podemos jactarnos de algo por lo cual no trabajamos y nos fue dado gratuitamente? (Rom. 3:23-27; 4:1-7).

El mensaje del evangelio es el mensaje más universal, más humillante y más esperanzador de todos. No hay hombre que nunca peque. Pero también no hay hombre que al venir a Cristo en arrepentimiento no reciba el perdón de pecados.

# BENDITA JUVENTUD

### Karla de Fernández

*Alégrate, joven, en tu juventud, y tome placer tu corazón en los días de tu adolescencia; y anda en los caminos de tu corazón y en la vista de tus ojos; pero sabe, que sobre todas estas cosas te juzgará Dios.*

(ECLESIASTÉS 11:9)

Si tan solo los jóvenes atendieran a esta palabra, se librarían de muchos, muchos males. El predicador no está hablando de vivir sin freno y sin pensar, sino con la conciencia de que de todo lo que hagan, a lo largo de su vida, darán cuentas a Dios.

En la juventud solemos pensar que el mundo está a nuestros pies. Nada nos preocupa, los problemas de la adultez no nos incumben y hemos dejado de ser unos niñitos que eran llevados de la mano de nuestros padres de aquí para allá sin que nos pidieran opinión.

La adolescencia suena a que la libertad ha llegado a nuestras manos. Y no es que seamos libres, más bien es que recién vemos la vida con otros ojos; un mundo nuevo se abre ante nosotros, un mundo que lo habíamos visto de lejos, pero ahora es real.

Cuidado ahí, joven. Porque no todo lo que brilla es oro y no toda puerta conduce a la salida de emergencia. Sabe que en todo tiempo Dios está delante de ti y que espera que al finalizar el día puedas encontrarte con Él y ponerse a cuentas. No como un juez, sino como un padre que quiere conocerte y saber de ti. No temas, Él te espera.

# EL LLAMADO DE DIOS

### Pedro Pared

*Yo Jehová te he llamado en justicia, y te sostendré por la mano; te guardaré y te pondré por pacto al pueblo, por luz de las naciones.*

(ISAÍAS 42:6)

*A*rtemio había estado varios meses sin empleo. Finalmente tenía esperanza de ser llamado por una empresa que ofrecía trabajos bien remunerados. Él pasaba los días esperando ansiosamente que sonara el timbre del teléfono con la llamada tan deseada. Al fin llegó la llamada. Le concedieron el empleo y debía comenzar en breve. Aquel fue el llamado más esperado por él y el cual le trajo la mayor felicidad en su vida.

Los creyentes estamos sujetos a los llamados del Señor. Él nos llamó de las tinieblas a la luz, pero también a cada uno de nosotros nos ha de llamar a tareas especiales y específicas. Hay un llamado divino que es común para todos los creyentes: El llamado a esparcir la semilla del evangelio, a la predicación del reino de Dios. Esta es tarea de todos y no hay excusas para dejar de responder a este llamamiento.

El mejor discurso, el que podemos hacer con la voz más alta, es nuestra propia vida cristiana. Vivir la fe, andar en el Espíritu, mostrar al mundo el amor de Dios, practicar la justicia divina y derramar la luz de Dios en el tenebroso mundo en el que nos ha tocado vivir. Mientras desempeñamos esta tarea, a la cual nos ha llamado Dios, contamos con el cuidado del Padre celestial y con la capacitación necesaria para brillar como luminares en el mundo.

Cuando llevamos a cabo la labor de llamar al mundo al arrepentimiento y la fe en Jesucristo como único Salvador, estamos bajo la poderosa mano de Dios. Él nos guarda y nos capacita para hacer la labor a la cual nos ha llamado.

# EL BLANCO ES PARA EL PERDONADO

**Josué Ortiz**

*Venid luego, dice Jehová, y estemos a cuenta: si vuestros pecados fueren como la grana, como la nieve serán emblanquecidos; si fueren rojos como el carmesí, vendrán a ser como blanca lana.*

(ISAÍAS 1:18)

Una de las preguntas más comunes que nos hacemos entre seres humanos, es: «¿Cuál es tu color favorito?». El mío es el azul. La mayoría de mis camisas son azules, al igual que mis pantalones, y lo mismo con mis corbatas. Cuando mi esposa me pregunta: «¿Cuál camisa quieres que te saque?», yo contesto: «La azul, por favor», a lo que ella responde: «¿Cuál de todas?».

Isaías estaba hablando a un pueblo sumamente rebelde, y en esencia les dice, *«Su color favorito debe ser el blanco»*. Años de rebeldía los estaban llevando a un fin sin retorno. Isaías les anunciaría de la inminente destrucción de Jerusalén, la amada capital de la ciudad de Dios. Les advertiría de Babilonia, la nación que Dios enviaría a ejecutar disciplina divina. Les hablaría de todas las bendiciones que perderían por su maldad y renuencia a obedecer. Pero junto con las amonestaciones, Isaías también les habla de un color especial. Dios extiende palabras de gracia por medio de Isaías, y les ofrece un corazón *blanco*. Esto habla de limpieza, inocencia, perdón y redención.

El mensaje no ha cambiado hoy. A través de Jesús podemos tener corazones perdonados y restaurados. Tus pecados pueden ser muchos, pero Su gracia siempre es mayor. Arrepiéntete, cree en Él y recibe blancura, limpieza y pureza de corazón.

# ESCLAVIZADOS POR LO QUE AMAMOS

## Nathan Díaz

*¡Ay de los que traen la iniquidad con cuerdas de vanidad,*
*y el pecado como con coyundas de carreta...!*

(ISAÍAS 5:18)

R ecuerdo la historia que me contaron sobre un hombre que estaba muriendo por enfisema pulmonar. Mi amigo lo fue a visitar en su casa, y al llegar le sorprendió verlo con su tanque de oxígeno, tosiendo en su estado grave de salud, pero casualmente fumándose un cigarrillo cada diez minutos. Parecía irónico que buscara algún tipo de satisfacción en la misma adicción que ahora le traía tanta miseria. Se rehusaba a dejar la raíz de lo que lo estaba matando.

Isaías comparó a Israel con un animal terco que desconoce a su amo (1:3), y ahora lo compara con un animal que arrastra una carreta en la manera en que arrastra su pecado. Nuestra iniquidad nos esclaviza. Es como una carga que venimos arrastrando, pero nos aferramos a ella. No la queremos soltar. Nuestros corazones aman aquello que nos está matando. Y aunque sabemos en el fondo de nuestro corazón que somos culpables, queremos justificar nuestro pecado al llamarlo «bueno» (5:20). Despreciamos a Dios (5:19) y despreciamos Su ley (5:24).

¿Cuál es la única esperanza que tenemos para deshacernos del peso de la culpa de nuestro pecado? Aceptar la invitación que nos hace para encontrar perdón: «Venid luego, dice Jehová, y estemos a cuenta: si vuestros pecados fueren como la grana, como la nieve serán emblanquecidos; si fueren rojos como el carmesí, vendrán a ser como blanca lana» (Isa. 1:18).

# CRISTO ES SUFICIENTE

### Karla de Fernández

*Después oí la voz del Señor, que decía: ¿A quién enviaré, y quién irá por nosotros? Entonces respondí yo: Heme aquí, envíame a mí.*

(ISAÍAS 6:8)

Tuve una conversación muy amena con mi esposo acerca de este pasaje bíblico. Comentábamos lo sencillo que es pensar que la Biblia se trata de nosotros, de que está centrada en lo que podemos hacer para Dios. La realidad es que todo se trata de Dios y Su gracia al hacernos parte de Su historia.

La historia se trata de Él, pero por alguna soberana razón nos hace parte de ella y nos usa para dar a conocer el mensaje del evangelio. Cada día que pasa vivimos y mostramos a otros en qué creemos, quizá sin darnos cuenta estamos dando a conocer el mensaje de Cristo a aquellos que observan nuestra vida.

Podríamos pensar que no somos los indicados para hablar a otros acerca de que Cristo es suficiente para perdonar los pecados del mundo, porque aún pecamos, nuestra vida no es perfecta.

Eso es verdad, no somos perfectos, pero si hemos creído en que la vida, la muerte y la resurrección de Cristo son suficientes para el perdón de los pecados, entonces nuestro mal historial ha sido limpiado en los cielos.

Es por lo que Él ha hecho en nosotros que ahora podemos hablar de Su bondad, de Su gracia, de Su misericordia para con todos los pecadores que se arrepienten, porque así lo ha hecho con nosotros también. Hay esperanza, no dejemos de hablar de Él, nunca.

# UNA GRAN PROMESA

### Josué Ortiz

*Porque un niño nos es nacido, hijo nos es dado, y el principado
sobre su hombro; y se llamará su nombre Admirable,
Consejero, Dios Fuerte, Padre Eterno, Príncipe de Paz.*

(ISAÍAS 9:6)

S uelo *prometer* a mis hijos que llegaré a casa a cierta hora, pero muchas veces no puedo cumplir esa promesa. Ya cuando voy saliendo de mi oficina, surgen imprevistos, entran llamadas, o pierdo noción del tiempo, y salgo más tarde de lo que había prometido. Estoy tan agradecido de que Dios *nunca* rompe Sus promesas. Él es fiel, verdadero, inmutable, y sé que todo lo que Él ha prometido, así se hará.

El profeta Isaías pronuncia una de las profecías más espectaculares de todos los tiempos. Dios estaba prometiendo que vendría un ungido, un Mesías, para rescatarnos de nuestra condición humana. Isaías describe las características del enviado de Dios: «*Gobernante, Admirable, Consejero, Dios Fuerte, Padre Eterno, Príncipe de Paz*». En otras palabras, Dios mismo vendría a la tierra para rescatar a Su creación, y lo haría por amor, no por necesidad. Por misericordia, no por obligación. Por gracia, no por fuerza.

En tu diario vivir no pierdas de vista el profundo amor de Dios. Llegamos a hostigar nuestra vida de pensamientos que nos *alejan* de la dependencia a Dios. Comenzamos a confiar en nosotros mismos, a agradecer más a nuestro jefe que a Dios, o a ser más leales a la escuela que a nuestro Señor. El Dios de toda gracia se reveló en Cristo, ¿vives en constante agradecimiento por tal verdad?

# ¿DE DÓNDE VIENE LA PAZ?

### Nathan Díaz

*Tú guardarás en completa paz a aquel cuyo pensamiento en ti persevera; porque en ti ha confiado. Confiad en Jehová perpetuamente, porque en Jehová el Señor está la fortaleza de los siglos.*

(ISAÍAS 26:3-4)

Cuando nos falta algo, como el dinero o la salud, nos comenzamos a preocupar por cómo suplir la necesidad. Nuestra tendencia natural es a pensar que la verdadera solución está en que tengamos el dinero o la salud que nos falta. Pero la confianza de la fe cristiana es completamente diferente. El que tiene su fe en Jesús puede confiar en una realidad constante: Dios está en control de todas la cosas. Solo esta verdad puede darnos completa paz. Todo lo temporal pasará, pero el plan de Dios para Sus hijos es siempre de bendición, aunque por una temporada vivamos aflicción. En la eternidad, Dios nos promete que «Destruirá a la muerte para siempre; y enjugará Jehová el Señor toda lágrima de todos los rostros; y quitará la afrenta de su pueblo de toda la tierra; porque Jehová lo ha dicho» (Isa. 25:8).

¿Qué es lo peor que nos puede pasar en esta vida? ¿Perder nuestro trabajo? ¿Perder la salud? ¿Perder la vida? Dios promete que todas las cosas que son causas de aflicción hoy serán destruidas mañana para siempre en la vida de Su pueblo (Apoc. 21:4). Esta verdad sobre el futuro trae completa paz a nuestras vidas en el presente aunque las circunstancias sean adversas. ¡Confía en Dios y Él será tu fortaleza!

# DESEAR A DIOS

### Karla de Fernández

*También en el camino de tus juicios, oh
Jehová, te hemos esperado; tu nombre y tu
memoria son el deseo de nuestra alma.*

(ISAÍAS 26:8)

*F*uimos creados para anhelar la eternidad. Aun antes de conocer a Dios, muy dentro de nosotros sabíamos que hay alguien superior y supremo. Nuestra alma anhela, quizá sin saberlo, al Dios a quien pertenece.

Cuando conocemos a Dios y por medio de Cristo podemos acercarnos a Él, comenzamos a anhelar estar más y más en Su presencia. Buscaremos entre las líneas de la Palabra de Dios conocerlo más. Nuestros ojos querrán ver más de la historia del Dios que nos salvó para ser Sus hijos y vivir con Él en la eternidad.

Conforme más lo vamos conociendo, más anhelaremos estar con Él y cumplir con lo que está escrito en Su Palabra. Podremos unirnos al profeta Isaías al decir: «También en el camino de tus juicios, oh Jehová, te hemos esperado; tu nombre y tu memoria son el deseo de nuestra alma» (Isaías 26:8).

El deseo de nuestro corazón nos llevará a buscarlo más, de día, de noche… Meditaremos en Sus palabras y con un corazón agradecido buscaremos hacer Su voluntad. Demos gracias a Dios por Cristo, porque por medio de Él es que hoy podemos acercarnos a Dios y conocerlo mejor.

Hemos sido bendecidos, tenemos la esperanza de que nuestra búsqueda de Dios es recompensada, podemos dar testimonio de que Dios es real y de que mientras esperamos en Él, Él nos guía más y más a Su verdad.

Señor, que cada día mi corazón se incline a buscarte en oración y en meditación de tu Palabra. Ayúdame a no desmayar y continuar, amén.

# EL MEJOR MAESTRO

**Josué Ortiz**

---

*Entonces tus oídos oirán a tus espaldas palabra que diga: Este es el camino, andad por él; y no echéis a la mano derecha, ni tampoco torzáis a la mano izquierda.*

(ISAÍAS 30:21)

Los profesores de escuela tienen una gran responsabilidad en sus manos. La formación académica de niños y adolescentes tiene una seria repercusión social. Muchos alumnos son «buenos» en cierta disciplina *gracias* al esfuerzo de sus maestros. Estos buenos docentes inspiran a sus alumnos, los apasionan y los invitan a seguir avanzando en disciplina y trabajo. Por mucho tiempo, mi sueño fue ser maestro de español, precisamente gracias a la extraordinaria labor de mi profesora de español.

El profeta Isaías ministró durante uno de los periodos más oscuros de la nación de Israel. El pecado corría sin freno, el pueblo se había alejado de Dios y su fin cada vez se acercaba más. A pesar de todo esto, Dios permanecía fiel para con ellos. Las consecuencias de sus muchos pecados llegarían, claro, pero junto con las consecuencias, las noticias del evangelio llegaban también. Dios prometía *otra clase* de maestros para Israel. Ellos les dirían exactamente el camino correcto, y les ayudarían a tomar decisiones sabias y agradables a Dios.

Esta profecía, desde luego, apuntaba al Señor Jesús. Él es nuestro *mejor maestro*. Él nos ha dado toda la instrucción que necesitamos para nuestra vida. Ahora nos queda seguirlo, obedecerlo y meditar en nuestros caminos. ¿Estamos siendo siervos obedientes a las instrucciones de Dios? ¿Estamos caminando fielmente en los preceptos de Dios?

# EL FUNDAMENTO DE NUESTRAS VIDAS: ¿HIERBAS SECAS O GUATAPÉ?

### Nathan Díaz

*Sécase la hierba, marchítase la flor; mas la palabra del Dios nuestro permanece para siempre.*

(ISAÍAS 40:8)

*E*n el 2021 tuve la oportunidad de visitar El Peñón de Guatapé en Colombia. Para llegar hasta la cima tuvimos que subir 702 escalones. Ver esta roca desde abajo o contemplar el paisaje desde arriba es una experiencia impresionante. La palabra «gloria» en hebreo es una palabra que significa «peso». Si soplamos para mover algo, nuestra capacidad para moverlo dependerá de su peso. Unas cuantas hojas marchitadas en el piso serán movidas por cualquier viento, pero rocas gigantes como El Peñón de Guatapé, no se pueden mover ni con un tornado.

Todos los atributos de Dios como Su fidelidad, Su poder y Su conocimiento son como el «peso» (gloria) de Guatapé en comparación con hierba seca y flores del campo que representan los logros más impresionantes de toda la historia de la humanidad puestos juntos. Una flor puede parecer muy hermosa e impresionante, pero su fragilidad y la temporalidad de sus colores y forma son inevitables. No puedes poner tu confianza en construir tu vida sobre una flor. Nuestra esperanza final e inmovible está en la roca de los atributos de Dios (Heb. 13:8). No nos distraigamos con flores que desaparecerán después de un tiempo breve. La obra de Dios en Jesucristo, «la palabra de Dios» (Juan 1:1), en la restauración y santificación de Su pueblo «permanece para siempre» (1 Ped. 1:22-25).

# ENTRÉGALE TUS CARGAS

### Karla de Fernández

*¿No has sabido, no has oído que el Dios eterno es Jehová, el cual creó los confines de la tierra? No desfallece, ni se fatiga con cansancio, y su entendimiento no hay quien lo alcance. Él da esfuerzo al cansado, y multiplica las fuerzas al que no tiene ningunas.*

(ISAÍAS 40:28-29)

Al final de un día laborioso, cansado y lleno de estrés la mercadotecnia nos grita que necesitamos un baño con agua caliente, con burbujas olor a cítricos y un buen té de flores relajantes. Al final de esos días también nos pueden sugerir la lectura de un buen libro, con una buena taza de café y música relajante para acompañar.

Todas son buenas opciones, podemos hacer uso de ellas, sin duda; pero ¿te imaginas que al final de un día pesado podamos ir y dejar nuestras cargas con el único que no solo nos las quita, sino que nos entiende y nos ayuda a que el día siguiente sea mejor?

Porque un baño con agua caliente nos relajará, pero al día siguiente necesitaremos una nueva dosis de fuerzas para hacer frente al día que comienza. Bueno, el profeta Isaías nos recuerda que:

«¿No has sabido, no has oído que el Dios eterno es Jehová, el cual creó los confines de la tierra? No desfallece, ni se fatiga con cansancio, y su entendimiento no hay quien lo alcance. Él da esfuerzo al cansado, y multiplica las fuerzas al que no tiene ningunas» (Isaías 40:28-29).

Dios, el creador de todo ¡no se cansa!, pero además nos infunde nuevas fuerzas a nosotros. Bien haríamos en acudir a Él cada día, cada noche a entregar nuestras cargas y descansar en Él, en Su promesa de que multiplicará nuestras fuerzas cuando más las necesitemos. Dios está presente en nuestra vida, ¿no es eso maravilloso?

# CORRER SIN CANSARTE

### Josué Ortiz

*Pero los que esperan a Jehová tendrán nuevas fuerzas; levantarán alas como las águilas; correrán, y no se cansarán; caminarán, y no se fatigarán.*

(ISAÍAS 40:31)

*P*or muchos años, el mundo del deporte ha tenido que pelear abiertamente en contra de las drogas ilegales que algunos deportistas consumen. ¿Cuál es la razón por la cual algunos deciden poner en riesgo toda su carrera? Muy simple, porque quieren obtener una ventaja competitiva que los ponga *sobre* sus adversarios. Quieren correr sin cansarse—por lo menos, cansarse *menos* que el resto de los atletas.

Como creyentes en Dios, nosotros tenemos una promesa que va más allá de un cansancio físico. Nuestro Padre promete al pueblo de Israel que tendrán «*nuevas fuerzas, correrán y no se cansarán*». ¿Qué quiere decir esto? Isaías estaba hablando a un Israel desobediente y rebelde. Habían olvidado la bondad de Dios, y la habían intercambiado por placeres pasajeros. Isaías, entonces, les recuerda la majestad de Dios, Su poder y Su incomparable soberanía. En este texto, Dios estaba consolando a Israel por medio de Isaías, les estaba prometiendo una clase de fuerza que ningún otro ser humano podía obtener de ninguna otra manera; les estaba prometiendo misericordia.

Nosotros, los que no somos de Israel, somos un injerto en esta nación (Rom. 11), y también disfrutamos de esta promesa: Dios nos fortalece, sustenta y conforta. Pero viene un día en el que seremos plenamente transformados a Su imagen, hechos incorruptibles, y la plenitud de esta promesa será llevada a cabo.

# ¿DE DÓNDE VIENE TODO?

### Nathan Díaz

---

*¿Quién hizo y realizó esto? ¿Quién llama las generaciones desde el principio? Yo Jehová, el primero, y yo mismo con los postreros.*

(ISAÍAS 41:4)

La verdad sobre el origen del universo no puede ser comprobada científicamente. Para poder comprobar algo científicamente, necesita ser replicado usando el método científico. Pero nuestro origen es ciencia histórica. Nadie puede regresar en el tiempo y volver a experimentar algo del pasado. Cuando nos preguntamos de dónde viene todo lo que nos rodea, simplemente tenemos que creerle a alguien. El único testimonio del origen del universo es el de Dios mismo. Él es el único que conoció a los primeros seres humanos y ha estado guiando el curso de la historia desde entonces.

Por eso es ridículo poner nuestra confianza en cualquier cosa creada. Hablar del Creador no tiene comparación (Isa. 40:25). Él nos invita a descansar en Su poder, justicia y autoridad suprema. Nos dice:

«No temas, porque yo estoy contigo; no desmayes, porque yo soy tu Dios que te esfuerzo; siempre te ayudaré, siempre te sustentaré con la diestra de mi justicia» (Isaías 41:10).

Cuando te sientas desanimado y temeroso por el futuro, simplemente recuerda quién es el Dios creador del tiempo. Él ha estado desde el principio, desde el origen del universo, y solo Él sabe hacia dónde va todo. ¿Qué mejor lugar podría existir que a un lado del Dios que es el primero y el último en todo?

# NO TEMAS

### Karla de Fernández

*No temas, porque yo estoy contigo; no desmayes, porque*
*yo soy tu Dios que te esfuerzo; siempre te ayudaré,*
*siempre te sustentaré con la diestra de mi justicia.*

(ISAÍAS 41:10)

*P*odrá sonar increíble, pero la realidad es que después de cuatro décadas de vida, hace muy poco que entendí que soy una persona temerosa. Muy en el fondo lo sabía, sin embargo, me resistía a aceptarlo y más a aceptarlo públicamente.

Mi formación fue diferente a la de muchas de las amigas con las que he compartido durante mucho tiempo, pues crecí en un lugar donde aprendí a ser valiente junto a mi padre y mis hermanos. Me consideraba valiente en todos los sentidos, pero en realidad el temor había estado presente sin que quisiera admitirlo.

Dios sabe acerca de nuestras luchas, de nuestros miedos, de nuestras alegrías; Él nos conoce de pies a cabeza, de dentro hacia fuera. Nada oculto hay para Él. Incluso esos temores que pudieran parecer inofensivos o muy pequeños a nuestros ojos o a los de alguien más, para Dios no pasan inadvertidos.

Él nos ha dejado escrito: «No temas, porque yo estoy contigo; no desmayes, porque yo soy tu Dios que te esfuerzo; siempre te ayudaré, siempre te sustentaré con la diestra de mi justicia» (Isaías 41:10).

¡No temas! No quiere decir que te hagas el fuerte y ocultes lo que sientes, sino que cuando temas recuerdes que Dios es tu Dios, que tus temores para Él son importantes. Cuando el temor toque a la puerta de tu corazón deberás recordar que Dios está presente, que Él prometió ayudarte y sustentarte.

No estamos solos. ¡Bendita esperanza en Su presencia!

# SIN MAL ALGUNO

## Josué Ortiz

*Cuando pases por las aguas, yo estaré contigo; y si por los ríos, no te anegarán. Cuando pases por el fuego, no te quemarás, ni la llama arderá en ti.*

(ISAÍAS 43:2)

Uno de los «juegos» que jugábamos con mis amigos de la escuela era pasar nuestro dedo rápidamente por en medio de la llama de una vela. Entre nosotros mismos nos decíamos que, «si lo haces muy velozmente, no te pasa nada».

En nuestro texto, Dios hace una promesa extraordinaria al pueblo de Israel. Desde su fundación como nación (Gén. 12), y hasta el momento que Isaías estaba ministrando como profeta, las cosas no estaban como Dios había ordenado. Los israelitas tendrían que haber sido luminares en el mundo, no con luz propia, sino reflejando la luz de Dios. En lugar de eso, se convirtieron en un pueblo idólatra y perdido entre las tinieblas de este mundo. A pesar de todo esto, en el capítulo anterior, Isaías les habla de un «siervo» que estaba por venir. Él corregiría el rumbo de la nación, traería justicia y paz. Eso es lo que llamamos gracia y misericordia. No recibirían lo que *sí merecían*, juicio y muerte. Sino que Dios les daría lo que *no se merecían*, protección eterna. Por eso les dice que «pasarán por el fuego, pero no se quemarán».

Si has creído en Jesús, Dios te ha dado la misma clase de gracia y bondad; agradécele por este amor incondicional y vive en obediencia y lealtad cada día de tu vida.

# EL TEMA CENTRAL DE LA BIBLIA

### Nathan Díaz

*Yo, yo soy el que borro tus rebeliones por amor de mí mismo, y no me acordaré de tus pecados.*

(ISAÍAS 43:25)

¿Cuál es el tema central de toda la Biblia? Cuando pregunto a un grupo de cristianos cuál sería el versículo que usarían para resumir toda la Biblia, por lo regular escucho Juan 3:16. Pero en realidad Juan 3:16 no explica EL tema central, sino solo uno de los temas: la redención del hombre. Por encima de ese tema, está el GRAN tema: la gloria de Dios. Todo lo que Dios está haciendo es para Su propia gloria. Su Nombre será exaltado al final en todo lo que hace y está permitiendo. Romanos 11:36 es un mejor resumen del tema central de las Escrituras:

«Porque de él, y por él, y para él, son todas las cosas. A él sea la gloria por los siglos. Amén».

Así que el amor de Dios por Su creación y especialmente Su amor por Su pueblo escogido, tiene que ver con un propósito más sublime: el amor de Dios por sí mismo. Esto podría sonar chocante para una cultura humanista en donde nos gusta estar al centro de todo. Pero en realidad, si Dios es tan glorioso y especial como el Dios que leemos en la Biblia, entonces para nosotros la recompensa más espectacular que podríamos tener tendría que ser Dios mismo. El perdón de pecados no es un fin, sino un medio. ¡Gracias Dios, porque tú eres nuestra recompensa final!

# VOLVER A DIOS

### Karla de Fernández

*Así dice Jehová, tu Redentor, que te formó desde el vientre: Yo Jehová, que lo hago todo, que extiendo solo los cielos, que extiendo la tierra por mí mismo.*

(ISAÍAS 44:24)

*P*ara entender esta porción bíblica es necesario que leamos el contexto que es hermoso. En él, Dios le brindó palabras de afirmación y aliento al pueblo de Israel. Palabras que tú y yo podemos tomar como para nosotros también porque al final también somos hijos de Dios.

Dios le está diciendo a Su pueblo lo que ha hecho por él al quitar y borrar sus rebeliones, al perdonarlos para que tuvieran la oportunidad de volverse a Él. Una promesa que también nos alcanza a nosotros por medio de Cristo.

El hijo de Dios vino a esta tierra a vivir la vida que nosotros no podíamos vivir, se entregó a sí mismo en una muerte de cruz para que nosotros tuviéramos el perdón de nuestros pecados y nos volviéramos a Dios.

Lo que en el jardín del Edén se perdió, es decir, la comunión con Dios, ahora por medio de Cristo los pecadores arrepentidos tenemos la esperanza de volver a Dios. ¿No es eso glorioso? Nuestro Redentor nos formó desde el vientre de nuestra madre y ya estábamos dentro de Sus planes y propósitos.

Dios es bueno; hoy tenemos la oportunidad de agradecerle por la gracia y misericordia que nos ha mostrado al hacernos Sus hijos, al darnos la oportunidad de volver a Él.

# LOS PLANES DEL REY

### Josué Ortiz

*Verdaderamente tú eres Dios que te encubres, Dios de Israel, que salvas.*

(ISAÍAS 45:15)

S oy terrible para los rompecabezas, especialmente para los que son *muy grandes*. Recientemente, mi hija de doce años pasó semanas armando un paisaje de la ciudad de París con la Torre Eiffel en el fondo. ¿Te puedes imaginar la cantidad de tiempo que se necesita para eso? No tengo la paciencia, no tengo el talento, pero, sobre todo, no tengo la facilidad de ver *todo el panorama*, sino que solo me quedo viendo miles de piezas, revueltas, sin orden, aparentemente sin «nada que ver».

Israel, el pueblo elegido de Dios, estaba recibiendo grandes noticias de la mano de Isaías. En ese momento, no veían el gran panorama, no podían ver qué es lo que Dios estaba haciendo con ellos. Por cientos de años, habían desobedecido a Dios, se habían ido a sus propios caminos y habían elegido adorar a dioses falsos. Pero el Señor no había acabado con ellos, aún había esperanza. Y Dios les promete que un día, las naciones más poderosas del mundo de ese entonces, vendrían a reconocer que Dios, el Dios de Israel, es el Dios que salva. Sus planes fueron «encubiertos» por un tiempo, pero pronto se revelaría el plan soberano de Dios.

Con Dios nunca hay accidentes, nunca hay días malos. Sus planes siempre son perfectos, y aunque no entendamos lo que Dios está haciendo en nuestras vidas, está bien. Nosotros no sabemos, pero Él sí.

# SOMOS CUERPOS HERIDOS

## Nathan Díaz

*Mas él herido fue por nuestras rebeliones, molido por nuestros pecados; el castigo de nuestra paz fue sobre él, y por su llaga fuimos nosotros curados. Todos nosotros nos descarriamos como ovejas, cada cual se apartó por su camino; mas Jehová cargó en él el pecado de todos nosotros.*

(ISAÍAS 53:5-6)

*A*nadie le gusta lastimarse. Cuando pisamos un Lego caminando descalzos o nos pegamos con un martillo tratando de clavar algo, la sensación de dolor y de sufrimiento es algo que evitamos a toda costa.

En Isaías 1:5-6 Dios describe la condición de Israel así: «¿Por qué querréis ser castigados aún? ¿Todavía os rebelaréis? Toda cabeza está enferma, y todo corazón doliente. Desde la planta del pie hasta la cabeza no hay en él cosa sana, sino herida, hinchazón y podrida llaga; no están curadas, ni vendadas, ni suavizadas con aceite». Cuando vemos esta descripción de Isaías del pueblo de Dios, la descripción del Siervo sufriente de Isaías 52–53 se vuelve más significativa. Nuestra condición como cuerpos heridos en nuestro pecado e idolatría es exactamente la misma condición que asume Jesús en nuestro lugar. Él llevó nuestras enfermedades, cargó nuestros dolores, fue azotado, herido, afligido y molido.

Esto describe de una manera gráfica nuestra verdadera condición. Necesitamos ayuda. Nuestra pecaminosidad e idolatría nos dejan en una condición equivalente a un moribundo accidentado que no tiene esperanza de recuperarse a menos que alguien tome su aflicción para darle sanidad. Eso es lo que Jesús logró con Su sacrificio en la cruz.

# BUSCA A DIOS

### Karla de Fernández

*Buscad a Jehová mientras puede ser hallado, llamadle en tanto que está cercano. Deje el impío su camino, y el hombre inicuo sus pensamientos, y vuélvase a Jehová, el cual tendrá de él misericordia, y al Dios nuestro, el cual será amplio en perdonar.*

(ISAÍAS 55:6-7)

*C*onocí a un señor que cada vez que hacía algo indebido decía: «No hay problema, ya cuando sea anciano y esté por morir buscaré a Dios, me arrepentiré y Dios que es grande en misericordia me perdonará y podré ir al cielo». Cabe decir que así fue, durante toda su vida no buscó a Dios.

Él no contaba con que nuestra vida está en manos de Dios, Él decide cuándo y cómo moriremos. Aquel señor que esperó a ser anciano y estar en su lecho de muerte para arrepentirse y pedir perdón a Dios, murió de un infarto fulminante mientras estaba en el baño de un local comercial. Murió sin darse cuenta, sin arrepentirse, sin buscar a Dios.

Nadie sabe cuándo morirá, quizá por eso nuestro Señor nos dejó escrito: «Buscad a Jehová mientras puede ser hallado, llamadle en tanto que está cercano. Deje el impío su camino, y el hombre inicuo sus pensamientos, y vuélvase a Jehová, el cual tendrá de él misericordia, y al Dios nuestro, el cual será amplio en perdonar» (Isaías 55:6-7).

Jesucristo es el camino al Padre, es por medio de Él que podemos regresar a Dios, buscar Su rostro. ¿Por qué habríamos de esperar más tiempo? Hombres y mujeres mueren sin conocer a Dios, si nosotros lo conocemos ¿por qué no nos volvemos a Él?

Nuestra esperanza y seguridad es que no importa el día que muramos, nuestro lugar está seguro; pero bien haríamos en volver a Él y derramar nuestro corazón ante Él. Hoy mejor que mañana.

# EL PODER DE SU PALABRA

## Josué Ortiz

*Porque como desciende de los cielos la lluvia y la nieve, y no vuelve allá, sino que riega la tierra, y la hace germinar y producir, y da semilla al que siembra, y pan al que come, así será mi palabra que sale de mi boca; no volverá a mí vacía, sino que hará lo que yo quiero, y será prosperada en aquello para que la envié.*

(ISAÍAS 55:10-11)

Tenemos tres hijos y verlos crecer ha sido nuestro más grande privilegio. Observamos sus puntos fuertes y sus talentos, y claro, también vemos sus debilidades y su naturaleza pecaminosa. Muchas veces, cuando están peleando, si uno quiere que el otro deje de hacer alguna cosa que le está molestando, usa una frase que trae consigo poder y autoridad: «Mi papá lo dijo». Si es verdad o no que lo dije, ya es otra historia. Mi punto es este, ellos saben que, si yo «ordené» algo, entonces vale la pena obedecer.

Al llegar al capítulo 55 de Isaías, Dios ha hecho grandes promesas al pueblo de Israel. Les ha hablado de su reinado futuro, del reino inminente, de rescate, de redención y de un «Siervo Sufriente» que viene a dar Su vida por muchos. Por eso Dios les recuerda que Su Palabra *siempre* se cumple. Nada de lo que ha dicho quedará olvidado, sino que las profecías de Isaías son confiables no porque sus palabras tengan valor alguno, sino porque fueron palabras de Dios, y si Dios lo dijo, entonces así será.

# LA PAZ DE LA RECONCILIACIÓN

## Nathan Díaz

*Pero vuestras iniquidades han hecho división entre vosotros y vuestro Dios, y vuestros pecados han hecho ocultar de vosotros su rostro para no oír.*

(ISAÍAS 59:2)

Todos hemos experimentado lo que significa ofender a alguien o ser ofendidos por alguien. La incómoda interacción que se tiene con alguien cuando las cosas no están bien es algo muy familiar para la mayoría. Entre más cercana sea la persona, más triste y dolorosa es la ruptura de la relación. Cuando Dios habla de cómo nosotros hemos quebrantado Su ley, y por lo tanto nuestra relación con Él, describe la incómoda manera en que tiene que voltear Su rostro para no escucharnos.

La advertencia de la Biblia para nosotros es constantemente esta advertencia: nuestro pecado nos ha separado de Dios. Debemos tomar en serio esta advertencia si queremos el gozo de la relación que podemos tener con nuestro Dios. Nunca conoceremos verdadera paz mientras nuestra comunión con Dios esté dañada (59:8). Estamos en verdaderos problemas, porque no tenemos la justicia que Dios demanda, la salvación está lejos de nosotros (59:11). Lo que necesitamos es alguien que se ponga la justicia por nosotros y provea la salvación que necesitamos (59:17). La única esperanza para nuestra vida es que Dios provea un Redentor (59:20). El Redentor de Sión quiere proveer el pago necesario para que podamos ser perdonados y reconciliados con nuestro Creador. ¿Qué es mejor que la paz que viene de saber que Dios ha perdonado nuestras ofensas contra Él? Hoy es el día para experimentar esa paz.

# LIBERTAD

### Karla de Fernández

---

*El Espíritu de Jehová el Señor está sobre mí, porque me ungió Jehová; me ha enviado a predicar buenas nuevas a los abatidos, a vendar a los quebrantados de corazón, a publicar libertad a los cautivos, y a los presos apertura de la cárcel.*

(ISAÍAS 61:1)

*M*uchos de nosotros en algún momento de nuestra vida nos hemos sentido —con justa razón— solos, tristes, con el corazón roto o incluso esclavos de algo. Puede ser que nadie más lo sepa y estemos cargando una pesada loza sobre nuestras espaldas.

Mi padre solía decir: «Nadie sabe lo que trae el costal salvo el que lo lleva cargando». Algo hay de verdad en esa frase. No siempre aquellos que están sufriendo o pasando por aflicción dejan saber a otros lo que les acontece, de manera que, pueden pasar años sin que vean una luz al final del túnel.

No obstante, a pesar de cerrar bien el costal y ocultar lo que hay en él, nuestro Dios, que lo sabe todo, conoce lo que hay en lo más profundo de nuestro ser. Él sabe las necesidades que tenemos, Él conoce cuánto necesitamos la libertad, la sanidad a nuestros corazones rotos. Él nos conoce.

Por esta razón vino Cristo ¡y qué maravillosa esperanza es saber que en Él hay libertad! Él es la luz al final del túnel, Él es quien alumbra hasta el rincón más obscuro y olvidado de nuestros corazones, podemos acudir a Él con confianza de que nos escuchará y dará libertad.

Sus palabras resuenan aún: «El Espíritu de Jehová el Señor está sobre mí, porque me ungió Jehová; me ha enviado a predicar buenas nuevas a los abatidos, a vendar a los quebrantados de corazón, a publicar libertad a los cautivos, y a los presos apertura de la cárcel» (Isaías 61:1).

# REY PERFECTO, REINO PERFECTO

### Josué Ortiz

*Y antes que clamen, responderé yo;*
*mientras aún hablan, yo habré oído.*

(ISAÍAS 65:24)

*E*n Latinoamérica se vive un «despertar» de ejercicio democrático. México, Colombia, Bolivia y muchos otros países, han salido a votar masivamente por gobernantes que prometen gobiernos justos, sociales y pacíficos. El asunto es que gobiernos humanos son eso, humanos. Pueden ser de derecha o de izquierda, hombres o mujeres, pero siempre es lo mismo, *humanos* tratando de resolver problemas *humanamente*. Lo que la humanidad necesita es a un Rey que gobierne *perfectamente, divinamente*. Eso es a lo que Isaías 65:24 está haciendo referencia.

El capítulo 65 de Isaías es un capítulo monumental en la Biblia. No que el resto no lo sea, pues *toda* la Biblia es la Palabra de Dios (2 Tim. 3:16). Pero este capítulo describe gráficamente el reino por venir: un reino perfecto, justo, próspero y armonioso. ¡Tendremos un Rey que escucha a Sus ciudadanos incluso *antes* de que digan algo! ¡Qué político puede prometer algo similar a eso!

Como creyentes seamos diligentes en recordar esta verdad. Si no tenemos cuidado, podemos poner nuestra esperanza en un ser humano, un partido político o un cambio social. Somos la luz y la sal de este mundo (Mat. 5:13-14), por lo tanto, ejercemos influencia espiritual y tratamos de provocar cambios buenos, y retardar los malos. Pero nuestra esperanza está en el Rey de reyes. Esperamos con anticipación el glorioso reino de Jesús y la paz y justicia mundial que traerá consigo. ¡Ánimo, nuestro Rey ya viene!

# MEDALLAS CELESTIALES

### Nathan Díaz

*Así dijo Jehová: No se alabe el sabio en su sabiduría, ni en su valentía se alabe el valiente, ni el rico se alabe en sus riquezas. Mas alábese en esto el que se hubiere de alabar: en entenderme y conocerme, que yo soy Jehová, que hago misericordia, juicio y justicia en la tierra; porque estas cosas quiero, dice Jehová.*

(JEREMÍAS 9:23-24)

*C*uando tenía seis años, mis padres me hicieron tomar clases de judo. Cada año, había competencias por categorías de peso y los dos últimos años que tomé clases gané una medalla de primer lugar en mi categoría. Cuando trabajamos duro para lograr algo, nos llenamos de orgullo cuando lo obtenemos. Al ser humano le encanta coleccionar trofeos y medallas. Algunos de esos trofeos vienen en forma de diplomas académicos y ascensos en el trabajo.

Pero, ¿cuál es el mayor privilegio que podríamos presumir? Nuestro mayor trofeo no está en lo que hacemos sino en quién conocemos. La verdadera búsqueda de la vida es la búsqueda del conocimiento de Dios. Es la búsqueda del avance del reino de Dios sobre la tierra. ¿Qué es lo que más anhela el corazón de Dios? ¿Cuáles son las cosas que Dios ama y que Dios odia?

Nuestra meta no debe ser coleccionar medallas por logros de cosas temporales. Nuestra meta debe ser acumular tesoros en el cielo (Mat. 6:20). Al buscar a Dios diariamente estamos buscando lo más valioso que existe en el universo: las medallas y los trofeos eternos.

# CUANDO NO TENGO LO QUE NECESITO

## Nathan Díaz

*Bendito el varón que confía en Jehová, y cuya confianza es Jehová. Porque será como el árbol plantado junto a las aguas, que junto a la corriente echará sus raíces, y no verá cuando viene el calor, sino que su hoja estará verde; y en el año de sequía no se fatigará, ni dejará de dar fruto.*

(JEREMÍAS 17:7-8)

*C*uando vemos a los grandes deportistas sobresalir en las olimpiadas o en los campeonatos de su especialidad, nos imaginamos cómo sería vivir las vidas del pequeño porcentaje de la población de los superdotados. La gran mayoría de nosotros nunca tendremos una habilidad que nos hará sobresalir de una manera especial.

Pero cuando se trata de la bendición de Dios, lo que se nos ofrece no depende de nuestras habilidades naturales. La capacidad de vivir en la justicia de Dios para disfrutar de Sus bendiciones se basa en nuestra dependencia de Él. Confiar en Dios significa descansar en que Él tiene todo lo que necesitamos y podemos disfrutar de lo que Él es por nosotros a través de la fe.

Eso nos da una esperanza que no podemos tener la mayoría cuando se trata de deportes. Podemos tener todos los beneficios de lo que implica la perfección de Dios sin tener esa perfección en nosotros mismos. Miramos la vida perfecta de Jesús y le pedimos a Dios que aplique esa perfección a nuestra cuenta. Eso no solo nos justifica sino nos da la capacidad de dar fruto para la gloria de Dios.

# BUSCAR Y ENCONTRAR PAZ

### Nathan Díaz

*Porque yo sé los pensamientos que tengo acerca de vosotros, dice Jehová, pensamientos de paz, y no de mal, para daros el fin que esperáis. Entonces me invocaréis, y vendréis y oraréis a mí, y yo os oiré; y me buscaréis y me hallaréis, porque me buscaréis de todo vuestro corazón.*

(JEREMÍAS 29:11-13)

Todos queremos ser profunda, perfecta y eternamente felices. Esa es la razón por la que buscamos tener más dinero, más reconocimiento o más amor en nuestras vidas. Pensamos que si tan solo tuviéramos más dinero, entonces tendríamos la paz que traería felicidad a nuestro ser. Algunos buscamos una relación romántica o un mejor puesto en nuestra empresa para satisfacer nuestro sentido de propósito.

Dios quiere darle a Su pueblo lo que es supremamente bueno. No es principalmente lo que nosotros consideramos como bueno. Su presencia y nuestra comunión con Él es lo único que traerá verdadera paz y gozo a nuestra vida. Pero Él nos invita a buscarlo. Dios quiere ser encontrado por aquellos que realmente anhelan la felicidad y paz que vienen de experimentar su eterno perdón. Israel experimentó el regreso del exilio como muestra de la restauración que Dios quería hacer con Su pueblo. Así como Dios restauró a la nación judía del exilio babilónico, también quiere restaurar a una humanidad caída del exilio a una creación caída hacia una nueva Jerusalén de comunión perfecta entre Dios y Su pueblo.

# ¿QUIÉN ES SUFICIENTEMENTE FUERTE?

### Nathan Díaz

---

*He aquí que yo soy Jehová, Dios de toda carne;*
*¿habrá algo que sea difícil para mí?*

### (JEREMÍAS 32:27)

Una de las preguntas más importantes que podemos hacernos es ¿de dónde viene todo? Esa pregunta es tan importante porque la respuesta determina el propósito de nuestra existencia. Si existe un Dios, entonces existe un propósito para el ser humano. Y si realmente este Dios es Creador del universo, entonces Él tiene todo el poder para asegurarse de que Su pueblo escogido cumpla con Su propósito.

Cuando nos miramos a nosotros mismos en nuestras debilidades y fallas, es muy fácil sentirnos desanimados. ¿Cómo vamos a cumplir con la razón de nuestra existencia? La única esperanza que podemos tener para cumplir con nuestro propósito es que Dios mismo haga la obra necesaria. No hay nada que sea difícil para Él. Ni siquiera salvar pecadores que fallan en su capacidad de agradarle. Por eso Judas termina con la siguiente doxología:

«Y a aquel que es poderoso para guardaros sin caída, y presentaros sin mancha delante de su gloria con gran alegría, al único y sabio Dios, nuestro Salvador, sea gloria y majestad, imperio y potencia, ahora y por todos los siglos. Amén» (Jud. 1:24-25).

Por eso, cuando nuestra fe está centrada en un Dios todopoderoso, creador y soberano, tenemos verdadera esperanza para cumplir todos los propósitos que Él diseñó para nuestra existencia.

# EXPERIMENTAR MISERICORDIA

### Nathan Díaz

*Por la misericordia de Jehová no hemos sido consumidos,*
*porque nunca decayeron sus misericordias.*

### (LAMENTACIONES 3:22)

*P*ara que algo pueda consumirse con fuego, necesita combustión y oxígeno. Los bomberos tienen varias estrategias para poder apagar un fuego. Pueden usar agua, arena, extintores o cobijas para ahogar las flamas alimentadas por el oxígeno.

La justicia de Dios es como el fuego. No puede tolerar el pecado. Si solo estuviéramos expuestos a la justicia de Dios, todos seríamos consumidos en la presencia de su santidad. Pero no solo tenemos la justicia de Dios. También tenemos Su misericordia, y Su misericordia es como agua para el fuego. En Su misericordia que sobrepasa la manifestación de Su ira sobre nuestra impiedad, Dios puede justamente apagar el fuego que nos consumiría al usar el agua que representa el sacrificio perfecto de Jesús en nuestro lugar. Y esa agua siempre está disponible. Es una fuente diaria inagotable que será derramada en abundancia sobre aquellos que quieran recibirla.

No es la falta de justicia lo que nos llena de esperanza, sino la perfecta justicia que es aplicada en nuestro favor a través de la fe. Significa que Dios no nos da lo que merecemos, sino lo que Jesucristo nos ofrece en Su infinita misericordia. Su justicia no nos consume en nuestra impiedad sino que Su perfecta justicia se atribuye a nuestro favor al pedirle que nos muestre misericordia y gracia. ¡Gracias Dios por no consumirnos en tu justicia para que podamos experimentar misericordia!

# RECONOCE TU CRISIS

### Nathan Díaz

*Yo buscaré la perdida, y haré volver al redil la descarriada; vendaré la perniquebrada, y fortaleceré la débil; mas a la engordada y a la fuerte destruiré; las apacentaré con justicia.*

(EZEQUIEL 34:16)

*N*adie quiere estar en un hospital como paciente. Pero cuando tienes un problema serio de salud, el hospital puede ser tu lugar favorito. El consuelo y la esperanza que vienen de la ayuda que recibimos son proporcionales a la claridad que tenemos sobre nuestra condición de crisis presente.

En este pasaje de Ezequiel, Dios describe Su ternura y amor de Pastor hacia ovejas perdidas, descarriadas, heridas y débiles. Eso somos nosotros. Nuestro pecado nos ha dejado en una condición de verdadera crisis. Pero la mayor tragedia es no poder ver ni reconocer nuestra propia condición y necesidad. La mayor parte del mundo vive pensando que está bien cuando se trata de su relación con Dios. Muchos piensan que porque elevan una oración en las mañanas para encomendarse a Dios para sus actividades del día, Él está contento con ellos.

Nada está más lejos de la verdad. Dios describe a aquellos que se sienten buenos como ovejas engordadas y fuertes. ¿Por qué serán destruidas? Porque su fuerza y salud son solo una ilusión. En realidad son tan débiles y enfermas como las demás, pero nunca buscarán el cuidado intensivo de Dios porque creen que no lo necesitan. Por eso Jesús se comparó con un doctor, que solo atiende a los enfermos. ¿Necesitas un pastor perfecto para sanarte y consolarte en tu condición de crisis?

# ¿QUIÉN ESTÁ REALMENTE EN CONTROL?

### Nathan Díaz

*Él muda los tiempos y las edades; quita reyes, y pone reyes; da la sabiduría a los sabios, y la ciencia a los entendidos. Él revela lo profundo y lo escondido; conoce lo que está en tinieblas, y con él mora la luz.*

(DANIEL 2:21-22)

En México, cada seis años hay un cambio en el gobierno federal. El sistema democrático de elecciones asegura que la mayoría de la población elija a sus gobernantes y presidentes. Pero, ¿realmente estamos en control de quién nos gobierna? ¿Somos nosotros quienes tenemos realmente el poder? Daniel reveló la profunda verdad sobre la soberanía de Dios sobre todos los gobiernos que han existido y que existirán. No hay ningún rey ni gobernante que tenga autoridad que no esté bajo la autoridad suprema de Dios y que no haya sido puesto por Dios mismo.

Esta verdad debe ser una esperanza real en nuestras vidas porque la implicación es que aun los gobiernos más opresores y abusivos no están por encima del control soberano de Dios. Nabucodonosor fue un rey orgulloso y arrogante, opresor de los hijos de Dios. Sin embargo, fue humillado por Dios y usado finalmente para exaltar el nombre de Dios (4:37). Sin importar cómo la cultura se oponga a la iglesia y a los principios establecidos por Dios, sabemos que el mal triunfa solo por una temporada. El juicio final de Dios será luz eterna para la iglesia vindicada y justa condenación de Sus enemigos (Apoc. 20:11-15; 21:22-27).

# AGRADEZCAMOS A DIOS POR LO MALO

### Nathan Díaz

*Sadrac, Mesac y Abed-nego respondieron al rey Nabucodonosor, diciendo: No es necesario que te respondamos sobre este asunto. He aquí nuestro Dios a quien servimos puede librarnos del horno de fuego ardiendo; y de tu mano, oh rey, nos librará. Y si no, sepas, oh rey, que no serviremos a tus dioses, ni tampoco adoraremos la estatua que has levantado.*

(DANIEL 3:16-18)

*E*s interesante ver el tipo de publicaciones que pone la gente en sus redes sociales. La gran mayoría tiene que ver con cosas positivas y agradables de sus vidas: vacaciones, eventos importantes, celebraciones. El tipo de cosas que publicamos en la redes es el tipo de cosas por las que normalmente daríamos gracias a Dios en público. ¡Gracias Dios por sanarme! ¡Gracias Dios por el ascenso que me dieron en el trabajo! ¡Gracias Dios por mi familia y amigos!

Pero, ¿qué hay de todas las cosas que no publicamos en redes? ¿Cómo agradecemos a Dios por las cosas malas que nos pasan? Esta actitud de completa sumisión al perfecto y soberano plan de Dios es mucho más difícil de tener. Esta es la actitud que Sadrac, Mesac y Abed-nego tuvieron ante la amenaza de un rey que retó su fe en Dios. Ellos sabían que Dios podía librarlos de la muerte por incineración en un horno de fuego. Pero también sabían que si Dios decidía no librarlos, también seguía siendo un Dios digno de su entera lealtad y adoración. ¿Confiamos en la perfecta bondad de Dios aun cuando no nos gusta lo que nos da?

# DISFRUTAR EL VIAJE

## Nathan Díaz

---

*Los entendidos resplandecerán como el resplandor del firmamento; y los que enseñan la justicia a la multitud, como las estrellas a perpetua eternidad.*

(DANIEL 12:3)

ecuerdo la emoción que sentía cuando salíamos de vacaciones como familia. Era un momento especial del año. Y aunque muchos de los viajes eran en auto, y por lo tanto algo largos, los disfrutaba mucho. Parte de la razón por la que podíamos disfrutar el viaje es porque sabíamos hacia dónde íbamos. ¡La anticipación del destino final era parte de la aventura!

Esa es la misma razón por la que como iglesia de Cristo, disfrutamos cumplir la Gran Comisión. Dios nos ha encomendado el hablar del conocimiento del evangelio, un conocimiento que sigue incrementándose en todo el mundo, las buenas nuevas, al correr de aquí para allá, a todas las naciones (12:4). El tiempo del fin comenzó con la primera iglesia después de la resurrección y ascensión de Jesús (Hech. 2:17). Pero esta era culminará con la resurrección final (12:2) que resultará en gloria eterna. Esta luz que ha comenzado a brillar a través de nosotros se convertirá en la luz perpetua de la justicia de Dios para una multitud que nadie puede contar (Apoc. 7:9).

Podemos cumplir con gozo la misión que tenemos en el presente a pesar de los ataques y la oposición que sufrimos porque sabemos hacia dónde vamos y sabemos que las vacaciones que vienen para nuestra familia de la fe son permanentes.

# LA BENDICIÓN DE LA LLUVIA DIVINA

### Nathan Díaz

*Y conoceremos, y proseguiremos en conocer a Jehová;
como el alba está dispuesta su salida, y vendrá a nosotros
como la lluvia, como la lluvia tardía y temprana a la tierra.*

(OSEAS 6:3)

Yo vivo en la Ciudad de México donde una gran parte del año llueve todos los días. Cuando la lluvia trae inundaciones, dificulta el tránsito o simplemente arruina tu salida al parque, quisieras que no lloviera. Pero en las zonas agrícolas donde la lluvia es la parte más importante de un año para que haya abundancia en la cosecha, la perspectiva sobre el agua es muy diferente.

Las profecías de Oseas sobre una nación idólatra usan la imagen de sequía y hambre como muestra del juicio de Dios sobre ellos (9:2). ¿Realmente queremos bendición para nuestra vida? ¿Cuál es la esperanza de gozo real y permanente que tenemos? La respuesta de Oseas es: ¡Busca a Dios con todas tus fuerzas! ¡Anhela conocerlo como Él mismo quiere ser conocido! Si venimos así delante de Él en arrepentimiento, sabemos cuál será el resultado inevitable y seguro. Él dejará de esconderse de nosotros (5:15). El resultado es tan seguro como la salida del sol en la mañana. Él vendrá a nosotros como lluvia. Será la máxima bendición de nuestra vida.

Nuestras vidas son como tierra seca que no puede producir la cosecha de bendición. Necesitamos la lluvia que solo Dios puede dar, porque la lluvia es Dios mismo (Juan 4:13).

# ¿POR QUÉ CAMINO ANDAS?

## Nathan Díaz

*¿Quién es sabio para que entienda esto, y prudente para que lo sepa? Porque los caminos de Jehová son rectos, y los justos andarán por ellos; mas los rebeldes caerán en ellos.*

(OSEAS 14:9)

S i le preguntas a cualquiera si se considera una buena persona, la respuesta más probable sería que sí. Pero, ¿qué es realmente una buena persona? La Biblia afirma que a través de la historia, en todas las generaciones, todo hombre y toda mujer ha quebrantado la ley de Dios (Rom. 3:23). Si esto es verdad, entonces ¿cuál podría ser nuestra única esperanza? Oseas nos da la respuesta:

«Yo sanaré su rebelión, los amaré de pura gracia; porque mi ira se apartó de ellos. [...] Efraín dirá: ¿Qué más tendré ya con los ídolos? Yo lo oiré, y miraré; yo seré a él como la haya verde; de mí será hallado tu fruto» (Os. 14:4, 8).

Tenemos que reconocer nuestra culpabilidad (14:1). Cuando reconocemos que somos culpables, venimos pidiendo gracia (14:2). Gracia es algo que no merecemos pero se nos da. Dios nos da perdón al retirar Su ira, porque la ira ya cayó sobre Su propio Hijo (Rom. 3:24-26). Solo entonces tendremos la capacidad de andar en el camino de Jehová. Cuando ya hemos sido perdonados podemos ser llamados «justos». Mientras no hay arrepentimiento somos considerados rebeldes, transgresores de la ley de Dios. La verdadera sabiduría y prudencia está en saber que solo alguien que está en comunión con un Dios recto, puede andar en caminos rectos.

# UNA NACIÓN DE PROFETAS

### Nathan Díaz

*Y después de esto derramaré mi Espíritu sobre toda carne, y profetizarán vuestros hijos y vuestras hijas; vuestros ancianos soñarán sueños, y vuestros jóvenes verán visiones.*

(JOEL 2:28)

La Ciudad de México es una ciudad que muchos consideran insegura y llena de crimen. La manera en que el gobierno ha tratado de contrarrestar esta percepción y realidad es comprando más patrullas y contratando más policías. Hay muchas opiniones sobre si esto realmente ha producido resultados positivos pero en teoría, es la solución correcta.

Lo mismo Dios ha hecho con Su iglesia. Los oficios como rey, sacerdote y profeta que Él estableció a lo largo de la historia de Israel en el Antiguo Testamento para solo algunos representantes en la nación, ahora ha dado a cada uno de los miembros de una nueva nación: la iglesia (1 Ped. 2:9). La capacidad de ministerio para hacer avanzar el reino de Dios se ha multiplicado exponencialmente.

Joel profetizó la capacidad que Dios daría a cada miembro de Su pueblo para comunicar el mensaje de parte de Dios a una sociedad en rebeldía contra Su reino. Pedro afirmó que esa profecía se cumplió en Pentecostés cuando el Espíritu descendió sobre todos para proclamar las maravillas de Dios. Por eso es significativo que esto se manifestó en diferentes idiomas, para mostrar que la nueva identidad del pueblo de Dios es gente de toda lengua, tribu y nación (Apoc. 7:9). ¡Qué esperanza saber que todos los hijos de Dios tenemos el mismo poder y misión para hacer avanzar el reino!

# ¡DANOS HAMBRE Y SED DE TI!

### Nathan Díaz

---

*He aquí vienen días, dice Jehová el Señor, en los cuales enviaré hambre a la tierra, no hambre de pan, ni sed de agua, sino de oír la palabra de Jehová.*

(AMÓS 8:11)

Todos sabemos cómo es tener hambre o sed. Cuando tu cuerpo necesita comida o agua genera un deseo que se convierte en todo lo que puedes pensar. Esos deseos se van incrementando con el tiempo hasta que puedan ser saciados. La Biblia usa estas imágenes de verdades físicas para ayudarnos a entender verdades espirituales.

Cuando la iglesia comenzó a cumplir con la Gran Comisión (Mat. 28:19-20) con el poder de Espíritu Santo (Hech. 2:40), se revirtió lo profetizado por Amós como juicio para el reino del norte. La conquista de los asirios traería hambre espiritual que no sería saciada. Pero después de la manifestación de Jesús, el Espíritu trajo hambre al alma de los gentiles, y los sació con el mensaje del evangelio.

Hoy probablemente vas a comer. Aunque tengas muchas responsabilidades y tareas para hoy, vas a asegurarte de encontrar el tiempo para alimentarte. Nuestra hambre espiritual diaria también debería ser evidente. Debemos encontrar el tiempo, sin importar cuán ocupados estemos, para saciarnos de la Palabra de Dios y de nuestra comunión con Él. Hoy estás leyendo este devocional porque estás dando prioridad a meditar en cosas espirituales. Oremos para que Dios siga dándonos hambre y sed espiritual que solo pueden ser saciadas por Su Palabra (Juan 6:35).

# EL PEOR PECADO

### Nathan Díaz

*Si te remontares como águila, y aunque entre las estrellas
pusieres tu nido, de ahí te derribaré, dice Jehová.*

(ABDÍAS 1:4)

A veces pensamos que los peores pecados de la sociedad son el homicidio, las adicciones o las perversiones sexuales. Es fácil juzgar y escandalizarse por los pecados que son muy públicos y obvios. Pero el pecado más juzgado y señalado por Dios en la Biblia es el orgullo. Es el más sutil y por lo tanto el más mortal de los pecados que nos seducen.

Todo el evangelio está diseñado para destruir el orgullo en nuestros corazones. Así es como lo explica Pablo:

«¿Dónde, pues, está la jactancia? Queda excluida. ¿Por cuál ley? ¿Por la de las obras? No, sino por la ley de la fe» (Romanos 3:27).

La misma manera que Dios quiere salvarnos destruye toda idea de que podríamos tener lo necesario para salvarnos a nosotros mismos. No hay nada que yo pueda traer delante de Dios que sea válido para que me acepte. Dios destruye nuestro orgullo en el momento que nos ofrece salvación que depende enteramente de la obra perfecta de Su Hijo Jesucristo. Esa es la fe que salva: la fe que derriba los logros de los que se remontan como águilas y ponen su nido entre las estrellas.

Nuestro corazón nos engaña cuando pensamos que hemos logrado algo significativo con nuestras vidas si no está basado en la obra perfecta de Dios por nosotros. ¡Por favor destruye nuestro orgullo, Dios!

# LO QUE DIGA JESÚS

### Estriberto Britton

*Su madre dijo a los que servían: Haced todo lo que os dijere.*

(JUAN 2:5)

La experiencia en Caná de Galilea fue singular. La celebración de una boda dentro del pueblo judío era una ocasión sumamente especial y significativa. Por lo general, la fiesta se celebraba por varios días, donde los anfitriones ofrecían siempre lo mejor a los invitados. En medio de esta gran celebración ocurre una tragedia, desde el punto de vista social. Se acabó el vino, uno de los ingredientes más importantes de toda la celebración.

Entre los invitados se encontraban Jesús, Su madre y Sus discípulos. Cuando María descubre el gran desafío que enfrentaba la familia anfitriona, se acerca a Jesús en busca de una solución. Después del intercambio de palabras entre ellos dos, María se dirigió a los que servían y les dijo: «Haced todo lo que os dijere». Estas palabras se dan dentro de un contexto social y para hacer frente a una realidad particular. Sin embargo, esas mismas palabras siguen teniendo gran relevancia para todos hoy día. Nosotros también debemos hacer todo lo que Jesús nos dijere. Piensa por unos momentos en las siguientes preguntas: ¿Cuáles son algunas de las cosas que nos ha dicho Jesús últimamente? ¿Estás haciendo todo lo que Jesús te ha dicho? Dedica unos minutos para reflexionar en algunas de las cosas que Jesús nos ha dicho.

«Vosotros sois la sal de la tierra […] Vosotros sois la luz del mundo». ¿Estás siendo sal para las personas a tu alrededor? La sal sirve para sanar, dar sabor, preservar, producir sed, entre otras cosas. ¿Estás siendo luz para tus amigos, vecinos y familiares? La luz alumbra, señala el camino, nos protege del peligro, nos ayuda a ver con claridad.

«Por tanto, id, y haced discípulos a todas las naciones». ¿Estás obedeciendo el mandato de Dios de hacer discípulos? ¿A cuántas personas has discipulado en los últimos tres años? ¿En cuántas personas estás invirtiendo tu vida de forma intencional durante este año?

Éstas son apenas varias de las cosas que nos ha dicho Jesús. Verdaderamente las palabras de María deben hacer eco en nosotros todos los días de nuestra vida cristiana: «Haced todo lo que [Jesús] os dijere».

# LO ÚNICO QUE NOS PIDE DIOS

### Nathan Díaz

*Oh hombre, él te ha declarado lo que es bueno, y qué pide Jehová de ti: solamente hacer justicia, y amar misericordia, y humillarte ante tu Dios.*

(MIQUEAS 6:8)

*M*uchas veces me he molestado con mis hijos por no obedecerme. Pero también me he dado cuenta de que en ocasiones su aparente desobediencia en realidad solo era mi falta de claridad en lo que esperaba de ellos. ¿Cómo pueden obedecerme si no saben lo que se supone que tienen que hacer?

Dios ha sido muy claro sobre lo que espera de nosotros en obediencia, y se resume en dos mandamientos: amar a Dios y amar a nuestro prójimo (Mat. 22:37-40). Cada vez que leemos algo de la ley moral de Dios podemos categorizarlo bajo uno de los dos mandamientos. Miqueas 6 nos recuerda las maneras prácticas en que experimentamos Su voluntad para nuestras vidas. Podemos buscar la justicia de Dios en nuestra sociedad y en nuestras relaciones diarias y amar cada oportunidad para mostrar misericordia a otros. Pero ¿de dónde viene esta capacidad? Solo viene después de humillarnos ante Dios para experimentar Su misericordia primero.

No podemos mostrar a otros lo que nosotros no hemos experimentado de parte de Dios. Aunque la humillación ante Dios viene al final de Miqueas 6:8, en realidad es el fundamento y punto de partida para poder tratar a nuestro prójimo correctamente. Señor, ayúdanos por tu gracia a cumplir con lo que pides de nosotros.

# EL DESPLIEGUE DE LA GLORIA DE CRISTO

### Estriberto Britton

---

*Este principio de señales hizo Jesús en Caná de Galilea,*
*y manifestó su gloria; y sus discípulos creyeron en él.*

#### (JUAN 2:11)

La gloria de Dios es una realidad latente a través de todo el Antiguo Testamento, el Nuevo Testamento y hasta nuestros días. Dios ha mostrado Su gloria de diversas maneras y bajo distintas circunstancias.

En la creación, Dios mostró Su gloria. El Salmo 19:1 declara: «Los cielos cuentan la gloria de Dios, y el firmamento anuncia la obra de sus manos». A pesar de la clara evidencia de la gloria de Dios en el mundo, los hombres rechazaron la gloria de Dios y a causa de la desobediencia y el pecado, fueron separados de la gloria de Dios. Por otro lado, la Biblia nos enseña claramente que «el dios de este siglo cegó el entendimiento de los incrédulos, para que no les resplandezca la luz del evangelio de la gloria de Cristo» (2 Cor. 4:4).

El apóstol Juan, ante la realidad de la encarnación de Cristo y debido a la experiencia personal en su relación con Él, declara: «Y aquel Verbo fue hecho carne, y habitó entre nosotros (y vimos su gloria, gloria como del unigénito del Padre), lleno de gracia y de verdad» (Juan 1:14). En la eternidad y aun antes de la creación, Jesucristo declara ser partícipe de la gloria de Dios.

Cuando escuchamos el mensaje del evangelio de Jesucristo, reconocemos nuestra necesidad espiritual y lo aceptamos como nuestro Señor y Salvador. Entonces nuestro entendimiento se ilumina para que podamos experimentar la gloria de Cristo. Por otro lado, en la medida que permitamos que Cristo controle nuestra vida y nos sometamos a Él, entonces seremos transformados de gloria en gloria. El apóstol Pablo dice: «Por tanto, nosotros todos, mirando a cara descubierta como en un espejo la gloria del Señor, somos transformados de gloria en gloria en la misma imagen, como por el Espíritu del Señor» (2 Cor. 3:18). ¿Estás siendo transformado de gloria en gloria? El despliegue de la gloria de Dios también se revela cuando compartimos el evangelio con otros y nuestra vida produce fruto. ¿Será esta la realidad de tu vida? ¡Así sea!

# UNA CUENTA BANCARIA VACÍA

### Nathan Díaz

*Aunque la higuera no florezca, ni en las vides haya frutos, aunque falte el producto del olivo, y los labrados no den mantenimiento, y las ovejas sean quitadas de la majada, y no haya vacas en los corrales; con todo, yo me alegraré en Jehová, y me gozaré en el Dios de mi salvación.*

(HABACUC 3:17-18)

*C*asi todos tenemos una cuenta bancaria. Esa cuenta representa en gran parte nuestra seguridad y estabilidad económica. Cuanto más grande sea el número de nuestro saldo, más tranquilos nos sentimos. En los tiempos del Antiguo Testamento, el equivalente de una cuenta bancaria era el ganado y las cosechas del campo. En cualquier momento, plagas o enfermedades podían terminar con todas tus posesiones.

La esperanza más profunda de la vida cristiana está en saber que no hay nada que puede separarnos del amor de Dios en Cristo Jesús (Rom. 8:37-39). No tenemos ninguna garantía sobre cuánto dinero habrá en nuestra cuenta bancaria mañana, pero sí tenemos una garantía segura de que somos de Dios eternamente. Este tipo de esperanza es extraña en este mundo porque para los que no tienen la convicción del evangelio en sus vidas, las cosas materiales parecen ser el todo de su gozo y existencia. Imagina por un momento que no tienes dinero, salud o amistades. Para cualquiera sería una situación muy difícil, pero la pregunta más importante sería, ¿todavía tienes el mayor anhelo y gozo de tu alma?

# PARA DESPERTAR LA FE

**Estriberto Britton**

---

*Éste vino a Jesús de noche, y le dijo: Rabí, sabemos que has venido de Dios como maestro; porque nadie puede hacer estas señales que tú haces, si no está Dios con él.*

(JUAN 3:2)

*A* través de la historia bíblica, Dios ha usado diferentes medios para despertar la fe en las personas. En tiempos modernos, Dios también utiliza diversas situaciones y experiencias para despertar la fe en los individuos. La rebeldía de Jonás lo llevó a desobedecer la Palabra de Dios. Él le dijo que debía ir a Nínive para pregonar contra ella. Sin embargo, él decidió tomar su propio camino. Estando Jonás en el barco que se dirigía a Tarsis, Dios produjo una gran tempestad en medio del mar. Los marineros trataron de proteger a Jonás, pero luego tuvo que ser echado al mar. Dios tenía preparado un gran pez que se lo tragaría. Eventualmente, Dios logró la atención del profeta rebelde, quien luego pregonó contra Nínive y la nación se arrepintió.

En tiempos modernos, Dios sigue despertando la fe de diversas maneras. Al igual que Nicodemo, Juan Wesley tuvo una experiencia que lo confrontó con la realidad de su necesidad espiritual. Juan Wesley era hijo de un pastor anglicano. Estudió en la Universidad de Oxford en Inglaterra. Era un hombre sumamente religioso y había sido uno de los fundadores de una sociedad religiosa dentro de la universidad. Vino a los Estados Unidos para ministrar la Palabra de Dios y permaneció dos años. Mientras volvía a Inglaterra en el barco, se levantó una gran tempestad que hizo temblar, llorar y causar gran desesperación a la mayoría de los pasajeros. Sin embargo, había un grupo pequeño de creyentes, que en medio de la tempestad cantaban, expresando gozo y gran tranquilidad. La tormenta pasó y pudieron llegar a su destino. Juan Wesley se dio cuenta de que él no tenía lo que aquellos creyentes moravos tenían. Varios años después asistió a una reunión de los moravos en Londres y escuchó mientras alguien leía del comentario del libro de Romanos, escrito por Martín Lutero. Esas palabras impactaron su vida y sellaron para siempre la seguridad de su relación personal con Jesucristo. ¿Qué fue lo que utilizó Dios para despertar tu fe?

# EL NUEVO NACIMIENTO

### Estriberto Britton

*El viento sopla de donde quiere, y oyes su sonido;*
*mas ni sabes de dónde viene, ni a dónde va; así*
*es todo aquel que es nacido del Espíritu.*

(JUAN 3:8)

« *E*l que nace una vez, muere dos veces; pero el que nace dos veces, muere solo una vez». Este es un pensamiento muy interesante que escuché hace muchos años. Desde luego, la idea fundamental es que la persona que solo nace físicamente está muerta espiritualmente y también morirá físicamente. Sin embargo, la persona que nace física y espiritualmente solo morirá físicamente.

Nicodemo era fariseo y un principal entre los judíos, que tenía mucho conocimiento de las Escrituras. Sin embargo, tenía grandes inquietudes espirituales. Es posible que tú también tengas muchas inquietudes espirituales. El ejemplo de Nicodemo es muy importante, ya que fue a la fuente adecuada para buscar solución a sus inquietudes. La tragedia viene cuando buscamos respuestas en los lugares inadecuados. Juan 2:25 nos dice claramente que Jesús «sabía lo que había en el hombre». Por esa razón pudo confrontar a Nicodemo con la necesidad que tenía de nacer de nuevo. Tener mucho conocimiento acerca de Dios, no es lo mismo que conocer a Dios. Cuando estudiamos la Palabra de Dios adquirimos conocimiento acerca de Dios. Pero al tener una relación personal con Dios, de amor y obediencia, entonces verdaderamente llegamos a conocer a Dios. Esta es la realidad del nuevo nacimiento.

El nuevo nacimiento es lo mismo que el nacimiento espiritual y sucede en el momento que pedimos a Jesucristo que sea nuestro Señor y Salvador. Esta es la experiencia de salvación. Si jamás has tenido esa experiencia de salvación, es la experiencia en la que reconoces que eres pecador y que no puedes salvarte a ti mismo, y reconoces que Jesucristo murió en la cruz por tus pecados y te ofrece la salvación como un regalo, y luego le pides a Jesucristo que sea tu Señor y Salvador. Si esta no ha sido tu realidad, entonces necesitas nacer de nuevo.

¿Has experimentado el nuevo nacimiento? ¿Tienes algún familiar o amigo que necesita nacer de nuevo? Mi desafío para ti es que puedas dar a conocer este mensaje a ellos.

# ¡VICTORIA!

### Josué Ortiz

---

*Entonces respondió y me habló diciendo: Esta es palabra de Jehová a Zorobabel, que dice: No con ejército, ni con fuerza, sino con mi Espíritu, ha dicho Jehová de los ejércitos.*

(ZACARÍAS 4:6)

*D*ios me ha dado talentos y dones que necesito utilizar para Su gloria, pero tengo que reconocer mis muchas limitaciones. No soy bueno para las matemáticas, ¡qué haría sin Siri! Tampoco soy bueno para las direcciones, cómo llegar a un lugar, ¡qué haría sin Google Maps! Mi esposa me ayuda a no sufrir tanto, ¡qué haría sin ella!

Zacarías nos comparte lo que Dios le estaba mostrando, y en esencia el mensaje es este: ustedes no pueden, yo sí. El pequeño libro del profeta Zacarías está lleno de profecías y visiones que hablan de un futuro para Israel. Durante el ministerio de Zacarías la vida en Israel no era fácil. El reino se había divido en dos, y siglos más tarde ambos fueron capturados por opresores. El reino del norte virtualmente desapareció y el reino del sur fue llevado a Babilonia. Setenta años después un remanente regresó a Jerusalén a reconstruir la ciudad que había quedado en ruinas. Mientras que parecía una labor colosal para ellos, Dios les recuerda que Él no los necesita a ellos, sino todo lo opuesto.

No trates de vivir la vida en tus fuerzas, sino en Su Espíritu. Hoy Dios te está recordando que lo necesitas más de lo que te imaginas. ¡Ánimo! Tú no puedes, pero Él sí.

# UNA SOLA CARNE

### Josué Ortiz

---

*¿No hizo él uno, habiendo en él abundancia de espíritu? ¿Y por qué uno? Porque buscaba una descendencia para Dios. Guardaos, pues, en vuestro espíritu, y no seáis desleales para con la mujer de vuestra juventud.*

**(MALAQUÍAS 2:15)**

Este año, si Dios lo permite, cumpliremos catorce años de casados. Conocer a Rebekah, mi esposa, ha sido lo mejor que me ha pasado después de mi salvación. Su dedicación al hogar, a nuestros hijos y su deseo por conocer más y mejor a Dios, son el regalo más extraordinario que he recibido. Sin embargo, no ha sido fácil. Dos pecadores, cada uno con su manera de ver las cosas, de ser, de hablar, de pensar, viviendo juntos, todos los días, ¡qué puedes esperar! Pero es aquí donde el evangelio brilla con más intensidad. El amor de esposos no es un amor que se forja por sí solo, sino que solo puede ser cultivado en los jardines del evangelio. Cristo nos ordena que nos amemos mutuamente usando Su amor por nosotros como ejemplo (Ef. 4:32). En ese sentido, ser desleal a nuestro cónyuge, es ser desleal a Dios.

Malaquías estaba amonestando a un Israel que estaba usando a las mujeres como basura, como un objeto desechable que podían desocupar cuando ya no tuviera uso. Dios lo ve como algo personal, no estaban siendo desleales solo a ellas, sino a Dios mismo. El matrimonio es sagrado para Dios, tienes que verlo así. El matrimonio representa la belleza del evangelio, cuídalo, guárdalo y no seas desleal.

# NO ROBARÁS

### Josué Ortiz

---

*Traed todos los diezmos al alfolí y haya alimento en mi casa;*
*y probadme ahora en esto, dice Jehová de los ejércitos,*
*si no os abriré las ventanas de los cielos, y derramaré*
*sobre vosotros bendición hasta que sobreabunde.*

(MALAQUÍAS 3:10)

La cultura con la que crecí en mi casa era: *no robarás*. Mis padres nos inculcaron una mentalidad de integridad y respeto por lo ajeno. Mi mamá constantemente nos explicaba las consecuencias penales de robar. Cuando llegábamos a tomar lo que no era nuestro, un juguete, un dulce, ella siempre decía: «Eso es robar, ¿quieres ser un ratero?». Si la sociedad secular entiende que robar está mal, mucho más necesitamos entender que robar a Dios es infinitamente peor.

Malaquías estaba amonestando a un Israel que estaba robando a Dios, no llevaban los diezmos al templo, y sin diezmos el templo no podía funcionar, y si el templo no estaba en operación, Dios no podía bendecirlos. Lo irónico era que cuanto más robaban a Dios, menos tenían, y cuanto menos tenían, más robaban. Dios les da el antídoto: traigan sus diezmos y reciban bendición. Las ventanas de los cielos se abrirían, lo que quiere decir que llovería otra vez porque evidentemente había una sequía en la tierra.

¿Tú en qué confías? ¿Crees que Dios te proveerá para todo lo que necesitas aún si das tus ofrendas a Dios? No robes a Dios de lo que Él mismo te da. Confía en que Dios cuida de Sus hijos… Él no le debe a nadie.

# LA GLORIA DE DIOS

### Josué Ortiz

*Así alumbre vuestra luz delante de los hombres,*
*para que vean vuestras buenas obras, y glorifiquen*
*a vuestro Padre que está en los cielos.*

(MATEO 5:16)

Una de las preguntas más importantes que tenemos que hacernos es, ¿para qué nos salvó Dios? Claro que hay muchas razones por las que Cristo nos rescató. Pero la razón central por la que Dios envió a Su Hijo a morir es para Su *propia gloria*. No hay nada más importante para Dios que Su propia gloria (Isa. 42:8). A lo largo de las páginas de la Biblia vemos que Dios nos creó para ser «estandartes» de Él, portadores de Su imagen, reflectores de la gloria de Dios. Adán decidió buscar su propia gloria y abandonó la misión para la cual había sido creado. Desde ese día y hasta hoy, todos los seres humanos nacemos con la misma naturaleza pecaminosa, alejados de lo que una vez fue nuestro diseño.

Jesús, sin embargo, vino a revertir los efectos del pecado. En nuestro texto vemos que Jesús afirma que, en Él, sus ciudadanos podemos «*alumbrar* nuestra luz delante de los hombres». Esto no quiere decir que es luz propia, sino que estamos reflejando la gloria de Dios. Somos nuevas criaturas en Cristo (2 Cor. 5:17), y por lo tanto podemos regresar a nuestro diseño inicial, y al ser lo que Cristo quiere que seamos estamos dándole gloria, y lo más hermoso de todo es que otras personas se unirán al coro de redimidos, todo para la gloria de Dios.

# ¡SOLO LO PENSÉ!

### Josué Ortiz

*Pero yo os digo que cualquiera que mira a una mujer para codiciarla, ya adulteró con ella en su corazón.*

(MATEO 5:28)

*P*asa más seguido de lo que queremos admitir. Sucede en la intimidad de nuestras mentes y pensamos que, por lo tanto, nadie lo ve. Pero nuestros pensamientos no están fuera de la omnisciencia de Dios. Proverbios 15:3 nos recuerda que, «Los ojos de Jehová están en todo lugar». Esto es lo que Jesús estaba reafirmando en el Sermón del Monte. En ese entonces había mucha confusión en cuanto a qué quería decir «obedecer a Dios». Creían que era suficiente seguir *la ley* sin tener que seguir *al Dios de la ley*. Jesús les dice, imposible. Creían que, por no adulterar *físicamente*, nunca habían pecado con ese crimen. Pensaban que el problema era la conducta; Jesús les dice que el problema está en el corazón.

Esta manera de pensar persiste hasta hoy. Muchos creemos que «no somos tan malos» porque no hemos cometido pecados «terribles», pero tenemos que erradicar esa mentalidad. Dios no se preocupa por lo externo *únicamente*, antes que nada, Dios quiere que nos ocupemos de lo *interno*. ¿Por qué? Porque lo interno es lo que produce lo externo. Si tu corazón es malo, tus obras también lo serán. Y si en tu corazón hay pensamientos y deseos pecaminosos, es irrelevante si los has materializado. Más bien vive buscando santidad y pureza interna, de corazón, y luego disfruta de una vida íntegra ante Dios y ante todos.

# AMOR VERDADERO

### Josué Ortiz

*Oísteis que fue dicho: Amarás a tu prójimo, y aborrecerás a tu enemigo. Pero yo os digo: Amad a vuestros enemigos, bendecid a los que os maldicen, haced bien a los que os aborrecen, y orad por los que os ultrajan y os persiguen; para que seáis hijos de vuestro Padre que está en los cielos, que hace salir su sol sobre malos y buenos, y que hace llover sobre justos e injustos.*

(MATEO 5:43-45)

*E*l amor verdadero es el tema central de muchas películas, novelas literarias o series de televisión. ¿Qué es? ¿Quién lo puede dar? ¿De qué se trata? Son preguntas válidas, porque en efecto, el amor es parte de toda la humanidad. Algunos dicen que el amor verdadero *nace del corazón*. Sin embargo, ¿qué dice la Biblia acerca del amor?

En nuestro texto, Jesús está hablando a una multitud que ha salido a escucharlo predicar. Está predicando el «Sermón del Monte», el sermón más importante de todos los tiempos, y el tema del amor es uno de los puntos de esta predicación. Jesús desmiente la idea de que puedes amar solo a los «tuyos», pero despreciar, odiar, o simplemente amar menos a tus «enemigos». La orden es clara: «Amad a vuestros enemigos».

No es fácil amar a los que nos lastiman, pero Jesús afirma que esa es la marca de Sus hijos. Ellos son misericordiosos con todos, así como su Padre que está en los cielos «hace llover sobre justos e injustos». El amor no es un sentimiento, es una orden.

# CUIDA TU CORAZÓN

### Josué Ortiz

*Y cuando ores, no seas como los hipócritas; porque ellos aman el orar en pie en las sinagogas y en las esquinas de las calles, para ser vistos de los hombres; de cierto os digo que ya tienen su recompensa. Mas tú, cuando ores, entra en tu aposento, y cerrada la puerta, ora a tu Padre que está en secreto; y tu Padre que ve en lo secreto te recompensará en público.*

(MATEO 6:5-6)

¿Te ha pasado que alguien presume de algo delante de ti? Puede ser el aumento de sueldo que tú tanto necesitabas, un nuevo auto o una nueva casa. El problema siempre es el mismo, te buscan, lo provocan, lo quieren publicar en sus redes sociales: «Yo tengo más que tú». Es muy fácil observar cuando alguien tiene esa actitud, y nuestra labor es perdonar, soportar y amar incondicionalmente. Pero creo que haremos bien en evaluar nuestros propios corazones, no sea que tengamos el mismo problema.

Jesús está llamando la atención a los religiosos de Su tiempo, que solo *presumían* de su espiritualidad sin darse cuenta de que Dios no aceptaba sus supuestas obras de piedad. Oraban en voz alta para ser escuchados por otros, y así sucedía, pero no les importaba que Dios no los oyera.

Ten una vida de oración activa, habla con Dios, acércate a Su trono, haz buenas obras, pero nunca uses tu vida espiritual para compararte con otros o desestimar la vida espiritual de otros. Sé humilde como Jesús fue humilde, edifica a otros, ayúdalos, extiende tu mano.

# PERDONA, PERDONA, PERDONA

### Josué Ortiz

*Porque si perdonáis a los hombres sus ofensas, os
perdonará también a vosotros vuestro Padre celestial.*

(MATEO 6:14)

¿Cuál es la razón más común para no perdonar a tu prójimo? «Ya fue mucho». «Ya no puedo más». «Ya no lo aguanto». Tenemos muchas maneras de justificar nuestra falta de perdón, pero ninguna de ellas es suficiente para desestimar la orden de Jesús: perdonen.

El evangelio que Jesús predicó es un evangelio que va íntimamente ligado al perdón. La santidad de Dios se ve ofendida todos los días: con nuestros malos pensamientos, nuestras malas actitudes o nuestros terribles pecados. Sin embargo, el evangelio ofrece un método de reconciliación con Dios a través de Cristo quien extiende *perdón* de pecados. Cuando hablamos de perdón, hablamos del evangelio. Por eso es tan irracional que existan *creyentes* del evangelio que *no crean* en el perdón. Como redimidos, ofrecemos a otros de lo mucho que se nos ha dado a nosotros. Dios nos ha dado perdón incondicional, nosotros, entonces, ofrecemos perdón incondicional. Es el modelo de relaciones interpersonales que debemos adoptar, cualquier otra manera de vivir con nuestros prójimos será una fuente de amargura y odio.

¿Qué tal tú? ¿Notas en tu corazón amargura y resentimiento? Las palabras de Jesús causaron conmoción en ese entonces. Vivían en una sociedad profundamente injusta y desigual. Los romanos eran crueles opresores que obviamente ofendían a los judíos todo el tiempo. Pero a ellos Jesús les dice lo mismo que a ti y a mí: «Perdonen a los hombres sus ofensas».

# ¿SIGUE A TU CORAZÓN?

### Josué Ortiz

---

*Porque donde esté vuestro tesoro, allí estará también vuestro corazón.*

(MATEO 6:21)

Vivimos en una cultura tan «fluida», tan «surrealista», que la mejor forma de describir a nuestra sociedad es que simplemente «sigue su corazón». Es una clase de vida que busca todo lo que el corazón quiera. Es muy popular escuchar acerca de la «deconstrucción», un proceso en el cual se derrumba todo lo *construido* para formar un nuevo sistema de creencias que gire alrededor de lo que quieras, no hay reglas, no hay normas. Aunque esto nos pueda parecer como algo «nuevo», en realidad no lo es, y Jesús nos habla al respecto.

El problema no es seguir a tu corazón. Según Jesús, el problema es hacia dónde te dirige. El corazón habla de la parte más íntima de cada uno de nosotros. El corazón hace referencia a quién eres, lo más interno, lo más invisible para otros, e inclusive, a veces lo más invisible para ti mismo. El corazón, tu parte más interior, tiene deseos naturales y generalmente estos deseos son *pecaminosos*, se centran en nosotros mismos, en lo que pensamos que nos hará felices.

Jesús nos está haciendo una advertencia. Nos ordena controlar los deseos de nuestro corazón, y no dejar que ellos nos controlen a nosotros. Si lo único que piensas es en las cosas de esta tierra, es porque tu corazón está allí, en las cosas terrenales. Evalúa tus deseos y pide a Dios que transforme tu corazón de piedra en uno de carne.

# EL «DIOS» LLAMADO DINERO

## Josué Ortiz

*Ninguno puede servir a dos señores; porque o aborrecerá al uno y amará al otro, o estimará al uno y menospreciará al otro. No podéis servir a Dios y a las riquezas.*

(MATEO 6:24)

*M*i hija de 12 años ha estado trabajando disciplinadamente por muchos meses. Su edad trae consigo obvias limitaciones para ahorrar dinero, así que ha decidido, con la ayuda de su mamá, hornear galletas y venderlas a nuestros vecinos. Ella tiene en mente un objeto en particular, y no es barato, de hecho, cuesta mucho. Pero ha sido paciente, cuidadosa con su dinero, ahorrativa y ha demostrado una buena administración. Sin embargo, tenemos que hablar con ella frecuentemente para advertirle del gran peligro que todos nosotros corremos: *amor al dinero.*

En nuestro texto, Jesús está hablando de este tema. Inicialmente, podría parecer que las palabras de Jesús acerca del dinero eran una «mala broma». Después de todo, Jesús estaba hablando a una sociedad mayormente analfabeta, pobre y sin aspiraciones; eran presos del Imperio romano. A veces pensamos que solo los ricos pueden «amar el dinero». Pero Jesús contradice esa idea. Todos, no importa su condición, pueden caer en amor al dinero, y, por lo tanto, todos tenemos que combatirlo.

¿Amas el dinero? ¿Te duele gastar pensando en lo mucho que podrías hacer si tan solo pudieses acumular más? Jesús no está hablando de malgastar los recursos que Dios te da, sino que te advierte que el amor al dinero no te permitirá amar a Jesús; no puedes servir a dos señores.

# NO CAIGAS EN EL AFÁN

## Josué Ortiz

---

*No os afanéis, pues, diciendo: ¿Qué comeremos, o qué beberemos, o qué vestiremos? Porque los gentiles buscan todas estas cosas; pero vuestro Padre celestial sabe que tenéis necesidad de todas estas cosas. Mas buscad primeramente el reino de Dios y su justicia, y todas estas cosas os serán añadidas. Así que, no os afanéis por el día de mañana, porque el día de mañana traerá su afán. Basta a cada día su propio mal.*

(MATEO 6:31-33)

¿Has tenido un ataque de ansiedad? Los ataques de ansiedad se caracterizan por una repentina preocupación extrema por aspectos que están fuera de nuestro control. Tal vez te falta el oxígeno, tienes taquicardia, sudoración extrema o llanto. Una de las razones más comunes de la ansiedad es la *preocupación*, y Dios tiene mucho que decir al respecto.

Cuando nos preocupamos de una manera desmedida, estamos haciendo a Dios a un lado. Estamos asegurando que Dios no puede, que no le importa, que no intervendrá. Vivir en la ansiedad es vivir en un mundo donde Dios no es Rey.

Cuida tu corazón de una preocupación extrema. No está mal planear para el futuro, mantener tu cuerpo saludable con ejercicio o cuidar de tus hijos. Pero cuando las preocupaciones por «lo que pueda pasar» ahogan tus pensamientos, entonces estás desconfiando de Dios. Descansa en Su poder, en Su soberanía y en Su providencia. Busca Su reino, lo eterno, lo de arriba, y deja que Dios se encargue de las cosas que tú evidentemente no puedes controlar.

# ÉL SIEMPRE ESCUCHA

### Josué Ortiz

*Pedid, y se os dará; buscad, y hallaréis; llamad, y se os abrirá. Porque todo aquel que pide, recibe; y el que busca, halla; y al que llama, se le abrirá.*

(MATEO 7:7-8)

Vivimos en una de las ciudades más grandes del mundo: la ciudad de México. En el área metropolitana somos más de veinte millones de personas, es algo simplemente extraordinario. Hay muchas dificultades que la megalópolis tiene que enfrentar, pero una de las ventajas de vivir en esa clase de ciudad, es la variedad de servicios que tenemos a la mano. Hay restaurantes, farmacias, tiendas que están abiertas las 24 horas del día. Es la ciudad que *nunca duerme*, y si necesitas algo, no importa la hora, siempre hay alguien listo para brindar sus servicios.

Nuestro texto nos deja claro que Dios *nunca duerme*. Dios *siempre* está disponible para Sus hijos y atento a cada una de sus necesidades. Lo único que tenemos que hacer es *pedir*. Esto habla de que Dios no está distante a nosotros. A diferencia de dioses paganos de la época, Jesús afirma que nuestro Padre tiene Sus oídos abiertos las 24 horas del día.

Esto no quiere decir que Dios está *a nuestro servicio*, como si pudiéramos manipularlo para que se cumplan nuestros deseos. No se trata de pedir para nuestros sueños, sino que Dios quiere que pidamos *conforme* a Su voluntad. ¿Estás pidiendo de esa manera? ¿Estás experimentando el extraordinario poder de la oración? Dios *ordena* que nos acerquemos a Él; hazlo, tu vida nunca será igual.

# LA REGLA DE ORO

### Josué Ortiz

*Así que, todas las cosas que queráis que los hombres
hagan con vosotros, así también haced vosotros
con ellos; porque esto es la ley y los profetas.*

(MATEO 7:12)

Por muchos años, mi cuñado fue un soldado del ejército de los Estados Unidos. Participó en operaciones militares en el Medio Oriente y fue un activo útil hasta que regresó a la vida civil. En una ocasión, él y yo salimos a disparar *balines*. No son balas reales, pero se usan para disparar al blanco y «divertirse». Él se estaba divirtiendo, yo no. No sabía cómo sostener el rifle, ni cómo usar la mira o cómo darle al blanco. Pacientemente me mostró la manera correcta, me enseñó el diseño del arma y me guio paso por paso.

La llegada de Jesús a la tierra fue algo más que solo la llegada de un «buen hombre». Con Jesús, el Rey llegó a la tierra, y con el Rey en la tierra se inauguró el reino. El Rey nos muestra cómo ser seres humanos, nos guía paso a paso para entender nuestro verdadero diseño y nos enseña qué quiere decir vivir «vidas del reino».

Jesús es la perfecta imagen de Dios en la tierra, y nos dice que Sus seguidores deben hacer eso, seguirle. Un aspecto de ser como Cristo es tratar a otros como queremos que otros nos traten a nosotros. Sé un ciudadano que trata a otros con dignidad y respeto, entendiendo que ese es tu diseño, ese es tu propósito.

# ¡ÚLTIMA LLAMADA!

## Josué Ortiz

*Entrad por la puerta estrecha; porque ancha es la puerta, y espacioso el camino que lleva a la perdición, y muchos son los que entran por ella; porque estrecha es la puerta, y angosto el camino que lleva a la vida, y pocos son los que la hallan.*

(MATEO 7:13-14)

Llegamos con muy buen tiempo al aeropuerto. De hecho, íbamos «tan bien» que decidimos sentarnos a comer, relajarnos y dejar que nuestros hijos vieran una película antes del vuelo. Cuando vimos que el abordaje estaba por comenzar, nos levantamos y fuimos hacia la sala; allí comenzó el caos. Escuchamos nuestros nombres en las bocinas del aeropuerto. Decían que era la última llamada, el vuelo estaba por salir y si no llegábamos en cuestión de minutos, lo perderíamos. Corrimos por todo el aeropuerto, y, con carriola, niños y maletas, agitadamente nos apresuramos. Llegamos a tiempo. Exhaustos, pero a tiempo.

Cristo está haciendo una última llamada a todos los que están escuchando. Lo hizo ese día, cuando predicó este sermón, pero lo sigue haciendo hasta hoy. El llamado es urgente porque el fin se acerca más rápido de lo que muchos quieren admitir. El llamado es digno de una emergencia mundial, porque la mayoría de las personas alrededor del mundo transitan por un camino que las lleva a la muerte. El llamado es a seguir a Cristo. El camino que lleva a vida es uno, no muchos. Es a Su manera, no a la nuestra. ¿En cuál camino vas tú? Esta puede ser tu última llamada.

# ¿DE DÓNDE ERES?

**Josué Ortiz**

*No todo el que me dice: Señor, Señor, entrará*
*en el reino de los cielos, sino el que hace la*
*voluntad de mi Padre que está en los cielos.*

(MATEO 7:21)

Yo soy de México. Hablo español. Mi pasaporte dice «mexicano». Imagina que viajo a Alemania y estoy frente al oficial fronterizo. Me habla en inglés, y me pregunta de dónde soy, le respondo que *soy alemán*. Nunca he visitado Alemania, no hablo alemán, mi pasaporte dice que no lo soy, pero yo insisto con mi mentira. ¿Me dejará pasar sin problema? No. No importa lo que yo diga, lo que importa es lo que las evidencias demuestran.

El Señor Jesús, ya hacia el final del Sermón del Monte, cierra con una conclusión incontrovertible: la entrada al reino de los cielos no depende de lo que tu boca diga, sino de lo que tu vida hable de ti. Es decir, nadie se puede decir ciudadano del reino, pero su vida es todo lo opuesto a lo que el Rey ordena de Sus ciudadanos.

Esto no quiere decir que la salvación es por obras, ¡para nada! Todo lo contrario. Lo que Jesús explica es que la marca del creyente es que Dios le ha dado un corazón dispuesto a obedecer, un corazón de carne, no de piedra. El creyente hace la voluntad de Dios porque Dios le ha dado ese anhelo. Evalúa tu vida, tus acciones, tus frutos, ¿qué dicen de ti? Tu vida, ¿de dónde dice que eres?

# TU SEÑOR

**Josué Ortiz**

---

*A cualquiera, pues, que me confiese delante de los hombres, yo también le confesaré delante de mi Padre que está en los cielos. Y a cualquiera que me niegue delante de los hombres, yo también le negaré delante de mi Padre que está en los cielos.*

(MATEO 10:32-33)

La cultura en la que vivimos enseña que debemos estar seguros de nosotros mismos. De hecho, es esta clase de mensaje lo que causa intensa contradicción con el evangelio. El evangelio dice: «Crean y arrepiéntanse». El mundo dice: «No tengo nada de qué arrepentirme, así me amo».

En nuestro texto, Jesús enseña lo opuesto. Nuestra confianza e identidad no puede estar en nadie más, solo en Jesús. Cristo habla de alguien que no lo «confiesa» delante de los hombres. Esto habla de un rechazo como Rey y Salvador. El Antiguo Testamento había prometido un enviado de Dios que vendría a restaurar todas las cosas. Jesús afirma que Él es ese enviado, y que si alguien no lo aceptaba como tal, entonces esa persona no puede ser parte del reino.

Querido lector, la entrada al reino no es tan amplia como muchos la quieren hacer ver. Jesús es la única puerta, el único camino y la única verdad (Juan 14:6). No hay muchos caminos al cielo, ni tampoco todas las religiones llevan hacia el mismo fin. Confesar a Cristo como Señor habla de rendir *cada aspecto* de tu vida a Su voluntad, no hay áreas a las que Él no tenga acceso. Él es tu Señor, nadie más.

# MI DESCANSO

### Josué Ortiz

*Venid a mí todos los que estáis trabajados
y cargados, y yo os haré descansar.*

(MATEO 11:28)

*D*urante mis años en el seminario trabajé en diversas áreas dentro de la misma escuela. Fui conductor de autobús escolar, trabajé en mantenimiento general y en áreas de oficina. Pero el empleo más «brutal», fue el cuidado de áreas verdes. Eran largas jornadas bajo el sol dando cuidado a plantas, arbustos y a toda clase de tareas. El sol del estado de Florida en los Estados Unidos es muy intenso, y la humedad llega hasta el 100%. Sin embargo, saber que al final del día regresaría a la frescura de la casa con mi esposa e hija, era lo que me motivaba a seguir. El descanso se acercaba.

Jesús ofrece algo que nadie más puede darnos: descanso. El mundo «produce» medios de descanso. Nos ofrece vacaciones, casas, automóviles, prestigiosas escuelas, pero nada de eso es felicidad permanente, y lejos de darnos descanso traen consigo pesar y deudas, muchas deudas.

¿Qué es lo que te trae descanso? Muchas veces vemos el fin de semana, la salida al cine, la comida familiar o dormir, como nuestro «descanso». Y aunque hay cierta verdad en eso, la clase de descanso que Jesús ofrece no es pasajera, es permanente; no es externa, es interna; no es terrenal, es celestial. Él ofrece un descanso para el alma cargada de una vida atada al pecado y a sus consecuencias. Él ofrece perdón de pecados y una vida con propósito. ¿Has obtenido esa clase de descanso?

# UNA CARGA LIGERA

## Josué Ortiz

---

*Llevad mi yugo sobre vosotros, y aprended de mí, que soy
manso y humilde de corazón; y hallaréis descanso para
vuestras almas; porque mi yugo es fácil, y ligera mi carga.*

(MATEO 11:29-30)

Rebekah y yo tenemos tres hijos, y nos encanta viajar con ellos. Pero viajar con niños tiene sus «complicaciones». Aun cuando tratamos de empacar lo más esencial, siempre terminamos con maletas, carriolas, suéteres, juguetes, etc. Cuando estamos por subir al avión, al tren o al autobús, tengo que cargar las cosas lo más rápido posible. Mi hijo de nueve años quiere ayudarme pero muchas veces no puede. La carga es mucha para él.

Así es como viven las personas sin Cristo. Cargando cargas muy pesadas para ellos. Sus corazones no fueron diseñados para cargar con tanto. Sus almas sangran de adentro y experimentan una vida ausente de alegría y propósito. Pero no así con Cristo. Él quiere que llevemos Su carga, que habla de una vida de obediencia a Su voluntad. Nos pide que seamos como Él, «manso y humilde». Quiere que imitemos Sus pasos, que muramos a nosotros mismos y que nos sometamos a todo lo que Él pide de nosotros. Es allí, asegura Cristo, donde nuestras almas hallan descanso. No es una carga pesada, es ligera, y no es opresora, es liberadora.

¿Qué tal tú? ¿Qué clase de cargas llevas? Tal vez estás llevando cargas que no puedes cargar. Sométete a Dios, síguelo, imítalo y halla que esa clase de vida es una vida ligera, feliz, plena.

# ¿QUÉ SALE DE TU BOCA?

### Josué Ortiz

---

*Mas yo os digo que de toda palabra ociosa que hablen los hombres, de ella darán cuenta en el día del juicio.*

(MATEO 12:36)

Las cadenas de televisión cubren con detalle los ciclos electorales. Entrevistan a los candidatos, se lanzan hacia ellos y los cuestionan con toda clase de preguntas. Cuando hay «escándalos», quieren preguntar sus opiniones al respecto. Sin embargo, casi por ley, los políticos o candidatos tienen «prohibido» responder sin antes consultar con su equipo qué han de decir. No pueden hablar espontáneamente por temor a qué saldrá de sus bocas.

Cristo estaba hablando con los religiosos de Su tiempo cuando dijo las palabras de nuestro texto. Estos religiosos estaban acusando a Jesús de estar «asociado» con Satanás para hacer los milagros que hacía. Pero Cristo los amonesta fuertemente, y les hace ver que las palabras que han dicho demuestran la condición interna de sus corazones. Estos hombres rechazaban el reinado de Jesús, y sus palabras absurdas daban evidencia de ello. Sus comentarios solo querían sembrar duda entre la población que estaba asombrada, y en lugar de exaltar las obras de Cristo, querían minimizarlas y hasta satanizarlas.

Cuida lo que dices, examina lo que hablas, medita en lo que piensas. Jesús está enseñándonos que «de la abundancia del corazón habla la boca» (Mat. 12:34). Tus palabras, tu manera de hablar, el volumen y el tono de tu voz demuestran lo que tienes dentro. Que te caracterice la prudencia y la sabiduría, no la iniquidad o la fatuidad.

# EL COSTO DE SEGUIRLE

## Josué Ortiz

*Entonces Jesús dijo a sus discípulos: Si alguno quiere venir en pos de mí, niéguese a sí mismo, y tome su cruz, y sígame. Porque todo el que quiera salvar su vida, la perderá; y todo el que pierda su vida por causa de mí, la hallará.*

(MATEO 16:24-25)

Mi esposa y yo sabíamos que Dios nos había llamado a la ciudad de México. Ella es originaria de los Estados Unidos y vivimos allá por varios años. Pero ambos teníamos claro lo que Dios quería de nosotros. Empacamos *todo* lo que teníamos en once maletas, y junto con nuestros dos hijos, llegamos a México. Sin embargo, esa clase de «abandono» no es al que Cristo estaba haciendo referencia cuando dijo esas palabras. Salir de un país para vivir en otro es algo que *muchas* personas hacen todos los días, incluso no creyentes.

Cuando Cristo ordenó que Sus seguidores habían de dejar *todo* atrás, hablaba de una clase de vida, un estilo de ser, una forma de pensar de sí mismos y de otros. El negarse a sí mismo, habla de no vivir para uno, sino para Dios. Tomar la cruz habla de una vida de sacrificio. No más mi comodidad, mis sueños, mis metas, sino que vivo todo para la gloria de Dios. Seguir a Jesús habla de imitar Sus pasos. Andar como Él anduvo, ser como Él. Esta forma de vivir no es «difícil», sino que es la única manera de realmente tener vida verdadera y eterna.

# FE SINCERA

## Josué Ortiz

*Y llamando Jesús a un niño, lo puso en medio de ellos,*
*y dijo: De cierto os digo, que si no os volvéis y os hacéis*
*como niños, no entraréis en el reino de los cielos.*

(MATEO 18:2-3)

Una noche, nuestro hijo más pequeño, en ese entonces de 3 años, no quería dormir, estaba ansioso y temeroso por la oscuridad. Me acerqué a él, lo abracé y le aseguré que todo estaría bien, no tenía que preocuparse por nada. Sin embargo, lo que me preguntó entonces me asombró por completo. Mirándome a los ojos me cuestionó: «Papi, Dios me cuida, ¿verdad?». «¡Claro! Dios te cuida», le respondí yo.

Esa es la clase de fe a la que Jesús está haciendo referencia. No estoy diciendo que mi hijo es salvo aún. Rebekah y yo oramos por su salvación y queremos ser buenos ejemplos del evangelio en nuestras propias vidas. Pero un niño cree *sinceramente* lo que se le dice. Es una fe que no tiene intereses propios, sino que cree sin cuestionamientos.

Jesús está diciendo que para entrar al reino de Dios es necesario que la fe sea genuina, sincera, sin intereses personales ni motivaciones incorrectas. Es necesario creer a Dios con desesperación, en humildad y en verdad. No se trata de *creer por creer*, ni mucho menos tener una *fe ciega*. Sino que Jesús está hablando de la clase de fe que está bien fundada en Su Palabra y por lo tanto, no tienes intención de cuestionarlo, dudarlo o negarlo. ¿Tienes esa clase de fe?

# ¿CÓMO PERDONAR?

## Josué Ortiz

---

*De cierto os digo que todo lo que atéis en la tierra, será atado en el cielo; y todo lo que desatéis en la tierra, será desatado en el cielo. Otra vez os digo, que si dos de vosotros se pusieren de acuerdo en la tierra acerca de cualquiera cosa que pidieren, les será hecho por mi Padre que está en los cielos. Porque donde están dos o tres congregados en mi nombre, allí estoy yo en medio de ellos.*

(MATEO 18:18-20)

Cuán difícil es perdonar, ¿no crees? Sabemos que tenemos que hacerlo, que es lo correcto, es más, sabemos que es la solución a nuestro problema, pero no lo queremos hacer. Nuestro orgullo nos neutraliza y nuestro deseo por «ganar» cultiva amargura y resentimiento. En mi propio matrimonio, y en los que aconsejo bíblicamente, la falta de perdón es la causa de muchos de nuestros dolores.

Jesús está hablando con Sus discípulos, y les está enseñando cómo perdonar a sus hermanos. Cuando haya un conflicto o una ofensa, nuestra labor es la de buscar reconciliación. A veces, es un proceso lento y poco fructuoso, pero no nos rendimos. Buscamos «atar las cosas aquí en la tierra», lo cual habla precisamente de reconciliación, de buscar arreglar las cosas, ponernos de acuerdo en las ofensas que hayamos cometido. Pedimos perdón, pero también lo otorgamos. Y Jesús promete que cada vez que haya dos o tres reconciliándose, Jesús mismo estará «en medio de ellos». No cultives el odio, sino busca perdonar por sobre cualquier cosa.

# LA VIÑA DEL SEÑOR

### Josué Ortiz

---

*Así, los primeros serán postreros, y los postreros, primeros;*
*porque muchos son llamados, mas pocos escogidos.*

(MATEO 20:16)

*C*ada año es razón de noticia nacional: la UNAM, la universidad más grande de Latinoamérica, solo acepta un pequeño grupo de estudiantes. Cientos de miles de jóvenes intentan estudiar en Ciudad Universitaria, pero simplemente no hay capacidad para todos ellos.

Cristo hizo una afirmación que causó revuelo en ese entonces: no todos podrán entrar al reino de Dios. Jesús contó una parábola donde esencialmente comparaba el reino con una viña a la que iban llegando trabajadores en diferentes horarios del día. Los que trabajaron más, se molestaron con los que trabajaron menos. Pero el punto de Cristo es que es «su viña», y Él puede hacer con ella como mejor le parezca. Los judíos creían que el reino era de ellos simplemente por ser judíos, lo veían como una cuestión étnica. Pero no es así. Jesús afirma que aunque ellos fueron «los primeros» en ser llamados al reino, otras naciones también pueden ser parte del pueblo de Dios, aunque estas naciones sean los «postreros».

La entrada al reino de Dios siempre ha sido a través del mismo medio: fe en Dios. Muchos son llamados a esta clase de fe, pero pocos responden satisfactoriamente. La mayoría busca sus propios caminos, sus propios deseos, su propio reino. ¿Qué tal tú? ¿Estás seguro de ser parte del reino? El llamado a seguirle genuinamente aún sigue en pie, ¿qué harás con la decisión más importante de tu vida?

# REDIMIDOS PARA SERVIR

### Josué Ortiz

*Como el Hijo del Hombre no vino para ser servido, sino
para servir, y para dar su vida en rescate por muchos.*

(MATEO 20:28)

*C*uando Cristo llegó a la tierra, encontró un lugar lleno de «dioses» paganos, romanos, griegos, y toda clase de mezclas entre ellos. Estos «dioses» eran megalómanos, narcisistas, opresores de sus «súbditos». No así el Dios de las Escrituras. Desde el Antiguo Testamento vemos que Dios amaba a Sus ciudadanos y que profundamente se ocupaba de sus necesidades. Por eso, cuando Cristo llegó a la tierra, él afirmó esta realidad: que el Mesías no vino a ser servido sino a servir. Esto nos debe afectar en tres áreas.

Primero, tenemos que entender que el «servicio» al que Cristo se refería, no es el de *darnos todo* lo que queramos. A veces vemos a Dios como el agente que cumple nuestros deseos. El servicio que Cristo vino a hacer es el de redimir a una raza caída y hacerla una *nueva criatura* en Él (2 Cor. 5:17). Segundo, tenemos que vivir en profundo agradecimiento por Su inmenso sacrificio. Cuando queremos obedecer a Dios por obligación, no llegamos muy lejos. Pero cuando vemos nuestra lealtad a Su Palabra como un acto de agradecimiento y amor, entonces no solo obedeceremos, sino que disfrutaremos de hacerlo. Y tercero, necesitamos imitar esta clase de servicio en nuestras propias vidas. Seamos siervos en todos lados. No busques solo lo tuyo, sino pon las necesidades de otros por encima de las tuyas.

# EL PODER DE LA ORACIÓN

**Josué Ortiz**

*Y todo lo que pidiereis en oración, creyendo, lo recibiréis.*

(MATEO 21:22)

*C*uando mi esposa y yo nos casamos, decidimos ir a Cozumel para nuestra luna de miel. Es una isla tranquila pero con múltiples opciones para sana diversión. Sin embargo, lo que más nos llamó la atención fue el hotel en el que nos hospedamos, un *todo incluido*. Esto quiere decir que todo lo que consumas ya está incluido en el precio inicial. Alimentos, postres y algunas actividades está todo listo, solo tienes que *pedirlo*. Cuando leemos textos como el de Mateo 21:22, si no tenemos cuidado, podemos pensar que Dios está así, listo para darnos *todo* lo que pidamos. Después de todo, eso es lo que Jesús está diciendo *aparentemente*. Pero eso no es lo que Jesús está sugiriendo.

Jesús y Sus discípulos tenían frente a ellos el templo de Jerusalén. Los judíos sabían la importancia del templo para su relación con Dios. Era el punto de encuentro entre Dios y los hombres, era donde el sacerdote intercedía por el pueblo y donde moraba la presencia de la gloria de Dios. Pero con la llegada de Jesús a la tierra el sistema para acercarse a Dios estaba por cambiar.

Hoy no necesitamos un templo para acercarnos a Dios, sino que podemos acercarnos a Él *personalmente* sabiendo que nos escucha y que responde nuestras oraciones cuando pedimos según Su perfecta voluntad. No necesitamos un sacerdote ni mucho menos un sacrificio animal, sino que en Jesús sabemos que nuestro Padre siempre nos oye.

# LOS HIJOS DE DIOS

## Josué Ortiz

*Porque muchos son llamados, y pocos escogidos.*

(MATEO 22:14)

La mercadotecnia es cada vez más importante para toda clase de comercios grandes y pequeños. La marca, la experiencia, el mercado, las redes sociales, todo forma parte esencial de la mercadotecnia del negocio. Sin embargo, el *logo* de una marca sigue siendo una de las mejores maneras de comunicarse con su audiencia. El logo explica la esencia del negocio. Transmite la idea, la forma y muchas veces, la razón del comercio.

En un sentido similar, la nación de Israel tuvo que haber sido la «marca» de Dios en la tierra. Tendrían que haber sido el reflejo de Dios, de Su imagen y de Su naturaleza. Por eso Dios los llamó, el «hijo primogénito de Dios» (Ex. 4:22). Pero no quisieron tomar su rol seriamente, no quisieron ser la imagen de Dios, sino que decidieron crear su propio «logo». Es lo que Jesús está explicando en Mateo 22. Les contó una parábola donde puntualmente les hace ver que ellos habían sido invitados a una «boda», pero Israel no quiso ir. Por lo tanto, el rey invita a otros que no habían sido considerados inicialmente. Esos invitados que no habían sido invitados, somos tú y yo, los que no somos de Israel.

Tienes que entender que nosotros corremos el mismo riesgo que Israel. Muchos queremos crear nuestro propio «logo», en lugar de solo ser el reflejo de Dios en la tierra. Somos invitados a una boda, ¿quién ira? Porque, «muchos son llamados, y pocos escogidos».

# AMA A TU DIOS

### Josué Ortiz

---

*Jesús le dijo: Amarás al Señor tu Dios con todo tu corazón, y con toda tu alma, y con toda tu mente. Este es el primero y grande mandamiento. Y el segundo es semejante: Amarás a tu prójimo como a ti mismo.*

(MATEO 22:37-39)

Ya es una tradición que rompe toda clase de fronteras geográficas, culturales y hasta religiosas. Cuando se celebra una boda, *tradicionalmente* se hacen «votos». Estos votos son promesas que se hacen mutuamente para confirmar el deseo de estar juntos, pero sobre todo, es una promesa de amor *hasta que la muerte los separe*.

Todos los seres humanos somos culpables del mismo crimen: *no amamos a Dios*. Según Romanos 1, todos nacemos en un estado de rebeldía hacia Dios, no hay justo ni aun uno, sino que nos amamos a nosotros mismos. Por eso Jesús explica que la orden más fundamental para todo ser humano es *amar a Dios*. Nuestros corazones fueron diseñados para amar *exclusivamente* a Dios, pero ya no lo hacemos, y por eso, no podemos amar a nuestro prójimo. El ser humano, de manera natural, solo se ama a sí mismo. Queremos amar a nuestro cónyuge, a nuestros hijos y a otros, pero no es lo natural.

En Cristo podemos recuperar ese diseño, y todos los que estamos en Él, ahora podemos obedecer lo que antes hubiera sido imposible. Podemos amar a Dios, y, claro, también a otros. En Cristo podemos entender lo que es ser amados, pero también podemos entender lo que es amar.

# SU PALABRA

**Josué Ortiz**

*El cielo y la tierra pasarán, pero mis palabras no pasarán.*

(MATEO 24:35)

*M*e gusta visitar ruinas, palacios o lugares que tengan historia dentro de sí. Visitar Israel fue uno de los eventos más increíbles para mí. Estar de pie en lugares que llevan siglos de vida es algo extraordinario. Sin embargo, cada vez que visito esos lugares, me doy cuenta de lo frágiles que somos. Edificios que alguna vez fueron el orgullo nacional, hoy son ruinas. Palacios que fueron hogares de monarcas históricos, hoy son museos de lo que fue, no de lo que es.

No es así con Dios. Nuestro Rey es eterno, inmutable e inamovible. Dios nunca *ha sido*, Dios siempre *es*. Esto quiere decir que Su Palabra posee las mismas características. Sus palabras son eternas, inmutables e inamovibles. Jesús afirma que el cielo y la tierra pasarán. La Biblia nos habla acerca del «fin del mundo», que más bien será el inicio de *nuevos* cielos y *nueva* tierra, pero el punto es que todo lo que vemos, un día se acabará. Pero no así Su Palabra.

Su Palabra es fiel, confía en ella. Su Palabra es perfecta, léela. Su Palabra es dulce, aliméntate de ella. Su Palabra es nuestra lámpara, guía, fortaleza, mapa. Su Palabra es la manera en la que Dios se comunica con nosotros. Su Palabra es lo que tu alma más necesita. Con diligencia, medita en las Escrituras. Grábalas en tu corazón, crece en ellas y comparte con otros la grandeza de la voz del Rey.

# NUESTRA MISIÓN

### Josué Ortiz

*Por tanto, id, y haced discípulos a todas las naciones, bautizándolos en el nombre del Padre, y del Hijo, y del Espíritu Santo; enseñándoles que guarden todas las cosas que os he mandado; y he aquí yo estoy con vosotros todos los días, hasta el fin del mundo. Amén.*

(MATEO 28:19-20)

*C*uando leemos la Biblia, rápidamente descubrimos que hay una narrativa central que regula cada página de las Escrituras. Cada episodio y evento, mandamientos y ordenanzas, todo va revelando progresivamente este tema central: Dios quiere establecer Su reino en la tierra a través de Cristo, rescatar a sus ciudadanos y reinar por siempre. Al inicio de la historia, el Rey ordena a Sus ciudadanos que «llenen la tierra y que se multipliquen» (Gén. 1:28). El propósito de multiplicarse y llenar la tierra era de pintar este planeta de la imagen de Dios. «Los cielos cuentan la gloria de Dios» (Sal. 19:1), y los humanos habrían de hacer lo mismo, para eso llenarían la tierra.

Sin embargo, Adán y Eva fallaron con la misión divina. Sí se expandieron y también llenaron la tierra, pero no fue la manera que Dios había ordenado. Poblaron la tierra de seres caídos, pecadores.

Pero a la llegada de Jesús a la tierra esto cambió dramáticamente. Él haría de nosotros *nuevos seres humanos*, hechos a la imagen de Dios (1 Cor. 5:17; Ef. 2:10), y una vez más, Cristo nos da la misma orden de antaño: llenen la tierra. Hagamos discípulos del Rey, poblemos la tierra, expandamos Su reino.

# PERDER PARA GANAR

### Josué Ortiz

---

*Y llamando a la gente y a sus discípulos, les dijo: Si alguno quiere venir en pos de mí, niéguese a sí mismo, y tome su cruz, y sígame. Porque todo el que quiera salvar su vida, la perderá; y todo el que pierda su vida por causa de mí y del evangelio, la salvará.*

(MARCOS 8:34-35)

*U*no de los problemas más serios del internet es la gran cantidad de fraudes que se llevan a cabo. Cualquier persona puede «vender» lo que sea en algún sitio de internet, y las personas, ávidas de un «increíble» descuento, asumen riesgos innecesarios. Una persona *creyó* comprar una guitarra porque la publicación mostraba el estuche de guitarra a un precio increíble. Cuando su paquete llegó, era solo el estuche, sin guitarra adentro.

Muchas veces tenemos la idea de hacer lo menos para obtener lo mejor. Queremos las cosas rápido y que no nos cuesten esfuerzo. Pero seguir a Cristo no puede ser así. Jesús explica que el costo de ser Su discípulo es *todo*; solo dejándolo todo atrás, se puede ganar todo.

¿Eres un seguidor de Jesús? Considera que la única manera de seguirlo es a través de un compromiso total con el Rey. Dios no rescata a curiosos turistas, sino a comprometidos ciudadanos que diligentemente se dedican a agradar a su Rey y expandir Su reino. No caigas en el fraude más diabólico que existe: pensar que vivir para ti es la mejor manera de vivir, pues solo lo que se hace para el Rey tiene dividendos eternos.

# ¿CREES?

### Josué Ortiz

---

*Jesús le dijo: Si puedes creer, al que cree todo le es posible.*

(MARCOS 9:23)

Como seres humanos, tenemos obvias fallas que afectan todas las esferas de nuestra vida. Somos finitos, falibles y *pecadores*. Uno de los problemas más frecuentes en consejería es *falta de confianza*. Puede ser entre esposo y esposa, hijos con padres o viceversa. Generalmente hubo un evento en particular que fracturó la relación, y que por lo tanto, causa una falta de confianza entre ellos. El ser humano es eso, humano. Su pecado lo lastima a él, pero también a otros. Es lo que vemos desde Génesis, cuando Adán cayó en pecado, acusó a su esposa de ser la culpable.

Sin embargo, los que estamos en Cristo no tenemos que vivir así. Podemos confiar otra vez, podemos creer una vez más, no en otro ser humano *necesariamente*, sino que podemos confiar *en Dios* otra vez. Podemos creerle porque nos damos cuenta de que solo Él es confiable.

Este hombre preguntó a Cristo si acaso podía ayudar a su hijo, quien estaba endemoniado. La respuesta de Jesús nos dice que para el que *cree* sinceramente en Él, nada le será imposible. Esto no habla de que tendremos *lo que queramos*, porque Cristo no es nuestra «máquina de deseos», sino que habla de *creer* que Él puede hacer en ti lo que nadie más podrá lograr. Dios no ha terminado contigo, aún te está haciendo crecer y tiene grandes planes para ti, si tan solo te rindes en obediencia a Su Palabra, ¿lo crees?

# EL REINO ES DE LOS NIÑOS

### Josué Ortiz

*Viéndolo Jesús, se indignó, y les dijo: Dejad a los niños venir a mí, y no se lo impidáis; porque de los tales es el reino de Dios. De cierto os digo, que el que no reciba el reino de Dios como un niño, no entrará en él.*

(MARCOS 10:14-15)

La cultura en la que vivimos no ve a los niños como una bendición, sino como una carga. No ve a los niños como la manera de dar amor, sino como la forma de recibir un castigo. No obstante, los matrimonios *sienten* la necesidad de cuidar de alguien, de consentir a alguien, y las mascotas se han convertido en la respuesta. Hay grandes tiendas que venden accesorios para dueños que quieren «cuidar» de sus mascotas como si fueran sus hijos.

El Señor Jesús percibió una actitud similar durante Su ministerio, y la reprendió duramente. Había padres que querían que sus hijos se acercaran a Cristo, pero Sus discípulos lo impedían y los enviaban de regreso. Jesús ordena que los dejen ir a Él, pues, «de los tales es el reino».

Esa frase quiere decir que la entrada al reino es para ciudadanos que tengan una clase de fe *como* la de un niño, que lo cree todo, fácilmente, sin cuestionamientos. No es una fe ciega, sino una fe sincera. Los niños son un campo de trabajo, necesitan el evangelio, así que acércalos a Cristo, no los relegues a una posición trivial pensando que no entienden. Preséntales el evangelio, llévalos a Jesús.

# UN NUEVO TEMPLO

### Josué Ortiz

*Respondiendo Jesús, les dijo: Tened fe en Dios. Porque de cierto os digo que cualquiera que dijere a este monte: Quítate y échate en el mar, y no dudare en su corazón, sino creyere que será hecho lo que dice, lo que diga le será hecho.*

(MARCOS 11:22-23)

*H*ay ciertas frases o palabras dentro de nuestro vocabulario «cristiano» que hemos heredado y que decimos, muchas veces, sin pensar lo que estamos diciendo. ¿Te ha pasado que cuando llegas al lugar de tu congregación, les dices «hermanos» a todos, aunque tal vez no sean creyentes aún? También solemos decir que «vamos al templo» haciendo referencia al lugar de reunión. ¿Pero realmente vamos al templo?

El templo en el Antiguo Testamento era *el edificio* más importante que los judíos podían preservar. Era un lugar santo, especial y único. El templo era el lugar de reposo de la presencia de Dios cuando Su gloria descendía para estar con el pueblo. El templo era el epicentro de perdón de pecados, el lugar donde se sacrificaban los corderos para el Día de Expiación, y donde siempre había un altar con aromas gratos a Dios. El templo lo era todo para el judío.

Por esa razón cuando el templo fue destruido en el año 70 d.C., muchos recordaron las palabras que Jesús dijo en este texto, donde esencialmente está restando la importancia que muchos le daban al templo. Ahora venía un mejor templo, uno no hecho con manos humanas: Jesús es nuestro nuevo templo. ¡Gracias a Dios por nuestro Salvador!

# TODO LO QUE PIDAN

### Josué Ortiz

*Por tanto, os digo que todo lo que pidiereis*
*orando, creed que lo recibiréis, y os vendrá.*

(MARCOS 11:24)

$\mathcal{S}$oy de México, así que lo que estoy por decir no te tomará por sorpresa, pero sinceramente creo que la comida mexicana es una de las mejores del mundo. ¿Qué puede ser mejor que *un rico plato* de comida mexicana? Muy fácil, ¡platos *ilimitados* de comida mexicana! Nos encanta ir a restaurantes que ofrezcan bufés para disfrutar de una gran variedad de platillos, postres y más, todo al alcance de nuestras manos.

En un sentido, eso es lo que Jesús está prometiendo en nuestro texto, solo que no es exactamente como muchos lo imaginan. Podríamos pensar que Jesús está prometiendo que *cualquier* cosa que oremos, Él nos la dará. Pero no es así. Jesús mismo oró que «pasara la copa que estaba por tomar», pero no sucedió (Mat. 26:39). Pablo oró que se «quitara el aguijón de la carne» (2 Cor. 12:7) y tampoco fue así. Entonces, ¿qué está prometiendo Jesús en nuestro texto?

Orar para pedir algo a Dios, siempre debe ir de la mano de una sumisión a Su voluntad. No podemos pedir algo que contradiga lo que Dios quiere para nosotros. Si pedimos para «gastar en nuestros propios placeres» (Sant. 4:3), Dios *nunca* responderá esas oraciones. Pedimos ser como Él, tener fruto, crecer en Él, aprender y entender más. Pedimos por el pan *de cada día*, y pedimos según Su voluntad. Aprende a orar según Sus deseos, no los tuyos.

# SOMOS MISIONEROS

## Karla de Fernández

*Y les dijo: Id por todo el mundo y predicad
el evangelio a toda criatura.*

(MARCOS 16:15)

*C*uando leí esta porción bíblica estaba aún soltera, sin hijos y el salir de mi
país para ir a las naciones a compartir acerca del evangelio me entusiasmaba
muchísimo. Oré mucho por algún momento tener el llamado y entonces salir.

Pasaron los años y el entusiasmo por salir disminuía a medida que me daba cuenta
de que no saldría de mi país a predicar el evangelio. Llegué a pensar que ese versículo
no se aplicaba a mí, no era para mí.

Sin embargo, es un llamado para todos los que hemos creído en Cristo. Sí, también
es un llamado para ti. El llamado implica que hablemos a todos acerca de Cristo,
en donde sea que estemos. Si salimos al mundo, hablemos de Cristo. Si salimos al
trabajo, a la escuela, a la reunión de padres de familia, al médico o donde sea que
vayamos, hablemos de Cristo.

Dios sigue estando en la Gran Comisión, en la misión de la iglesia: predicar el
evangelio, las buenas nuevas de Cristo a toda criatura. Ese mensaje contiene la mayor
fuente de esperanza porque los pecadores necesitamos escuchar que hay perdón de
nuestros pecados por medio de Cristo.

Pecadores que se encuentran al otro lado del mundo, o cruzando la calle de
nuestro hogar. Somos privilegiados de poder hablar a otros acerca de la esperanza que
tenemos en Cristo, así que salgamos de nuestros hogares y prediquemos las buenas
nuevas.

# UNA BREVE ORACIÓN

### Karla de Fernández

*El Espíritu del Señor está sobre mí, por cuanto me ha ungido
para dar buenas nuevas a los pobres; me ha enviado a
sanar a los quebrantados de corazón; a pregonar libertad
a los cautivos, y vista a los ciegos; a poner en libertad a
los oprimidos; a predicar el año agradable del Señor.*

(LUCAS 4:18-19)

*A*mado Dios, gracias por la vida de Cristo Jesús, gracias porque a pesar de que desde el inicio de la humanidad nuestras acciones fueron contrarias a lo que pedías de nosotros tuviste misericordia.

Gracias, Padre porque no te rendiste con nosotros, porque en tu bondad y gracia nos diste la salida al problema del pecado en nuestros corazones. Gracias, amado Dios porque viniste a este mundo en forma de hombre a vivir la vida que ninguno de nosotros podía vivir. Gracias por Cristo.

Su vida, muerte, resurrección y segunda venida nos da esperanza, nos recuerda que nos has amado con amor eterno. Nos da la seguridad de que, así como lo prometiste, Él nos daría vida en abundancia y así lo hemos creído.

Gracias Cristo, hemos sido testigos de que la palabra acerca de ti es real cuando dice: «El Espíritu del Señor está sobre mí, por cuanto me ha ungido para dar buenas nuevas a los pobres; me ha enviado a sanar a los quebrantados de corazón; a pregonar libertad a los cautivos, y vista a los ciegos; a poner en libertad a los oprimidos; a predicar el año agradable del Señor» (Luc. 4:18-19).

Tú nos has dado las buenas nuevas de salvación, has sanado nuestros corazones, nos has dado libertad, abriste nuestros ojos a la maldad de nuestros pecados y hoy podemos ser libres. Nos has dado libertad de opresión y esclavitud, nos has dado a conocer la senda de la vida y hacia dónde vamos. Bendito seas, Señor Jesús, amén.

# RESTAURADO POR COMPLETO

### Karla de Fernández

*¿Qué es más fácil, decir: Tus pecados te son*
*perdonados, o decir: Levántate y anda?*

(LUCAS 5:23)

Pocas veces tenemos la oportunidad de ver diferentes atributos de Dios en tan pocas palabras. En esta porción bíblica podemos ver que Dios es perdonador, sanador, amoroso, restaurador, pero lo que llama mi atención es la forma en la que Jesús fue puesto a prueba.

Dios como nuestro creador nos conoce al derecho y al revés, por eso Jesús sabía qué pensaban y guardaban en sus corazones aquellos que lo injuriaban.

Encuentro fascinante no solo que hizo caminar al paralítico, sino que lo restauró. Aquel hombre no fue sanado solo físicamente, sino también su corazón, su fe, su fuerza. Su espíritu quebrantado y abatido.

La imagen de Dios fue restaurada en aquel momento, pero a pesar de esto, lo que debemos considerar es que de la misma manera que perdona sus pecados, lo hace libre no solo física sino también espiritualmente.

Esa es nuestra verdadera esperanza, olvidar que nuestro cuerpo que es nuestra habitación temporal está dañado de alguna forma y que por medio del sacrificio de Cristo somos perdonados.

¡Esto es glorioso! Poder ser receptores de Su misericordia y gracia debe llevarnos a vivir una vida dedicada a servirle y así mismo expandir Su reino, poner nuestra vista en el futuro eterno y no en esta vida terrenal.

Sería bueno recordar cada día que es un buen día para levantarnos y andar en los caminos que Dios ya nos indicó andar.

# ASÍ HAZ TÚ

## Karla de Fernández

*Y como queréis que hagan los hombres con
vosotros, así también haced vosotros con ellos.*

(LUCAS 6:31)

Las voces que en el mundo se encuentran buscan que cada persona se ame más de lo que ama a los demás. Esta es una palabra dura de escuchar que impera en nuestros tiempos: que veamos por nuestro propio bienestar.

El pensar más en sí mismos es el pan de cada día de esta generación. Se enseña que para poder amar a los demás es preciso amarse por sobre todas las cosas a uno mismo. No obstante, esta supuesta regla de vida no funciona, no es lo que nuestro Dios enseñó ni a lo que se refería cuando nos mandó a amar a otros de la misma forma que nos amamos a nosotros mismos.

Si la forma de dar amor que enseñan en esta generación funcionara, entonces el amor sería el idioma principal del mundo y, sabemos que no es así. No podemos dar lo que no tenemos, no podemos enseñar acerca de lo que no sabemos y no podemos esperar recibir algo que nosotros no hemos dado a los demás.

Hemos de seguir el ejemplo de Cristo cuando nos dijo: «Y como queréis que hagan los hombres con vosotros, así también haced vosotros con ellos» (Luc. 6:31). Demos a aquellos que nos rodean lo que esperamos recibir en un momento dado.

Sembremos buenas semillas de las que queramos cosechar sus frutos. Si hemos de querer cosechar amor, sembremos amor; si queremos amistad, seamos amigos... sembremos lo que queramos cosechar.

# CREER Y SER UNIDOS

### Sara García

*Mas no ruego solamente por éstos, sino también por los que han de creer en mí por la palabra de ellos, para que todos sean uno; como tú, oh Padre, en mí, y yo en ti, que también ellos sean uno en nosotros; para que el mundo crea que tú me enviaste.*

(JUAN 17.20-21)

Hace algunos años el mundo estaba convulsionado. Murió un dictador al que unos adoraban y otros odiaban porque por culpa de él muchos se vieron obligados a abandonar su tierra y vivir en el extranjero.

El caso es que él perdió la batalla contra el cáncer. Hablando con mi tía, quien también fue sometida a operaciones y tratamientos de quimioterapia en el mismo tiempo que este señor, me comentaba lo difícil de esa situación al enterarse de que él ya había perdido la batalla contra el cáncer. Sin dudarlo dos veces, le comenté mi opinión al respecto: «Entiendo que tú y ese señor pasaron por todos esos momentos difíciles al mismo tiempo. Pero hubo algunas cosas que lo hicieron todo muy diferente. En tu caso estuviste completamente en comunicación con Dios y tenías un ejército de creyentes orando por ti. Tú tenías fe y confiabas en tu Creador con todas tus fuerzas». Por el contrario, este señor se paró un día frente a sus seguidores y les dijo: «Porque aquí hay... por muchos años más». Él retó a Dios y no oró en medio de la prueba... sino todo lo contrario. No fue hasta el final de sus días en esta tierra que pidió que oraran por él. No comprendió que Jehová es el dueño de la vida de cada uno de nosotros. Por lo tanto, no podemos «retarlo». Han sido muchas las personas famosas que a través de la historia han retado a Dios y han perdido la batalla.

Mi tía como creyente, durante el proceso en la lucha contra el cáncer se mantuvo firme en Dios. Aceptando la prueba que le había tocado pasar, contando con el apoyo de sus familiares y cientos de creyentes que oraban a Dios e intercedían por ella. Ella misma nos dice que en cada prueba difícil que pasó podía sentir la presencia de Dios a su lado.

Verdaderamente nada es más poderoso que creer en Dios, estar unidos en oración y tener fe en que las cosas se van a cumplir tal como lo dice Mateo 21:22: «Y todo lo que pidiereis en oración, creyendo, lo recibiréis».

# HABLA, CORAZÓN

### Karla de Fernández

---

*El hombre bueno, del buen tesoro de su corazón saca lo bueno; y el hombre malo, del mal tesoro de su corazón saca lo malo; porque de la abundancia del corazón habla la boca.*

(LUCAS 6:45)

*H*e pensado que, si tan solo nos escucháramos más a nosotros mismos, podríamos darnos cuenta de lo que está instalado en nuestro corazón. Al escucharnos podríamos darnos cuenta si acaso hay rencor, amargura; o por el contrario, si hay alegría o enojo.

Podemos hablar sin pensar, pero aun así será evidente lo que hay en nuestros corazones. Escucharnos y escuchar a otros es una oportunidad para conocer más a las personas. Es probable que nos sorprendamos y constatemos que no conocíamos lo suficientemente a alguien hasta que comenzamos a escuchar con atención.

Cristo lo sabía, por eso nos dejó escrito: «El hombre bueno, del buen tesoro de su corazón saca lo bueno; y el hombre malo, del mal tesoro de su corazón saca lo malo; porque de la abundancia del corazón habla la boca» (Lucas 6:45).

Nuestras palabras dejan en claro la condición de nuestros corazones. Y, mira, esto no es para que a partir de ahora seas cuidadoso con lo que digas para ocultar quién eres; sino para que aprendamos a escucharnos y a ayudarnos unos a otros.

Todos nos necesitamos. Dios nos hizo para vivir en comunidad unos con otros, para apoyarnos unos a otros, animarnos, corregirnos, exhortarnos. Por eso cuando nos conocemos más podemos, con ayuda del Espíritu Santo, ayudar a quienes nos rodean, pero también ellos pueden ayudarnos a nosotros.

Prestemos atención a las palabras que decimos y que nos dicen; busquemos juntos a quien conoce nuestros corazones y caminemos con la esperanza de que seremos ayudados por Él.

# OBREROS

### Karla de Fernández

*La mies a la verdad es mucha, mas los obreros pocos; por tanto, rogad al Señor de la mies que envíe obreros a su mies.*

(LUCAS 10:2)

Si tan solo abrimos nuestros ojos y vemos la humanidad a nuestro alrededor podremos darnos cuenta de cuánta necesidad hay de Cristo. Somos privilegiados por poder conocer a Jesús, por leer Su Palabra, por ser hijos de Dios. No lo merecíamos, pero Dios tuvo misericordia.

¿Qué pasaría si cada creyente le hablara al menos a una persona cercana acerca de Cristo? ¿Cuántos corazones quebrantados habrían escuchado de Cristo alrededor del mundo si habláramos con una persona a la vez?

Cristo dijo: «La mies a la verdad es mucha, mas los obreros pocos; por tanto, rogad al Señor de la mies que envíe obreros a su mies» (Luc. 10:2).

Durante años pensé que ese llamado les correspondía solo a los pastores, pero no es así. Habla de obreros, no de pastores. Cristo vino a esta tierra a darnos esperanza en Su vida, muerte y resurrección; Él preparó los corazones de aquellos que escucharían el mensaje de salvación.

Pero volvió al Padre, y nos quedamos nosotros, Sus lámparas, Sus siervos, Sus embajadores. Nuestra misión es hablar a otros acerca de Él. Nosotros somos esos obreros que llevarán la Palabra y el mensaje a ser sembrado en los corazones que Cristo preparó.

Podemos comenzar en nuestro entorno inmediato, con quienes amamos. Podemos hacerlo un día a la vez, sin prisa, pero sin pausa. Envíanos, Padre, empecemos por nuestro hogar, con los que tenemos cerca. Úsanos para llevar el mensaje a aquellos que no te conocen para infundirles esperanza en ti. Amén.

# ¿MEJOR VIDA AHORA?

## Karla de Fernández

*Y les dijo: Mirad, y guardaos de toda avaricia; porque la vida del hombre no consiste en la abundancia de los bienes que posee.*

(LUCAS 12:15)

Veía una publicación acerca de la cantidad de dólares que invierte en ropa y accesorios una cantante y actriz de Hollywood. La cifra es impresionante. No solo eso, sino que también mostraban el lujo con el que vive en su departamento, un lujo que no todos podríamos pagar.

Es por medio de las redes sociales que tenemos acceso a conocer cómo es que viven muchas de las personas que admiramos y seguimos. Me sorprende ver que muchos de ellos pareciera que no se cansan de tener y poseer bienes materiales. Es como si siempre quisieran más y más para sobresalir de entre la multitud.

Nuestro Señor Jesucristo sabía la tentación que sería para los seres humanos tener y poseer más. No es malo desear tener más, pero si eso está coartando nuestra santidad, si nos consume el alma, si nos amarga y llena de enojo y envidia por no tener lo que deseamos es necesario hacer una introspección a nuestros corazones.

Si pensamos que la mejor vida es ahora, en este plano terrenal actual, entonces buscaremos con ahínco tener más y poseer más bienes de los necesarios. Anhelaremos riquezas de este mundo.

Pero si nuestra esperanza está en el mundo por venir, en ese donde no habrá lágrimas, enfermedad, pobreza, hambre, donde no habrá pecado, entonces viviremos agradecidos con lo que tenemos aquí y anhelaremos la eternidad.

# VIDA EN PLENITUD

### Karla de Fernández

*Dijo luego a sus discípulos: Por tanto os digo: No os afanéis por vuestra vida, qué comeréis; ni por el cuerpo, qué vestiréis. La vida es más que la comida, y el cuerpo que el vestido.*

(LUCAS 12:22-23)

No cabe duda de que somos testigos de una cultura que se afana por las cosas materiales. Es sencillo darse cuenta de eso con tan solo un clic en cualquiera de las redes sociales que están de moda.

Hombres y mujeres de todas las edades hemos sido presas de la tendencia a mostrar lo que tenemos, lo que atesoramos y, me atrevo a decir que también lo que queremos que otros codicien. Es en la búsqueda de lo material que podemos afanarnos y olvidarnos de vivir en plenitud aun sin algo que podamos acumular o presumir delante de otros.

A la luz del evangelio, lo material nunca será más importante que la vida. Podemos perder la vida entera buscando más y más posesiones, pero será una vida sin fruto que permanezca.

Hay esperanza para nosotros. El mismo Dios que nos ha dado la vida es el Dios que nos perdona por olvidar vivir una vida plena por estar buscando lo material. Es el mismo Dios que nos recuerda que Él cuida de nosotros si tan solo no nos olvidamos de Él y de hacer Su voluntad.

Hay esperanza para nosotros cuando nos damos cuenta de que todo lo que necesitamos para vivir la vida en plenitud ya lo hemos recibido por medio de Cristo.

# FIEL A SUS PROMESAS

### Karla de Fernández

*Mas buscad el reino de Dios, y todas
estas cosas os serán añadidas.*

(LUCAS 12:31)

¿Cuántas veces habremos buscado primero todas las añadiduras de Dios antes de buscar Su reino? Las añadiduras a las que se refiere Lucas en su Evangelio son necesarias para cualquier ser humano: comida, hogar y vestido.

Todos necesitamos un lugar que nos cubra de las inclemencias del tiempo; necesitamos alimento para sobrevivir y ropas que cubran nuestra desnudez. Un gran número de personas podría asegurar que todo eso se obtiene gracias al trabajo y esfuerzo de cada uno, pues a través de eso se obtiene dinero para comprar y pagar por dichas necesidades.

La realidad es que eso es solo la muestra de que Dios sigue siendo fiel a Su promesa de que Cristo estaría con nosotros todos los días y hasta el fin del mundo, y así ha sido. Es por medio de nuestros trabajos, por medio de la ayuda de otras personas o quizá de forma que ni nos imaginamos que llega a nosotros la provisión de Dios.

Dios sigue cuidando a Sus hijos, nuestro llamado es a creer en Él, a confiar en Su provisión, a recordar que aún en los momentos más oscuros de nuestra vida, Él ha estado presente alimentándonos, dándonos abrigo y un hogar.

Le pertenecemos a Él, es el mejor Padre, quien no nos abandona y cuida de nosotros mucho mejor de lo que podríamos imaginar. Esa es nuestra esperanza, que Dios es siempre fiel a Sus promesas.

# RENUNCIA PLENA

### Karla de Fernández

*Así, pues, cualquiera de vosotros que no renuncia a
todo lo que posee, no puede ser mi discípulo.*

(LUCAS 14:33)

Vivimos en un tiempo en el que abunda lo material. Es fácil darnos cuenta de eso tan solo con abrir cualquier red social; se realizan miles y miles de publicaciones al día donde personas muestran con orgullo sus pertenencias y lo que han logrado conseguir a base de su esfuerzo y dedicación.

Jóvenes hoy día buscan ser influenciadores para obtener reconocimiento público además de regalos materiales por parte de sus seguidores. Eso les da un nombre, se convierten en alguien a quién seguir.

¿Cuántos de nosotros renunciaríamos a todas nuestras pertenencias con tal de poder ser seguidores de Jesús? ¿Cuántos renunciarían al reconocimiento y el nombre que han ganado? No es algo popular hacerlo.

Sin embargo, la Palabra de Dios nos indica que para ser seguidores de Jesús debemos dejar todo eso y renunciar. Podría parecer extremo, pero la realidad es que todo lo material o el renombre que poseemos puede alejarnos de Dios y de Su propósito para nosotros.

Nuestros corazones necesitan recordar que en Cristo tenemos todo lo necesario para vivir una vida plena y bien; aquello que nos ata a este plano terrenal actual es perecedero y lo podríamos perder en un santiamén.

Pero lo que viene de Dios al ser discípulo de Cristo, es eterno. Su paz, Su gracia, Su salvación desde ahora y para siempre. Bien haríamos en renunciar a aquello que no nos acerca a Jesús.

# POR QUÉ ESTAMOS AQUÍ Y HACIA DÓNDE VAMOS

### Nathan Díaz

*En el principio era el Verbo, y el Verbo era con Dios, y el Verbo era Dios.*

(JUAN 1:1)

La comunicación es muy importante en nuestras vidas. La capacidad de poder decir lo que estamos pensando a otras personas nos ayuda a avanzar en los diferentes proyectos y metas que tenemos. Dios también quiere comunicar Sus propósitos para nuestras vidas en todo lo que está haciendo desde el principio del universo.

El comienzo de toda la creación fue con las palabras «sea la luz» (Gén. 1:1-3). Pero esas palabras no solo expresaron el principio de la creación, sino también manifestaron la realidad de quien estaba creando. Él era «la luz» (Juan 1:4-9). Así que la Palabra o el Verbo, fue quien hizo (verbo) todas las cosas por el poder de Su palabra (Juan 1:3), que fue la creación de la luz, pero manifestando que Él mismo era la Luz.

¿Quieres conocer a Dios y conocer lo que quiere hacer en este mundo? Solo mira a Cristo. Él ha sido la manifestación de Dios y de Su voluntad desde el principio, porque Él mismo es Dios. Si queremos conocer no solo nuestro origen sino también nuestro propósito podemos mirar la acción (palabra o verbo) de Dios en la vida que vivió registrada en el Evangelio de Juan y escuchar el mensaje que vino a dar: salvación para todo el que ponga su fe en Él (Juan 3:16).

# CREER

## Karla de Fernández

---

*Mas a todos los que le recibieron, a los que creen en su nombre, les dio potestad de ser hechos hijos de Dios.*

(JUAN 1:12)

Millones de personas a lo largo de la historia han existido aun en los lugares más recónditos del planeta y todos somos muy similares. Millones de seres humanos que han nacido, vivido y muerto en un momento de la historia y todos tan similares.

Nos parecemos unos a otros. Tenemos características similares que nos hacen reconocernos como seres humanos, hombres y mujeres creados para cumplir los propósitos del Dios que los creó.

Sin embargo, aunque somos muy parecidos unos a otros, hay algo mayor que nos diferencia. Todos somos creación de Dios, pero solo algunos tienen el privilegio de ser llamados hijos de Dios.

Grande es el misterio de por qué nos ha llamado solo a algunos para ser Sus hijos y, si somos sinceros, si vemos nuestra vida a la luz de la santidad de Dios podríamos preguntarnos: ¿Por qué me elegiste a mí para ser tu hijo, para ser tu hija? ¿Qué de bueno tengo yo? ¿Qué hice para merecerlo? Ciertamente no es por nuestro buen comportamiento, no es porque seamos mejores que los demás o porque nunca hemos fallado.

Todo se trata de Él, de Su sacrificio en la cruz. Para ser llamados hijos de Dios es necesario creer en Cristo, en Su muerte y resurrección. Él es Dios y nos ha salvado. No es por nosotros, sino por quién es Él. ¡Gloria a Dios!

# EL MILAGRO DEL NACIMIENTO

## Nathan Díaz

*Respondió Jesús y le dijo: De cierto, de cierto te digo, que el que no naciere de nuevo, no puede ver el reino de Dios.*

(JUAN 3:3)

*U*no de los momentos más increíbles e impactantes que he vivido ha sido el nacimiento de mis tres hijos. Experimentar en persona la manera en que una persona entra oficialmente a vivir a una familia y en la sociedad es espectacular. De hecho, creo que es una experiencia sin explicación natural: una nueva vida es revelada.

¿Quién puede en realidad crear la vida? La vida es una invención y creación de Dios. En Su conversación con Nicodemo, Jesús usó la analogía del nacimiento natural de un ser humano para explicar el evento sobrenatural de la nueva vida que es necesaria para todo el que quiera pertenecer al reino de Dios.

Así como ninguno de nosotros escogemos nacer, sino que es iniciativa de nuestros padres en nuestra concepción, también nacemos espiritualmente por iniciativa de Dios. También la Biblia nos muestra que naturalmente no pertenecemos a la familia de Dios. Necesitamos ser adoptados (Ef. 1:4-5). Esta adopción se da a través del nacimiento espiritual que Jesús describió en Juan 3.

Pertenecer a cualquier familia amorosa es un privilegio, pero pertenecer a la mejor y más amorosa familia eternamente es el privilegio más increíble de todos y empieza con el evento sobrenatural de nacer por segunda vez. ¿Sabes si ya has nacido de nuevo para ver el reino de Dios?

# VIVIR CON DIOS

## Karla de Fernández

*Porque de tal manera amó Dios al mundo, que ha dado a su Hijo unigénito, para que todo aquel que en él cree, no se pierda, mas tenga vida eterna. Porque no envió Dios a su Hijo al mundo para condenar al mundo, sino para que el mundo sea salvo por él.*

(JUAN 3:16-17)

Uno de los versículos que más se conocen de toda la Biblia. Muchas personas saben que Dios amó tanto al mundo que envió a Su Hijo a morir en una cruz, pero no saben qué significa eso.

Otros muchos al principio no entendíamos por qué Dios enviaría a alguien a rescatarnos si no somos merecedores de tanto amor y perdón. No lo merecíamos y aun así Cristo nos rescató. ¿Cómo pudo ser eso posible?

La realidad es que Dios sí nos amó, sí quiso estar con nosotros eternamente y por eso es que desde que el pecado entró al mundo, Él dio la promesa de que enviaría a alguien perfecto a vivir la vida que no podíamos vivir, a morir para darnos vida y a resucitar para que un día podamos vivir con Él eternamente.

Dios nos amó tanto que ese amor cubrió nuestros pecados. Fue Cristo quien al ofrecerse por nosotros nos ha dado vida. Tenemos una esperanza enorme en Él. La lista de pecados que nos separaba e impedía estar con Dios fue perdonada y olvidada en la cruz.

Ahora vivimos con la seguridad y la esperanza de que nuestros pecados ya no impiden que vivamos con Dios.

# EL MILAGRO DE LA VIDA ETERNA

### Nathan Díaz

*De cierto, de cierto os digo: El que oye mi palabra, y cree al que me envió, tiene vida eterna; y no vendrá a condenación, mas ha pasado de muerte a vida.*

(JUAN 5:24)

Si yo rompiera alguna ley de México, tendría que aceptar las justas consecuencias establecidas por el código penal de mi país. La consecuencia justa y perfecta de romper la ley de Dios es la muerte. Si rompemos alguno de los Diez Mandamientos (y todos lo hemos hecho), entonces Dios nos pagará justamente con la muerte. Los dos tipos de muerte mencionados en la Biblia como consecuencia del pecado son la muerte física y la muerte espiritual.

Asombrosamente, ambas consecuencias son quitadas con la misma justicia de Dios cuando Jesús absorbe esa muerte en nuestro lugar y nosotros escuchamos esa verdad y creemos en Él. La primera muerte es la muerte física que todos experimentaremos algún día en la era presente (Fil. 1:21; Rom. 5:12). La segunda muerte es espiritual y es la que nos separa de Dios eternamente (Apoc. 20:6, 14).

Si reconocemos nuestra condición de muerte espiritual como resultado de nuestro pecado y le pedimos a Dios que aplique la justicia de Cristo a nuestra cuenta para vida eterna, entonces no solo comenzamos a vivir espiritualmente en comunión con Él, sino también tenemos la esperanza de vencer a la muerte física de manera definitiva en Su segunda venida (Juan 5:25-29).

# GRACIAS, CRISTO

### Karla de Fernández

*Jesús les dijo: Yo soy el pan de vida; el que a mí viene, nunca tendrá hambre; y el que en mí cree, no tendrá sed jamás.*

(JUAN 6:35)

*P*alabras que salieron de los labios de quien tiempo después moriría en una cruz para darnos libertad. Palabras de Aquel que se entregó por nosotros como sacrificio vivo para el perdón de nuestros pecados, una sola vez y para siempre.

Palabras que nos llevan a agradecer a Dios por la vida de Cristo, por Su valentía, por no claudicar, por amarnos de tal manera que se despojó de sí mismo para venir a esta tierra y darnos la libertad que necesitábamos.

¡Cómo no agradecer a Dios porque toda nuestra necesidad fue cubierta? No lo merecíamos y aun así Cristo se dio por nosotros, por rescate de nuestra vida. Se dio a sí mismo y tenemos la garantía de que volverá por nosotros y nos sentaremos en la mesa con Él junto al Padre.

Cristo, al entregar Su cuerpo como sacrificio por nosotros nos ha saciado. No solo nuestra vida diaria, las necesidades básicas de cualquier ser humano, sino que ha saciado lo que nuestra alma hambrienta necesitaba.

Tenemos todo en Él, es suficiente. Toda necesidad que tenemos en nuestra alma, en Cristo encontramos plenitud. Él es el pan que nos sacia, que nos da vida, que nos alimenta y da fuerzas para seguir adelante día a día.

Gracias, Cristo, no te merecíamos y aun así nos salvaste.

# LA VERDAD QUE LLEVA A LA LIBERTAD

## Nathan Díaz

*... y conoceréis la verdad, y la verdad os hará libres.*

(JUAN 8:32)

*C*on la gran variedad de religiones y creencias acerca de Dios que existen en este mundo, una de las preguntas más comunes es «¿cómo sé quién tiene la verdad?» Aunque nos gustaría poder inventar la realidad de lo que es verdad si es que es conveniente para nosotros, la verdad no funciona así. La verdad no depende de nuestros sentimientos o de nuestras opiniones. La verdad existe como una realidad objetiva fuera de nosotros mismos.

Así que cuando Jesús dijo «yo soy el camino, la verdad y la vida» (Juan 14:6) estaba diciendo que conocer al Padre no depende de la religión que tengamos, sino de conocerlo a Él.

Cuando vivimos pensando que la verdad depende de nuestras opiniones, somos esclavos de la mentira. Mucha gente nos puede decir que tiene la verdad, pero la verdad está en el Creador mismo de la verdad. Nuestra libertad viene cuando esa verdad es revelada a nosotros en la persona de Jesucristo.

La principal mentira que creemos basados en nuestra propia opinión es la mentira de que somos inocentes delante de un Dios justo y santo. Creemos que no somos tan malos como para merecer el juicio de condenación eterna (Juan 3:18).

Creer y permanecer en la palabra de Jesús (Juan 8:31) es la única manera de experimentar la libertad de la esclavitud de nuestro propio pecado (Juan 8:34). ¡Hoy es el día para experimentar esta libertad!

# AYUDA OPORTUNA

## Karla de Fernández

*Así que, si el Hijo os libertare, seréis verdaderamente libres.*

(JUAN 8:36)

*D*esde que leí esta historia me ha parecido increíble. Los judíos del tiempo de Jesús se creían libres porque no estaban bajo la esclavitud de nadie, pero parecía que habían olvidado que en un tiempo atrás sí habían sido esclavos en varias ocasiones.

Sin embargo, la esclavitud a la que esta porción bíblica se refiere es la esclavitud al pecado; a ser gobernados por las prácticas pecaminosas que, a decir verdad, siguen presentes en la vida de todos los seres humanos.

Todos pecamos, es verdad, en diversas formas y maneras a lo largo del día a día; sin embargo, por medio de Cristo y de Su sacrificio en la cruz podemos decir que no somos esclavos ya, somos libres.

Podrás preguntar: ¿Eso significa que el pecado ya no está en mí y que ya no volveré a pecar? No, el pecado sigue latente en nosotros, pero ahora reconocemos la tentación y por medio del Espíritu Santo podemos huir de ella y evitar pecar.

Ya no nos dejamos dominar por esas pasiones que nos llevaban a pecar y nos mantenían presas de ellas. Somos libres para decidir pecar o no. Cristo nos dio libertad para poder decir ¡no! a todas esas prácticas que antes realizábamos por placer o por costumbre.

En Cristo somos libres, Él nos ha hecho libres. Podemos huir, escapar y resguardarnos en Él pidiendo ayuda en nuestras debilidades y tentaciones, y Él nos escuchará y enviará la ayuda oportuna.

# ¿ASALTOS O REGALOS?

## Nathan Díaz

*El ladrón no viene sino para hurtar y matar y destruir; yo he venido para que tengan vida, y para que la tengan en abundancia.*

(JUAN 10:10)

La Ciudad de México es conocida por la cantidad de gente que vive aquí. Más de 15 000 000. Pero junto con tanta gente viene mucho crimen. El ser asaltado en el transporte público, en tu auto o en tu casa no es tan inusual. Los que se dedican a asaltar a la gente son considerados los más egoístas de toda la sociedad. Ellos no piensan en tus necesidades ni en tus derechos. Su único interés es quitarte algo que con mucho trabajo y esfuerzo hiciste tuyo.

Jesús dice que Él es como un buen pastor de ovejas. Su interés es nuestro bienestar. Es por eso que está dispuesto hasta a dar Su vida por nosotros (Juan 10:11). Al dar Su vida por nosotros, está mostrando que quiere darnos lo mejor que tiene para darnos: Su propio cuidado, amor y protección. ¿Por qué escogeríamos poner nuestras vidas en las manos de alguien que solo quiere quitarnos lo bueno que pudiéramos tener? ¿Quién es el único que realmente quiere lo mejor para nosotros? Solo Dios en la persona de Jesucristo tiene ese interés incondicional para nuestro beneficio.

No solo nos está ofreciendo verdadera vida, nos está ofreciendo una vida que sobrepasa nuestra imaginación: vida en abundancia. Con Jesús como nuestro buen pastor, la esperanza de la vida eterna en Su presencia es nuestro sostén en el presente.

# LE PERTENECEMOS

### Karla de Fernández

*Y yo les doy vida eterna; y no perecerán jamás, ni nadie las arrebatará de mi mano. Mi Padre que me las dio, es mayor que todos, y nadie las puede arrebatar de la mano de mi Padre. Yo y el Padre uno somos.*

(JUAN 10:28-30)

¿Has sentido alguna vez esa incomodidad por saber que estás en un lugar donde no has sido invitado? ¿Has experimentado la soledad que se siente al estar rodeado de personas que esperaban que no asistieras a ese lugar? ¿Has sentido que no perteneces ahí donde estás? Yo sí. En más ocasiones de las que quisiera.

No es una sensación agradable saber que no eres bienvenido o que estás en la lista de invitados porque no había otra opción. Ese sentido de pertenencia se ve afectado por la forma en que somos tratados por los demás, puede llenarnos de vergüenza y hacernos pensar que hay algo malo en nosotros, que no somos suficientes.

En muchas ocasiones podríamos sentirnos así cuando pensamos en que somos parte de la familia de Dios. ¿Y si en realidad no era parte de la lista? ¿Y si me excluyen? ¿Y si no pertenezco a ese lugar? Escrito está: «y yo les doy vida eterna; y no perecerán jamás, ni nadie las arrebatará de mi mano. Mi Padre que me las dio, es mayor que todos, y nadie las puede arrebatar de la mano de mi Padre. Yo y el Padre uno somos» (Juan 10:28-30).

Muchos podrán rechazarnos, muchos podrán excluirnos, muchos podrán invitarnos por compromiso, muchos, pero no nuestro Redentor. Cristo nos ha dado un lugar en la mesa del Padre porque Dios así lo quiso. No somos invitados por compromiso, somos Sus hijos.

Eso no lo puede cambiar nadie, ni nosotros mismos. Le pertenecemos. ¿Qué más podríamos pedir? Somos Sus hijos.

# LA ESPERANZA DE VIDA REAL

### Nathan Díaz

*Le dijo Jesús: Yo soy la resurrección y la vida; el que cree
en mí, aunque esté muerto, vivirá. Y todo aquel que vive
y cree en mí, no morirá eternamente. ¿Crees esto?*

(JUAN 11:25-26)

El 22 de abril del 2018 falleció mi papá de un infarto inesperado. El 8 de mayo, solo dos semanas después, falleció mi mamá por complicaciones de cáncer. Lo que Jesús le dijo a Marta después de la muerte de Lázaro se ha convertido en la esperanza de millones de cristianos en los últimos 2000 años. No es una esperanza basada en simple positivismo que se inventa algún tipo de cielo o estado de bendición celestial solo para sentirse mejor en el presente. Es una esperanza basada en una promesa. Si Jesús es quien dijo ser, el mismo Hijo de Dios, y Él dijo que la muerte física no tiene poder contra los que creen en Él, entonces tenemos una verdad absoluta, externa a nosotros, que nos llena de consuelo en medio de la pérdida de un ser amado.

La muerte no tiene la última palabra. Y Jesús resucitó a Lázaro como una muestra del tipo de resurrección espiritual que experimentan todos los que, después de estar muertos en sus delitos y pecados (Ef. 2:1-2), ponen su confianza en el sacrificio de Jesús como su única esperanza de reconciliación con Dios. Pero también viene otra resurrección física que será la esperanza de la gloria futura inaugurada en la segunda venida de Cristo (1 Cor. 15:26).

# UNA PALABRA DE ALIENTO

### Karla de Fernández

*Si alguno me sirve, sígame; y donde yo estuviere, allí también estará mi servidor. Si alguno me sirviere, mi Padre le honrará.*

(JUAN 12:26)

Quiero darte una palabra de ánimo el día de hoy. Puede ser que por mucho tiempo hayas estado sirviendo a Dios de diferentes formas. Puede ser que sirvas en el liderazgo de tu iglesia local, que seas maestro de instituto bíblico, que sirvas en el ministerio de jóvenes, niños o adultos mayores.

Puede ser que estés sirviendo en áreas menos visibles, o también puede ser que estés sirviendo desde el lugar donde laboras o desde tu hogar cuidando y nutriendo las vidas de los que habitan en él.

Todo cuanto hacemos para servir a Dios tiene peso en la eternidad. A Dios le ha placido usar a Sus hijos para dar a conocer el evangelio de Su Hijo amado. Él nos ha puesto como lámparas encendidas en los lugares donde estamos sirviendo fielmente. Para Dios nada de lo que hacemos en Su nombre es en vano.

Cristo dijo: «Si alguno me sirve, sígame; y donde yo estuviere, allí también estará mi servidor. Si alguno me sirviere, mi Padre le honrará» (Juan 12:26). Hemos de servir donde sea que Él nos ha puesto, si es en la iglesia local, que así sea; si es en nuestros hogares, que así sea también.

Hagamos resplandecer el evangelio en lo cotidiano de nuestro día a día, con las personas con quienes tenemos trato, con aquellos que Dios ha permitido que podamos hablarles de Él. Dios nos ayude y guíe a cada persona que necesita escuchar de Cristo.

# EL LENGUAJE DE LOS CRISTIANOS

## Nathan Díaz

*En esto conocerán todos que sois mis discípulos,*
*si tuviereis amor los unos con los otros.*

(JUAN 13:35)

*E*l año pasado visité por primera vez Montreal, Canadá. Lo que es interesante de estar en esta parte de ese país es que todos hablan en francés. Yo había visitado muchas veces Toronto donde hablan inglés, entonces fue interesante estar en una región del mismo país que hablaba otro idioma. Esto me ha sucedido también en partes de México donde la mayoría habla un dialecto que yo no entiendo.

Cuando se trata de lo que significa ser un verdadero cristiano y pertenecer a la iglesia de Cristo, la Biblia establece claramente cómo la gente puede identificar de dónde somos. Así como puedes identificar que alguien es de Montreal porque habla el idioma oficial de la ciudad, los cristianos deben ser identificados porque hablan el idioma del amor. Este idioma es incomprensible para los que no pertenecen al reino de Dios, especialmente si se trata de amar a tus enemigos (Mat. 5:44).

Así como cuando escucho a alguien a hablar en portugués y pienso, «seguro es de Brasil», o escucho a alguien hablar con un acento norteño en México y pienso «seguro es de Monterrey», la gente debe ver nuestro amor, especialmente manifestado entre los miembros de la iglesia y pensar, «seguro ellos son cristianos». Ser discípulo de Jesús es imitar Su amor incondicional, especialmente por las personas más difíciles de amar.

# UN HOGAR ETERNO

### Karla de Fernández

*No se turbe vuestro corazón; creéis en Dios, creed también en mí. En la casa de mi Padre muchas moradas hay; si así no fuera, yo os lo hubiera dicho; voy, pues, a preparar lugar para vosotros. Y si me fuere y os preparare lugar, vendré otra vez, y os tomaré a mí mismo, para que donde yo estoy, vosotros también estéis.*

(JUAN 14:1-3)

*D*esde que Adán y Eva fueron expulsados del paraíso, la humanidad ha buscado volver al jardín del Edén. De una u otra forma volver al paraíso nos atrae a todos, al final de cuentas fuimos creados para habitar en ese lugar con la presencia de Dios inundándolo todo.

Ese jardín del cual no debimos salir era nuestro hogar ideal, era el lugar que Dios planeó y detalló para que viviéramos en comunión con Él. Con la entrada del pecado, nuestra estadía en ese lugar era imposible.

Por causa del pecado fuimos expulsados de nuestro hogar ideal, pero hay una buena noticia, en Cristo todas las cosas serán restauradas. Fue por medio de Su sacrificio que lo que el pecado rompió, Él lo restaurará, incluso nuestro lugar en ese hogar.

El apóstol Juan nos dice: «No se turbe vuestro corazón; creéis en Dios, creed también en mí. En la casa de mi Padre muchas moradas hay; si así no fuera, yo os lo hubiera dicho; voy, pues, a preparar lugar para vosotros. Y si me fuere y os preparare lugar, vendré otra vez, y os tomaré a mí mismo, para que donde yo estoy, vosotros también estéis» (Juan 14:1-3).

Cristo nos hizo parte de la familia de Dios, y no solo eso, nos ha dado un lugar en Su hogar, un lugar en la mesa del Padre. Podemos descansar sabiendo que este mundo no es nuestra morada final, Cristo fue a preparar un hogar para que podamos habitar con Él en la eternidad.

# SUBIÉNDONOS AL AVIÓN DE LA FE

**Nathan Díaz**

*Jesús le dijo: Yo soy el camino, y la verdad, y la vida; nadie viene al Padre, sino por mí.*

(JUAN 14:6)

Cada vez que me subo a un avión, lo hago porque quiero llegar a una ciudad determinada. Subirse a un avión involucra una confianza total en que los pilotos saben cómo llevarnos al destino final. Estamos en completa dependencia de otros. Ese tipo de fe es el que nos lleva al destino final. Es una fe de dependencia absoluta.

Cuando Tomás le dijo a Jesús que no sabían a dónde iba y cuál era el camino, la respuesta de Jesús en realidad fue que iba a la presencia del Padre e iba a la cruz (Juan 14:4-5). Al ir a la cruz (el camino), haría posible morar (el lugar) con el Padre (Juan 14:1-2, 23).

Creer en Jesús como piloto al subirnos por fe al avión, nos llevará al destino que anhelamos: comunión con el Padre, el Hijo y el Espíritu Santo. Pero para aquellos que creen que pueden llegar por sus propios medios, su llegada al destino de morada con el Padre será tan segura como el que quiere llegar de México a China caminando.

Hay una sola manera de llegar al Padre, y es una manera de dependencia absoluta. No entendemos toda la profundidad de la verdad del evangelio que trae vida a muertos que no trabajan para tener vida (Rom. 4:5). Pero es una verdad gloriosa en la que puedes descansar en fe hoy.

# SEGUIR A CRISTO

## Karla de Fernández

*De cierto, de cierto os digo: El que en mí cree, las obras que yo hago, él las hará también; y aun mayores hará, porque yo voy al Padre.*

(JUAN 14:12)

Si hemos leído al menos uno de los Evangelios en nuestras Biblias, conoceremos un poco más de lo que Cristo hizo en esta tierra el tiempo que vivió en ella. Conoceremos no solo Sus milagros y obras, sino que también podremos conocer y admirar Su carácter.

Página tras página podemos constatar que en Él abundaba toda la plenitud de Dios. Su carácter nos deja ver el amor que emanaba de Él, pero también la ira por las cosas santas; podemos ver cuánto amaba a los seres humanos, vemos Su misericordia, compasión, vemos incluso Su lado emocional al leer que lloró por la muerte de Su amigo.

Cada aspecto de Su carácter y de Su vida en esta tierra y que está registrado en la Biblia nos debería llevar a querer imitarlo, a querer mostrar a otros el Dios que vive en nosotros. Somos Sus embajadores, lámparas que Él ha tenido a bien usar en medio de una generación donde abundan las tinieblas.

Todas las obras que hizo Jesús, Sus actos de amor, el mostrar perdón, misericordia, gracia; el ser compasivos, llorar con los que lloran y reír con los que ríen. Todas esas obras que vienen de un corazón que está pleno y completo en Dios, nosotros podremos mostrarlas, creerlas y vivirlas.

Solo necesitamos creer lo que está escrito: «De cierto, de cierto os digo: El que en mí cree, las obras que yo hago, él las hará también; y aun mayores hará, porque yo voy al Padre» (Juan 14:12).

# UNA CITA CON JESÚS

### Nathan Díaz

*Si me amáis, guardad mis mandamientos. Y
yo rogaré al Padre, y os dará otro Consolador,
para que esté con vosotros para siempre.*

(JUAN 14:15-16)

*C*uando mi esposa y yo todavía no nos habíamos casado, y apenas estábamos empezando nuestra relación de noviazgo, todo el tiempo pensaba en algo que podía regalarle o algún lugar a donde pudiéramos salir en una cita. Para poder decidir alguna de esas cosas, yo tenía que conocerla y saber sus gustos y preferencias.

Con Jesús sucede algo parecido. Entre más vamos conociendo a Jesús, más podemos vivir las cosas que Él anhela y ama. Cuando vamos conociendo Su carácter, vamos estando más conscientes de las cosas que debemos evitar porque Él las odia. Pero el gran reto que siempre tenemos para vivir de acuerdo a Su voluntad es que en realidad nosotros naturalmente amamos las cosas que Él odia y odiamos las cosas que Él ama.

Esto hace que sintamos que no amamos realmente a Jesús porque no guardamos Sus mandamientos. Por eso es tan importante el versículo 16. Jesús rogará al Padre por otro Consolador, alguien más que puede consolar y guiarnos aparte del Hijo. Y estas son buenas noticias porque Jesús ya ascendió a la presencia del Padre, pero tenemos la garantía del Espíritu Santo que nos da la capacidad de vivir de acuerdo a los mandamientos de Dios. Él nos da todo el poder que necesitamos a través del conocimiento de Su palabra para vivir de acuerdo a los gustos y preferencias de Cristo.

# OBEDIENCIA SINCERA

### Karla de Fernández

---

*El que tiene mis mandamientos, y los guarda, ese es*
*el que me ama; y el que me ama, será amado por*
*mi Padre, y yo le amaré, y me manifestaré a él.*

(JUAN 14:21)

Soy mamá de tres niños y soy la novena hija de mi madre. Durante mucho tiempo se me enseñó que la obediencia era sinónimo de amar a mis padres. La intención con ese comentario era buena, no obstante entendía que si desobedecía en algo, por pequeño que fuera, entonces yo no amaba a mis padres.

Era una forma injusta de medir el amor, porque en ocasiones desobedecía no por rebeldía, sino por distracción o por no haber entendido la indicación. Pensar que mi amor no era suficiente cuando no obedecía a cabalidad era una carga muy pesada para un corazón que estaba aprendiendo a seguir indicaciones.

Sin embargo, con Dios sí mostramos amor a Él de acuerdo a cuánto de lo que hemos aprendido de Él lo guardamos en nuestros corazones y vivimos en respuesta a eso. La diferencia es que tenemos esperanza aun cuando hemos fallado, aun cuando desobedecemos y nos tropezamos.

Esta esperanza no nos da permiso para ser desobedientes, sino para encontrar descanso y gracia en el Dios que conoce nuestras limitaciones y también nuestros corazones. Dios sabe que no siempre obedeceremos perfectamente, pero también sabe cuando lo obedecemos sinceramente.

Es en Cristo que hallamos esperanza de que por medio de Él Dios ve nuestra obediencia aceptable a Sus ojos. Cristo es suficiente.

# DOS TIPOS DE PAZ

## Nathan Díaz

*La paz os dejo, mi paz os doy; yo no os la doy como el mundo la da. No se turbe vuestro corazón, ni tenga miedo.*

(JUAN 14:27)

Recuerdo el tipo de cosas que me daban miedo de niño. Un cuarto oscuro o perderme en medio de una multitud. Ahora mis temores tienen que ver con mi salud, con deudas financieras y con las muchas responsabilidades que tengo como adulto. Todas estas cosas son las mismas cosas que los que no tienen a Cristo temen. Pero los que tenemos a Cristo tenemos algo que ellos no tienen: una relación restaurada con nuestro Dios y la seguridad de todas las promesas que hace para Sus hijos.

El estrés y las tribulaciones de la vida nos llenan de temor. La paz del mundo es una paz que lo único que hace es buscar distracciones para olvidar los problemas que enfrenta. Las películas, los video juegos, las vacaciones, las adicciones, todas son solo maneras de encontrar una paz superficial y temporal. Puedes olvidar tus problemas por un momento, pero siempre regresan y pierdes la paz que pensabas tener.

La paz de Cristo es una paz que no solo me distrae de las cosas que me angustian en el presente, sino que me trae paz porque sé que Él está en control de todo y Él me dará todo lo que necesito y todo lo que es mejor para mí (Rom. 8:18, 28). ¿Qué clase de paz tienes hoy?

# PERMANECER

## Karla de Fernández

---

*Yo soy la vid, vosotros los pámpanos; el que permanece en mí, y yo en él, este lleva mucho fruto; porque separados de mí nada podéis hacer. El que en mí no permanece, será echado fuera como pámpano, y se secará; y los recogen, y los echan en el fuego, y arden. Si permanecéis en mí, y mis palabras permanecen en vosotros, pedid todo lo que queréis, y os será hecho. En esto es glorificado mi Padre, en que llevéis mucho fruto, y seáis así mis discípulos.*

(JUAN 15:5-8)

Una de las promesas que Cristo nos ha dejado escritas en Su Palabra y que nos debería llenar de esperanza es la que nos asegura que si permanecemos en Él daremos fruto, glorificaremos a Dios y seremos Sus discípulos.

Seguramente hemos experimentado estar lejos de Cristo en tiempos pasados y podemos dar testimonio de lo mal que lo pasamos, pero ahora al permanecer en Él podemos estar seguros de que Él no nos abandona, cuida de nosotros, nos sustenta.

Nuestra permanencia en Él nos asegura que escucha nuestras oraciones, atiende nuestras súplicas y nuestra vida comienza a dar fruto; es decir, otros podrán ver la obra de Cristo en nuestros corazones.

Nuestra esperanza es que cuando pertenecemos a Cristo, nada ni nadie nos puede separar de Él, pero sí tenemos la oportunidad de decidir permanecer en Él, es decir que decidimos no alejarnos de Él para hacer nuestra voluntad porque sabemos que todo lo que Él nos guíe a hacer dará fruto que permanece.

# AMISTADES ETERNAS

### Nathan Díaz

*Este es mi mandamiento: Que os améis unos a otros, como yo os he amado. Nadie tiene mayor amor que este, que uno ponga su vida por sus amigos. Vosotros sois mis amigos, si hacéis lo que yo os mando.*

(JUAN 15:12-14)

Recuerdo a varios amigos que a lo largo de mi niñez y adolescencia llamé mis «mejores amigos». En el momento les di ese título porque representaba que eran las personas con las que más conectado e identificado me sentía. Pero al pasar los años, muchos de esos «mejores amigos» de mi infancia siguieron otros rumbos que nos terminaron desconectando completamente. Así que, ¿qué clase de amigo es Jesús?

Jesús no es como los amigos que tenemos en esta vida que se pueden volver distantes con el tiempo. Jesús define la amistad como el amor más profundo e incondicional que puede haber entre dos personas. Jesús nos ama tanto, que ha dado Su propia vida por nosotros. Ese sacrificio significa que nunca nos distanciaremos. Es una amistad cercana eterna. No tenemos que dudar de si genuinamente podemos llamar a Jesús nuestro mejor amigo porque si hemos confiado en Su sacrificio para nuestra salvación, y obedecemos lo que nos ha mandado, Él seguirá siendo nuestro mejor amigo por siempre.

Este mismo amor que Él nos ha mostrado es el tipo de amor que nosotros también debemos mostrarnos unos a otros como el cuerpo de Cristo. Reflejemos el tipo de amor y de amistad de Jesús a otros hoy.

# ELEGIDOS

## Karla de Fernández

*No me elegisteis vosotros a mí, sino que yo os elegí a vosotros, y os he puesto para que vayáis y llevéis fruto, y vuestro fruto permanezca; para que todo lo que pidiereis al Padre en mi nombre, él os lo dé.*

(JUAN 15:16)

*D*esde pequeña he escuchado que nadie elige a su familia, nacimos donde Dios decidió que debíamos estar y pertenecer. Nadie elige a sus padres, ni a sus hermanos. Nuestra familia puede no ser la mejor, nuestros padres pudieron no ser los mejores, pero eso es porque no podemos elegir dónde nacer.

Esas ideas las escuché, como dije anteriormente, desde pequeña. Es verdad que no elegimos dónde nacimos, pero eso no determina si somos buenos o malos seres humanos. Esto lo podemos comprobar cuando conocemos familias donde los padres son excepcionales, pero sus hijos son delincuentes; o viceversa. Nadie elige dónde nacer.

No obstante, una buena noticia que tenemos es que por medio del evangelio de Jesucristo Dios sí nos ha elegido para ser Su familia, para pertenecer a Su pueblo. Él nos eligió cuando nuestros corazones pecaminosos iban corriendo en dirección contraria a Él.

Él nos ha elegido para ser Sus hijos, y como hijos suyos dar fruto bueno que permanezca; fruto que muestre al mundo entero lo que Dios hace en la vida de las personas que se arrepienten de sus pecados y creen en Su Hijo amado.

Somos Su familia, no lo elegimos nosotros, pero Él sí y nos llamó. Hoy podemos estar seguros de que le pertenecemos.

# NUESTRO ANILLO DE COMPROMISO

## Nathan Díaz

*Pero cuando venga el Espíritu de verdad, él os guiará a toda la verdad; porque no hablará por su propia cuenta, sino que hablará todo lo que oyere, y os hará saber las cosas que habrán de venir.*

(JUAN 16:13)

Cuando un hombre está en una relación seria con una mujer y quiere casarse con ella, empieza a ahorrar para un anillo. A veces un anillo puede costar varios meses de salario. Pero, ¿por qué es necesario un anillo? ¿No podrían poner la fecha de la boda y solo esperar a usar los anillos de matrimonio ese día? El anillo de compromiso simboliza la garantía de que el día de la boda llegará. Una novia que usa un anillo de compromiso es una mujer segura en su relación con el hombre que se lo dio. Otros hombres que ven cómo luce su anillo saben que ya está comprometida con alguien más.

Eso es lo que Jesús ha hecho con nosotros. Él nos ha dado un anillo de compromiso en la persona del Espíritu Santo. Es la garantía de que Jesús vendrá como el esposo en la segunda venida. Mientras tanto, estamos seguros. No solo tenemos la guía y el empoderamiento del Espíritu en Su presencia, sino que también tenemos la seguridad de la relación con el Padre que ha sido hecha posible en el sacrificio de Su Hijo. Él es el Espíritu de verdad que nos guía a toda verdad: entender y vivir la voluntad de Dios en Su palabra revelada mientras esperamos la boda.

# PAZ EN EL CONFLICTO

### Nathan Díaz

*Estas cosas os he hablado para que en mí tengáis paz. En el mundo tendréis aflicción; pero confiad, yo he vencido al mundo.*

(JUAN 16:33)

*A* veces pensamos que la paz es ausencia de conflicto. Pensamos que un país que está en guerra es un país que no tiene paz. Pero en realidad la paz es algo mucho más profundo que solo la ausencia de conflicto. De hecho, puedes tener conflicto en tu vida y aun tener paz.

Por eso Jesús dijo que tendremos aflicción en el mundo, pero aun así tendremos paz. Vendrán toda clase de conflictos: persecución, críticas de otros, crisis financieras, enfermedad y finalmente, la muerte. Todas estas cosas pueden parecer el tipo de cosas que nos quitarían la paz, pero de hecho es justamente en medio de esas situaciones que la paz se puede experimentar de una manera real. ¿De qué otra forma podríamos vivir las promesas de Dios para nosotros?

La paz de Dios viene de escuchar las palabras de Jesús y creer que son verdad. Esa verdad nos lleva a confiar completamente en la obra de Cristo en nuestro lugar para que sin importar cuántos conflictos vengan a nuestras vidas, seamos como un país en guerra que ya tiene garantizada la victoria. Ni la persecución, ni la falta de dinero, ni la enfermedad o la misma muerte puede destruirnos. Jesús ya venció al mundo. Esa confianza nos da paz en el presente.

# EMBAJADORES DEL REINO

## Nathan Díaz

---

*Pero recibiréis poder, cuando haya venido sobre vosotros el Espíritu Santo, y me seréis testigos en Jerusalén, en toda Judea, en Samaria, y hasta lo último de la tierra.*

(HECHOS 1:8)

¿Ya estaba presente el Espíritu Santo en el Antiguo Testamento? Por supuesto que sí. El Espíritu Santo es quien le dio la capacidad a Noé, Abraham, Moisés, David y a Daniel para poder cumplir con la voluntad de Dios para sus vidas. Entonces, ¿por qué promete Jesús la venida del Espíritu Santo durante Su ministerio como algo que sucedería después de Su ascensión?

Lo que Jesús estaba prometiendo en Hechos 1:8 no era la inauguración de la presencia del Espíritu Santo sobre los creyentes, sino el poder del Espíritu Santo para poder llevar a cabo la tarea de la Gran Comisión (Mat. 28:19-20). Esta era una nueva labor, una nueva etapa en el plan redentor de Dios donde no solo sería un líder, un patriarca, un profeta o un rey que estaría siendo guiado por Dios para representar la obra que quería hacer en la tierra, sino toda una nación de reyes, sacerdotes y profetas que llevarían el mensaje del evangelio a las naciones.

Este es un mensaje lleno de esperanza para todos los que hemos puesto nuestra fe en Cristo Jesús. Tú y yo tenemos todo el poder para representar el mensaje y plan que Dios tiene para las naciones. Cuando estés hoy en tu trabajo, en tu escuela o platicando con tu vecino, piensa en las implicaciones de esta promesa.

# VERDADERAS VACACIONES

### Nathan Díaz

*Así que, arrepentíos y convertíos, para que sean borrados vuestros pecados; para que vengan de la presencia del Señor tiempos de refrigerio.*

(HECHOS 3:19)

odos necesitamos descansar de vez en cuando. Trabajar constantemente nos lleva a anhelar y después tomar vacaciones o por lo menos para finalmente dormir un rato. Pero cuando se trata de encontrar descanso de la culpabilidad que sentimos por lo que hemos hecho para ofender a un Dios santo, el descanso nunca llega. Nunca llega porque no hay nada que podamos hacer que garantice que hemos hecho lo suficiente para merecer perdón. ¿Cómo sabes que ya has hecho más bien de lo que has hecho mal ante los ojos de Dios? Cuando quebrantamos cualquier aspecto de la ley de Dios hemos quedado irremediablemente separados de Su presencia (Rom. 3:23).

Aquí es donde el evangelio es buenas noticias. Sí hay descanso posible para un alma llena de culpa. Las buenas noticias son: arrepentimiento y conversión. Arrepentimiento significa reconocer nuestra culpabilidad y pedir perdón. Conversión significa abandonar el pecado que transgredió la ley de Dios en primer lugar y cambiar nuestro rumbo por la gracia de Dios. Esto es lo que lleva a lo que Pedro describe como «tiempos de refrigerio». La presencia de Dios trae descanso a nuestra alma al saber que hemos sido perdonados y que ya no tenemos que seguir tratando de obtener Su favor. ¿Has encontrado verdadero descanso para tu alma?

# TODOS QUEREMOS SER SALVADOS

## Nathan Díaz

---

*Y en ningún otro hay salvación; porque no hay otro nombre bajo el cielo, dado a los hombres, en que podamos ser salvos.*

(HECHOS 4:12)

Todo ser humano está en una búsqueda constante de salvación. Puede ser que no lo sepas, pero estás buscando salvación. En nuestra búsqueda de lo que sea que parezca darle significado a nuestra vida, estamos buscando salvación de la irrelevancia. Queremos que nuestra vida tenga significado y trascendencia. Pero nunca encontraremos verdadero significado que no esté conectado con nuestro Creador y el propósito que Él tuvo para nuestra existencia. Toda salvación que encontremos en las cosas creadas es solo una salvación temporal.

Por eso es que el Hijo de Dios se encarnó. Él ha hecho posible que seamos reconciliados con nuestro Creador para encontrar verdadera salvación. A través de conocer al Padre en la persona, vida y sacrificio de Jesús es que experimentamos esperanza de significado. Los judíos en general no reconocieron que el Mesías estaba entre ellos para darles la salvación que tanto anhelaban. La razón por la que no lo reconocieron es porque esperaban solo la salvación temporal de ser libres del imperio romano. «Este Jesús es la piedra reprobada por vosotros los edificadores, la cual ha venido a ser cabeza del ángulo» (Hechos 4:11).

La única esperanza para la humanidad es construir su vida sobre la cabeza, el ángulo, el único nombre bajo el cielo en el que podemos ser salvos: Jesús.

# CÓMO IDENTIFICAR UN BILLETE FALSO

## Nathan Díaz

*Y estos eran más nobles que los que estaban en Tesalónica, pues recibieron la palabra con toda solicitud, escudriñando cada día las Escrituras para ver si estas cosas eran así.*

(HECHOS 17:11)

En varias ocasiones me he encontrado con que uno de los billetes que tengo es falso. El Banco de México ha incorporado toda clase de medidas de seguridad para poder identificar los billetes reales. Pero tienes que tomarte el tiempo para examinar el billete. Sentir la textura del papel, ponerlo contra la luz y examinar los colores. Pero todo esto no es posible si no estás familiarizado con un billete genuino. Inclusive muchas veces el poder ponerlos lado a lado es la mejor manera de reconocer un billete impostor.

Así es con la Palabra de Dios. Tenemos la revelación especial de Dios en la Biblia. Esa revelación está diseñada para que podamos hacer lo que hicieron los de Berea. Ellos comparaban todo lo que escuchaban con lo que ya había sido revelado por Dios para ver si en verdad era de Dios. No importaba que fuera Pablo o Silas quienes estuvieran enseñando, los de Berea sabían que no podían contradecir lo que ellos ya tenían en el Antiguo Testamento.

Nosotros tenemos un acceso aún más fácil a la Biblia que los de Berea. Tenemos la responsabilidad y el privilegio de poder comparar todo lo que escuchamos con la verdad objetiva de Su Palabra. Pero para eso tenemos que tomarnos el tiempo para conocerla bien.

# DIOS NO NOS NECESITA

### Nathan Díaz

*El Dios que hizo el mundo y todas las cosas que en él hay, siendo Señor del cielo y de la tierra, no habita en templos hechos por manos humanas, ni es honrado por manos de hombres, como si necesitase de algo; pues él es quien da a todos vida y aliento y todas las cosas.*

(HECHOS 17:24-25)

Una de las preguntas más importantes que hace la ciencia y la historia es la pregunta «¿de dónde venimos?». El asunto de nuestro origen es uno de gran importancia, porque si solo somos accidentes cósmicos, sin un Creador y sin un propósito, entonces no tenemos que rendirle cuentas a nadie. Pero si hay un Dios que es la causa final de todo, Él determina la ley moral y el propósito de nuestra existencia.

En su discurso del Areópago, Pablo quiere mostrar la aseidad de Dios. Esto simplemente significa que Dios es autosuficiente. Él no necesita de Su creación para existir en completa perfección. Esto tiene muchas implicaciones para nosotros. Significa que cuando se trata de Dios, solo podemos recibir. No hay nada que le podamos dar, porque al final todo viene de Él.

C. S. Lewis dijo que es como un niño que le pide dinero a su padre para poder comprarle algo. En realidad, el padre no es más rico después de que su hijo le da algo que compró con el mismo dinero del padre. Así nosotros sabemos que cuando agradamos a nuestro Padre, solo estaremos dándole regalos que nosotros recibimos en gracia de Él primero.

# CEGUERA ESPIRITUAL

## Nathan Díaz

*Para que busquen a Dios, si en alguna manera, palpando, puedan hallarle, aunque ciertamente no está lejos de cada uno de nosotros. Porque en él vivimos, y nos movemos, y somos; como algunos de vuestros propios poetas también han dicho: Porque linaje suyo somos.*

(HECHOS 17:27-28)

*E*l poeta griego Homero escribió una historia bien conocida sobre Cíclope. Cíclope había capturado a Odiseo y a sus hombres y Odiseo lo había emborrachado y luego lo había cegado con una estaca filosa. El héroe de la épica quería salirse de la cueva donde él y sus hombres estaban presos. Pero era difícil porque Cíclope estaba palpando en su ceguera tratando de encontrar a Odiseo para matarlo.

Estas son las palabras que Pablo usa para describir nuestra condición de ceguera en nuestro pecado. En la evidencia de la creación que nos apunta a un Creador tenemos una obligación de buscarlo. Queremos respuestas a la razón de nuestra existencia. Como dijo Pablo, poetas incrédulos como Epiménides y Arato habían ya planteado estas preguntas existenciales.

Realmente Dios está cerca, porque se manifestó en la historia en la persona de Jesucristo. Vivió entre nosotros. Nos ha quitado la ceguera para poder verlo. Dios ha sido paciente para que más personas puedan ver la realidad del gran tesoro que es la salvación por fe en Cristo. Jesús nos invita al arrepentimiento mientras todavía hay tiempo (v. 30). Viene un día de juicio en el que Jesús mismo juzgará nuestra fe o nuestra incredulidad (v. 31). ¿Aún sigues palpando para encontrar respuestas en ceguera espiritual?

# ¡EL PODER DE DIOS!

### Josué Ortiz

*Porque no me avergüenzo del evangelio, porque es poder de Dios para salvación a todo aquel que cree; al judío primeramente, y también al griego.*

(ROMANOS 1:16)

*P*ara instalar algo eléctrico, no importa cuánto tiempo pases leyendo las instrucciones o manuales de uso, ni importa cuánto te prepares, o lo mucho que sepas de electricidad, si no hay energía en el lugar de instalación, lo que sea que trabajes, no servirá. La televisión, la computadora o los ventiladores no encenderán porque no tienen energía, no tienen poder.

Pablo está hablando a los romanos, un pueblo que no era judío sino todo lo contrario. Eran romanos de la capital *del mundo*. Roma ha sido el imperio más poderoso en toda la historia de la civilización humana. Lo tenían todo, poder económico y militar, prosperidad, entretenimiento y placeres de toda clase, y sin embargo, al mismo tiempo, no tenían nada. Por eso Pablo asegura que lo único que tiene «poder» es el evangelio de Dios. Es lo único que trae *salvación*, vida, rescate, al judío primero, pero también a aquellos que no lo son.

Pablo afirma que él no se avergüenza del evangelio, y con toda razón. El evangelio, las buenas noticias de nueva creación en Dios, es lo único que le da sentido al ser humano. No caigas en la trampa de Satanás de pensar que el «poder» en tu vida lo tienes tú, tus planes, escuela o empleo. No, lo único que tiene poder es el hermoso e irremplazable evangelio de Jesús.

# VERDADERA SABIDURÍA

## Nathan Díaz

*Profesando ser sabios, se hicieron necios.*

(ROMANOS 1:22)

*E*n cada *podcast* que escuchas o en cada programa de televisión de opiniones que ves, la gente quiere mostrar su sabiduría. Eso se convierte en el objetivo de los medios de comunicación como YouTube: mostrar cómo el razonamiento y la elocuencia del hombre pueden impresionar a otros.

Pero cuando se trata de encontrar propósitos para nuestra existencia, la Biblia nos muestra que nuestra sabiduría en realidad es necedad. Comenzamos suprimiendo la verdad de la existencia innegable de Dios (vv. 18-20), y terminamos buscando nuestra felicidad en las cosas creadas en lugar de buscarlas en el Creador (v. 23). Estamos rodeados de opciones que reclaman ser verdadera sabiduría.

Pero, ¿cómo podemos ser sabios en los ojos de Dios? Comenzamos reconociendo que todo viene de Él y que le debemos toda la adoración a Él (v. 21). Después buscamos la reconciliación con Él a través de la fe en el sacrificio perfecto de Jesús por nosotros (vv. 16-17). Esta es la verdadera sabiduría: confiar y depender enteramente de alguien más grande que nosotros. ¿Cómo podemos confiar en nuestros propios razonamientos para decidir algo tan importante como la razón de nuestra existencia? Ateos, agnósticos y cientos de religiones han tratado de inventar respuestas del propósito para vivir. Pero todas esas respuestas son necedad. Dios ya nos dio la respuesta en Su Palabra, y esa respuesta está en la persona de Jesús: la única esperanza para realmente ser sabios.

# NI UNO SOLO

## Karla de Fernández

*No hay justo, ni aun uno*

(ROMANOS 3:10)

E n un mundo en el que la injusticia es más y más común, y donde es probable que hayamos sido parte de alguna, buscaremos la justicia con más ahínco. Si hemos sido acusados de algo injustamente haremos lo posible por ser justos con otros, apreciaremos la justicia en los demás también.

Pero aun con las mejores intenciones, con la mejor capacitación para hacer lo justo y ejercer justicia de la mejor manera, escrito está: «No hay justo, ni aun uno» (Romanos 3:10). El apóstol Pablo mira la condición humana, el estado de hombres y mujeres que aun haciendo lo bueno y lo correcto, no es suficiente para ser declarados justos delante de Dios.

Delante de los hombres podemos ser justos siempre, pero no delante de Dios. No seremos declarados justos ni inocentes de acuerdo con lo que hagamos o dejemos de hacer; somos totalmente incapaces e incompetentes para salvarnos a nosotros mismos.

Aparte de Cristo no hay un solo hombre o mujer sobre esta tierra que sea o que haya sido justo en su totalidad. Todos conocemos el bien y el mal, sabemos diferenciarlo y aun así tendemos a irnos hacia lo malo más que lo bueno.

No actuamos con justicia ni siquiera en nuestra propia vida; podemos tener historias donde pensamos más en nosotros, buscamos nuestro bien por encima del de los demás.

Esto debe hacernos anhelar más a Cristo y Su justicia; debe llevarnos a clamar por ser declarados justos por Su obra en nosotros. Dios nos ayude.

# TODOS Y NADIE

**Josué Ortiz**

*Por cuanto todos pecaron, y están destituidos de la gloria de Dios.*

(ROMANOS 3:23)

*E*staba en la secundaria, tendría 14 años, y recuerdo que la maestra de biología me citó para hablar de mi calificación; había reprobado la materia. Hasta hoy no entiendo para qué me llamó, creo que lo hizo para verme sufrir. Una vez sentado en la silla, me informó que había reprobado, que no podía hacer nada para recuperar puntos, y que *nadie* me podría ayudar porque *todos* los demás también habían obtenido calificaciones muy bajas. Por lo menos salí sintiéndome «mejor» de que no era el único con problemas.

Pablo está escribiendo a la iglesia de Roma, una iglesia que no tenía conocimiento alguno del Antiguo Testamento o de la tradición judía. No eran expertos en hebreo ni habían visto a Jesús cuando estuvo en la tierra, pero Pablo les da la noticia que todo ser humano *necesita* escuchar: *todos somos pecadores, nadie aprueba el examen de santidad.* Esto quiere decir que no podemos estar cerca de Dios, nuestra condición es opuesta a todo lo que Dios es, y por lo tanto estamos lejos, *destituidos*, de la gloria de Dios. No somos pecadores porque pecamos, sino pecamos porque somos pecadores.

El evangelio expone nuestra realidad, pero también nos brinda el perdón que tanto necesitamos. Dios restaura a todos los que creen en Jesús, y nos da un corazón limpio, perfecto, blanco como la nieve, y de estar destituidos de Su gloria, ahora somos adoptados a la familia de Su amado Hijo.

# TRIBULACIÓN QUE DA ESPERANZA

### Nathan Díaz

*Y no solo esto, sino que también nos gloriamos en las*
*tribulaciones, sabiendo que la tribulación produce paciencia;*
*y la paciencia, prueba; y la prueba, esperanza.*

(ROMANOS 5:3-4)

Todos preferiríamos que nuestra vida fuera fácil. No nos gusta cuando tenemos algún conflicto relacional, crisis financiera o enfermedad física. Pero la realidad es que todos vamos a pasar por diversos niveles de todas estas tribulaciones. Para los que hemos sido justificados por la fe, y que tenemos paz para con Dios por medio de nuestro Señor Jesucristo, tenemos entrada por la fe a esta gracia en la cual estamos firmes, y nos gloriamos en la esperanza de la gloria de Dios (vv. 1-2). Este es el fundamento para saber que no solo hemos sido perdonados por Dios sino que también sabemos que todas las tribulaciones de nuestra vida tienen un buen propósito.

Esta es nuestra esperanza: cada vez que viene una tribulación, Dios ejercita nuestra paciencia. La paciencia simplemente significa que aprendemos a esperar en Dios, sabiendo que Él tiene el control. Cuando somos probados por Dios para aprender a depender más de Él, nos llenamos de esperanza. Es esperanza de que las aflicciones de nuestras tribulaciones no tienen la última palabra. Nuestra esperanza no nos avergüenza porque el resultado de nuestras tribulaciones solo es la evidencia del amor de Dios por nosotros (v. 5).

Si has puesto tu confianza enteramente en el sacrificio de Jesús, entonces tienes toda la razón para gloriarte en las tribulaciones.

# POR AMOR

### Karla de Fernández

*Mas Dios muestra su amor para con nosotros, en que*
*siendo aún pecadores, Cristo murió por nosotros.*

(ROMANOS 5:8)

*H*ace tiempo vi una película que trata acerca de un hombre que había tenido un accidente automovilístico en el que siete personas perdieron la vida, y donde solo él sobrevivió. Su vida cambió radicalmente y comenzó a ayudar a personas con características muy puntuales; eran siete a las cuales ayudó. Al final de la película, él se suicida dando a entender que se sacrificó por las personas que necesitaban sus órganos vitales para ser trasplantados y vivir.

Es una historia linda, desde el punto de vista humano. Sin embargo, la motivación que él tuvo fue la culpa. Quiso ayudar a las personas porque se sentía culpable por la muerte de siete personas en el accidente. Dar su vida por otros siete era el pago de su deuda con la humanidad.

La historia es linda, nos lleva a la reflexión, pero hay una mejor historia. La historia del Dios que se hizo hombre para morir por los pecadores de todo el mundo. No dio Su vida por unos cuantos, sino por miles y miles de personas alrededor del mundo y por generaciones.

No dio Su vida por sentirse culpable, ni porque nos lo mereciéramos. Dio Su vida por amor, un amor que no tiene comparación. Tal como está escrito: «Mas Dios muestra su amor para con nosotros, en que siendo aún pecadores, Cristo murió por nosotros» (Romanos 5:8).

Podemos descansar en esa gloriosa verdad. Cristo murió para darnos vida eterna, porque nos ha amado desde siempre y para siempre.

# UN NUEVO ADÁN

### Josué Ortiz

---

*Pues si por la transgresión de uno solo reinó la muerte, mucho más reinarán en vida por uno solo, Jesucristo, los que reciben la abundancia de la gracia y del don de la justicia.*

(ROMANOS 5:17)

*J*oão de Assis Moreira era un soldador en una fábrica brasileña. Su tiempo libre lo pasaba con su familia, con sus hijos y jugando al fútbol. Era muy bueno, y un club brasileño llamado *Gremio* le ofreció un contrato profesional. Sin embargo, de forma inesperada y trágica, murió ahogado en la piscina de su casa. Pero antes de morir, habló con altos ejecutivos de fútbol y les aseguró que uno de sus hijos sería un ícono mundial de fútbol; estaba en lo correcto. Su hijo, Ronaldhino Gaúcho, se convirtió en una leyenda del deporte, con carisma y magia para jugar como nadie más lo había hecho.

Con la llegada de Jesús a la tierra, la descendencia de Adán se vio finalmente interrumpida. Adán fue el primero en pecar, pero no fue el último. Todos sus «hijos» fueron iguales a él, rebeldes, apartados de Dios, pecadores. Pero Adán y Eva habían recibido la promesa de que *uno de sus hijos* vendría a rescatar al mundo entero. Dios mismo les dijo que, *«Y pondré enemistad entre ti y la mujer, y entre tu simiente y la simiente suya; esta te herirá en la cabeza, y tú le herirás en el calcañar»*, (Gén. 3:15). Si en Adán la muerte reinó, ahora en Cristo la vida reina. ¡Gracias Dios!

# EL MAR DE GRACIA

### Nathan Díaz

*Pero la ley se introdujo para que el pecado abundase; mas cuando el pecado abundó, sobreabundó la gracia.*

(ROMANOS 5:20)

Imagínate que estás en un pequeño bote en medio del Océano Pacífico. Dentro del bote tienes una bolsa de basura que apesta. ¿Qué haces con la bolsa? Tienes dos opciones: sigues guardando la bolsa en tu bote, o le pones un ancla y la arrojas en cualquier punto del océano.

Esa es la escena que puedes imaginar en cuanto a la ley, tu pecado y la gracia. El bote es la ley que mantiene a flote y expuesta la bolsa de basura, tu pecado, heredado desde Adán y experimentado en nuestras decisiones diarias. Pero el océano es la gracia de Dios y el ancla en tu bote es el sacrificio de Jesús, el segundo Adán, por quien podemos ser justificados (vv. 18-19).

Aunque nuestro pecado pueda llenar nuestro pequeño bote con muchas bolsas de basura, el tamaño del océano es exponencialmente más grande. El sacrificio de Jesús se asegura de hundir nuestro pecado hasta el fondo del mar para que nunca más pueda ser usado en nuestra contra (Miq. 7:19).

Aunque nuestro pecado pueda parecer demasiado porque es constantemente expuesto por la perfecta ley de Dios, la gracia que Él nos ofrece es más que suficiente para hundir el pecado de toda la humanidad. Solo necesitamos pedir que Dios amarre nuestro pecado al ancla del evangelio y lo arroje en el mar de Su infinita gracia.

# BAJO SU GRACIA

### Karla de Fernández

*Porque el pecado no se enseñoreará de vosotros;*
*pues no estáis bajo la ley, sino bajo la gracia.*

(ROMANOS 6:14)

¡Qué esperanzador es este versículo! Después de la rebelión del hombre y la mujer en el jardín del Edén ya no teníamos esperanza, habíamos muerto, el pecado entró al mundo. ¡Cuán desolador y terrorífico momento!

La perfección del jardín y de la humanidad fue manchada. La imagen de Dios en el hombre fue fracturada, ya no reflejarían nunca más la perfección del Dios que los había creado. Ahora la imagen que darían estaría opacada por el pecado que habitaba en sus corazones y que corrompía todo cuanto eran y cuanto hacían.

A partir de ese momento el pecado dominaba, gobernaba e inundaba sus corazones. El ser humano ahora estaba enfocado de continuo a hacer el mal. Su vida había cambiado drásticamente. Necesitaban un Salvador, necesitaban a alguien que los llevara de vuelta al jardín del que habían salido y restaurara su lugar y la imagen que habían perdido.

Fue el mismo Dios quien dio la solución a la necesidad de la humanidad, fue el Hijo de Dios que se entregó a sí mismo para salvar lo que el pecado había destruido en el hombre y la creación. Fue un acto de gracia por la humanidad, sublime amor, sublime gracia.

Gracias a esa gracia es que ya no vivimos esclavos del pecado, ya no reina sobre nosotros, ya no somos sus esclavos. ¡Bendita gracia de Cristo Jesús! Pronto todo será como debió haber sido.

# EL MEJOR OBSEQUIO

### Josué Ortiz

*Porque la paga del pecado es muerte, mas la dádiva de Dios es vida eterna en Cristo Jesús Señor nuestro.*

(ROMANOS 6:23)

La reconciliación es una de las mejores experiencias que un ser humano puede sentir. El peso de una pelea agobia, lastima y separa la relación. Pero cuando hay un reencuentro, una reconciliación, entonces hay libertad, espacio y aire fresco para respirar de nuevo. No nos escondemos más, ni nos evitamos, sino que podemos estar juntos otra vez; toda fractura ha sido sanada.

Nuestra relación con Dios ha sido fracturada desde los días de Adán y Eva. No tenemos acceso a Él, sino que estamos separados, o bien, exiliados de Su presencia. Tratamos, de muchas formas, de apaciguar nuestras conciencias, pero no podemos. Estamos separados de Dios, alejados de Su presencia y comunión. Aun como cristianos, ya salvos y perdonados, podemos entrar en periodos de rebeldía que nos separan de Dios, nos hacen fríos a Su voluntad y nos ahogan en maldad.

Esa es la «paga del pecado», muerte. Los no creyentes viven así, en total oscuridad. Si ya eres creyente, no puedes perder la salvación (Ef. 1:4) pues tienes «vida eterna» en Cristo. Pero aun los cristianos pueden cometer pecados que los separan de Dios, y para ellos, al igual que para todos los demás, el antídoto es el mismo: arrepentimiento. Cuando nos arrepentimos genuinamente experimentamos las delicias que Dios obsequia a Sus hijos: la dádiva de Dios, la vida eterna en Cristo Jesús.

# LA MEJOR PROMESA DE LA BIBLIA

### Nathan Díaz

---

*Ahora, pues, ninguna condenación hay para*
*los que están en Cristo Jesús, los que no andan*
*conforme a la carne, sino conforme al Espíritu.*

(ROMANOS 8:1)

Una de las promesas más espectaculares de toda la Biblia la encontramos en este versículo. ¡Ninguna condenación! No es alguna condenación la que recibimos en base solo a las cosas en las que fallamos todos los días. No se trata de Dios evaluando nuestras obras para ver cuánto pesa nuestro lado bueno y cuánto pesa nuestro lado malo. Simplemente obtenemos una declaración absoluta de perfección, que no merece ninguna condenación.

Pero, ¿cuál es la condición? Estar «en Cristo Jesús». Significa unión con Él. Esta idea está en todo el Nuevo Testamento como la expresión de la realidad de la imputación, o acreditación, de la vida perfecta de Cristo que Dios aplica a nosotros a través de la fe. Por otro lado implica que nuestro pecado cae sobre Él en Su sacrificio. La idea teológica se describe como «doble imputación». La afirmación «ninguna condenación» nos muestra claramente que es la obra de Jesús entera y completamente la que se acredita a favor de un pecador arrepentido.

¿Qué es lo que podemos temer en el futuro? Si no hay ninguna acusación que puede hacerse en nuestra contra, entonces podemos vivir el presente con la paz y la esperanza de que somos completamente inocentes delante un Dios santo. La promesa de que Dios no traerá nada en nuestra contra, es la promesa más espectacular del evangelio.

# SOMOS SUS HIJOS

## Karla de Fernández

*Porque todos los que son guiados por el Espíritu de Dios, estos son hijos de Dios. [...] El Espíritu mismo da testimonio a nuestro espíritu, de que somos hijos de Dios.*

(ROMANOS 8:14,16)

«Santiago es claramente hijo de Karla —dijo uno de mis amigos—, le gusta filosofar, siempre está cuestionando y buscando información de lo que escucha de labios de otros. Nadie puede negar que lleva tus genes», finalizó.

No siempre estamos conscientes de que los hijos tenemos destellos de nuestros padres, ya sea de su personalidad, de sus gustos o de su forma de vida. Mostramos nuestro linaje y de dónde venimos.

Eso sucede en nuestra vida diaria, con nuestras familias, pero también es una realidad en la familia de Dios. El apóstol Pablo nos dijo: «Porque todos los que son guiados por el Espíritu de Dios, estos son hijos de Dios. [...] El Espíritu mismo da testimonio a nuestro espíritu, de que somos hijos de Dios» (Romanos 8:14,16).

Al ser hijos de Dios, nuestra vida dará evidencia de que somos Sus hijos. Nuestra forma de hablar, de actuar, la forma en la que nos desenvolvemos con otros, el amor que brindamos, el perdón que ofrecemos y pedimos, todo eso mostrará que somos hijos de Dios.

El Espíritu que habita en nosotros y que nos ayuda a ser más parecidos a Cristo, dará testimonio de que somos hijos de Dios. Día a día podremos ver esos destellos de lo parecidos que somos a nuestro Padre celestial.

Nuestra esperanza es que durante toda nuestra vida daremos ese testimonio porque toda nuestra vida Dios estará ayudándonos a seguir mostrando que somos Sus hijos.

# LO MEJOR ESTÁ POR VENIR

**Josué Ortiz**

---

*Y si hijos, también herederos; herederos de Dios y coherederos con Cristo, si es que padecemos juntamente con él, para que juntamente con él seamos glorificados. Pues tengo por cierto que las aflicciones del tiempo presente no son comparables con la gloria venidera que en nosotros ha de manifestarse.*

(ROMANOS 8:17-18)

*E*l embarazo de la mujer es uno de los eventos humanos más fascinantes que podamos observar. La ciencia ha avanzado tanto en la investigación, que provee detallada información de lo que pasa con el bebé desde el momento de la concepción, y hasta el alumbramiento. Es posible saber los cambios *diarios* de desarrollo que el bebé está experimentando dentro del cuerpo de la mujer. Sin embargo, el embarazo no es para siempre, y aunque el proceso de dar a luz es doloroso, fatigante y extenuante, el fin vale la pena: la llegada de un nuevo ser humano.

Pablo está reconociendo que la vida del creyente también puede ser dolorosa, fatigante y extenuante, pero el fin vale la pena. Pablo no niega las dificultades de la vida, y tampoco nos pide que seamos «optimistas», sino que nos pide ser «realistas»: la «gloria venidera» es superior a *cualquier aflicción* del tiempo presente.

Vivamos con la mira puesta en lo eterno, no en lo temporal. Muy pronto se *manifestará* la completa gloria de Dios en la tierra, le veremos cara a cara, Su reino será instalado en los nuevos cielos y nueva tierra, y entonces nos daremos cuenta de que todo habrá valido la pena.

# ORA CON CONFIANZA

### Nathan Díaz

---

*Y de igual manera el Espíritu nos ayuda en nuestra debilidad; pues qué hemos de pedir como conviene, no lo sabemos, pero el Espíritu mismo intercede por nosotros con gemidos indecibles. Mas el que escudriña los corazones sabe cuál es la intención del Espíritu, porque conforme a la voluntad de Dios intercede por los santos.*

(ROMANOS 8:26-27)

Todos los cristianos tenemos luchas y debilidades en nuestra vida de oración. Especialmente luchamos cuando se trata de entender la voluntad de Dios. Pedimos sanidad. Pedimos un mejor trabajo. Pedimos que nos muestre con quién casarnos. Sabemos lo que quisiéramos que fuera la voluntad de Dios, pero también sabemos que lo que Dios quiere no es necesariamente lo que nosotros queremos.

Entonces, nuestro mejor modelo es orar como oró Jesús: «diciendo: Padre, si quieres, pasa de mí esta copa; pero no se haga mi voluntad, sino la tuya» (Luc. 22:42). Así debe ser nuestra oración. Con la confianza de que podemos poner delante de Dios cosas que en el presente no entendemos, y por las cuales, en nuestra debilidad y falta de entendimiento no sabemos cómo pedir. Sabemos que el Espíritu sí conoce perfectamente la voluntad del Padre, y que Él puede «traducir» nuestras oraciones de acuerdo a lo que Él sabe que es mejor para nosotros.

Él dice algo así como: «Padre, Nathan no sabe que lo que te está pidiendo no es lo mejor para él. No se lo des. Escucha su oración conforme a lo que más te glorificará al final». Eso nos anima a orar con confianza.

# VOLVER A DIOS

### Karla de Fernández

*Y sabemos que a los que aman a Dios, todas las cosas les ayudan a bien, esto es, a los que conforme a su propósito son llamados.*

(ROMANOS 8:28)

Cuando estamos en pruebas o en momentos difíciles, difícilmente podremos ver o entender lo que Dios está haciendo en nuestros corazones. Es en esos momentos cuando nos centramos en la situación más que en la obra de Dios.

Nuestros ojos terrenales ven lo que está pasando a nuestro alrededor, pero poco mira lo que acontece en la agenda de nuestro Dios. Es posible que olvidemos que estamos en esta tierra de paso, sí, pero con un propósito desde la creación.

Volver a Dios muchas veces conlleva dolor. Volver a Dios acarrea sufrimiento y quebranto. Volver a Dios nos pule, nos transforma, nos impulsa a ser mejores que el día anterior; no por nuestro buen comportamiento, sino por el Espíritu de Dios que por medio de Cristo ahora habita en nuestro interior.

Somos transformados, pulidos, limpiados y todo eso duele. Las pruebas nos acercan más a nuestro Dios, pero también nos ayudan a parecernos más a Cristo. Fue por medio del evangelio que se nos anunció que ahora podemos llamarnos hijos de Dios, y como hijos también estamos siendo perfeccionados por Dios.

Las pruebas nos recuerdan que el Dios del universo no nos ha olvidado y que por medio de ellas nos está transformando para llegar a ser los hombres y mujeres que den gloria a Su nombre.

# ¿DE QUÉ TEMERÁS?

## Josué Ortiz

*¿Qué, pues, diremos a esto? Si Dios es por nosotros, ¿quién contra nosotros? El que no escatimó ni a su propio Hijo, sino que lo entregó por todos nosotros, ¿cómo no nos dará también con él todas las cosas?*

(ROMANOS 8:31-32)

Es común que los niños le teman a la oscuridad. De manera natural, lo oscuro nos da miedo, la incertidumbre de lo que no se ve trae intriga al alma. Cuando vamos creciendo, adolescentes o adultos por igual, adoptamos nuevos temores. Podemos tener miedo a estar solos, a no ser aceptados, a lo que otros pensarán de nosotros o, incluso, miedo a enfermar y morir. Como seres humanos tendemos al miedo, y aunque no lo expreses visiblemente, todos tenemos miedos.

Sin embargo, Pablo nos insta a vivir *sin miedo*. No porque no haya *nada* que temer, sino porque no hay *nada* de lo que tememos que es más grande, glorioso o poderoso que nuestro Dios. Pablo reconoce que habrá obstáculos y pruebas, dificultades y problemas, pero bajo ningún escenario, nuestro Dios es *menor* que nuestros momentos más oscuros. Su luz siempre brilla, Su presencia siempre llena, Su poder siempre vence. Pablo les recuerda a los romanos que no están solos, no son huérfanos, sino que son coherederos con Cristo, y gracias a Él, un día «*nos dará también con él todas las cosas*».

Tal vez estás pasando por problemas en tu vida, pero recuerda que Dios es más grande que todos ellos, ¿de qué has de temer si Dios está contigo?

# MÁS QUE UNA SIMPLE VICTORIA

## Nathan Díaz

*Antes, en todas estas cosas somos más que vencedores por medio de aquel que nos amó. [...] ni lo alto, ni lo profundo, ni ninguna otra cosa creada nos podrá separar del amor de Dios, que es en Cristo Jesús Señor nuestro.*

(ROMANOS 8:37, 39)

¿Cómo podría un equipo de basquetbol ser más que vencedor? Hay varias maneras. Una sería que fuera imposible perder. Esa indudable garantía de que va a ganar lo haría «más que vencedor». La otra sería si al final, el adversario no solo fuera derrotado, sino que terminara sirviendo como esclavo dominado en completa humillación y servicio al equipo triunfador.

Eso es lo que Dios hace con nosotros. No solo ha eliminado cualquier acusación que puede ser hecha contra nosotros (v. 33), sino que también hace que todas las cosas que sucedan en nuestras vidas, aun las malas, sean para nuestro bien (v. 28). No hay nada en esta vida que nos pueda amenazar de una manera que nos afecte eternamente (v. 35). Eso es lo que significa ser más que vencedor. No hay manera de perder al final, y las tribulaciones y tragedias que vivimos en esta vida no se comparan con la gloria que se manifestará en los hijos de Dios (v. 18).

Todos queremos ser victoriosos. Muchas cosas nos amenazan constantemente como nuestros adversarios, especialmente la muerte. Pero en Cristo, no solo tenemos una victoria común. Obtenemos la victoria más segura, dominante y extrema de todas.

# CORAZÓN QUE CREE

### Karla de Fernández

*... si confesares con tu boca que Jesús es el Señor, y creyeres en tu corazón que Dios le levantó de los muertos, serás salvo. Porque con el corazón se cree para justicia, pero con la boca se confiesa para salvación.*

(ROMANOS 10:9-10)

Solemos decir muchas palabras con nuestros labios día a día. Muchas veces nuestra lengua avanza más rápido que nuestro cerebro y podemos decir cosas que no pensamos, lo que acarrea consecuencias.

De hecho, nuestras palabras tienen consecuencias, algunas veces son buenas, otras, por el contrario, son malas consecuencias. Si tan solo estuviéramos conscientes de eso, seguramente seríamos más sobrios y sabios al hablar.

Cuando la Palabra de Dios nos dice: «que si confesares con tu boca que Jesús es el Señor, y creyeres en tu corazón que Dios le levantó de los muertos, serás salvo. Porque con el corazón se cree para justicia, pero con la boca se confiesa para salvación» (Romanos 10:9-10), nos está haciendo un llamado a usar nuestros labios para decir que Jesús es nuestro Salvador.

Pero no solo se queda allí, también añade que es necesario creer en nuestro corazón. No es solo decir a otros que hemos creído en Jesús, sino, en verdad estar seguros, conscientes, de que lo que nuestros labios están declarando, primeramente, se ha aferrado a nuestro corazón.

Necesitamos estar seguros de que Cristo, quien murió para el perdón de nuestros pecados también ha puesto en nosotros esa convicción en nuestros corazones. Nuestros labios hablarán entonces de la bondad de Dios, de Su gracia, de Su misericordia, de Su perdón y salvación.

La consecuencia será que otros podrán ver, creer y hablar acerca de Jesús, tal cual lo han visto y oído de nosotros.

# ¡SÉ SALVO!

### Josué Ortiz

---

*Así que la fe es por el oír, y el oír, por la palabra de Dios.*

(ROMANOS 10:17)

La pandemia por COVID-19 durante 2020 cambió al mundo entero. Sin embargo, fue durante esta temporada en la que, inesperada pero providencialmente, nuestra iglesia creció más que antes. Nos dimos cuenta de que Dios, en Su soberanía, nos estaba enviando a muchas personas que querían oír la Palabra de Dios, querían saber quién es Él. Nuestro texto es uno de los más famosos en toda la Biblia, ¿pero entiendes lo que Pablo está diciendo? Pablo está explicando tres puntos.

Primero, *la salvación viene por fe*. Esto quiere decir que no importa la cantidad de buenas obras que hagas, o lo moral que puedas llegar a ser, si tu fe, es decir, tu confianza, no está puesta en Jesús, en Su obra, en Su amor y en Su perdón de pecados, entonces no puedes ser salvo.

Segundo, *la salvación viene por el oír*. Esto habla de un acto individual, personal y lleno de convicción propia. En otras palabras, la fe que produce salvación no se hereda, no se compra, no se transfiere. Cada persona tiene que escuchar el evangelio y de corazón proceder en fe genuina.

Tercero, *la salvación viene por la palabra de Dios*. La Palabra es el medio por el cual Dios se revela a nosotros. No es un libro humano, es divino. Solo la Palabra de Dios, a través del Espíritu Santo, puede abrir los ojos de un ciego espiritual y darle vida eterna.

# LA VERDADERA ADORACIÓN

### Nathan Díaz

*Así que, hermanos, os ruego por las misericordias de Dios, que presentéis vuestros cuerpos en sacrificio vivo, santo, agradable a Dios, que es vuestro culto racional. No os conforméis a este siglo, sino transformaos por medio de la renovación de vuestro entendimiento, para que comprobéis cuál sea la buena voluntad de Dios, agradable y perfecta.*

(ROMANOS 12:1-2)

*N*ormalmente pensamos en la adoración como algo que hacemos cuando estamos cantando en la iglesia. Pero en este pasaje, Pablo nos muestra que la principal adoración a Dios la damos con todo lo que hacemos con nuestro cuerpo. Hay un altar sobre del cual tenemos que ponernos a nosotros mismos como «sacrificio vivo». Nuestra adoración a Dios tiene que ver con la manera en que vemos este mundo y todas las cosas que nos rodean. Esta manera de ver el mundo viene de ser renovados en nuestra manera de pensar cuando meditamos y escudriñamos la Palabra de Dios.

Todas nuestras acciones tienen su origen en las profundas convicciones que tenemos sobre Dios y sobre nuestra relación con él. Cuando tomamos decisiones y actuamos instintivamente todos los días reflejamos cuán reales son esas convicciones. Al ir experimentando la transformación que viene de una mente renovada por la Palabra, vamos comprobando que la voluntad de Dios se vuelve más agradable para nosotros y se manifiesta cada vez más como perfecta. Este proceso es nuestra genuina adoración espiritual y va más allá de solo lo que hacemos los domingos.

# PRIMERO TÚ

### Karla de Fernández

*Digo, pues, por la gracia que me es dada, a cada cual que está entre vosotros, que no tenga más alto concepto de sí que el que debe tener, sino que piense de sí con cordura, conforme a la medida de fe que Dios repartió a cada uno. Porque de la manera que en un cuerpo tenemos muchos miembros, pero no todos los miembros tienen la misma función, así nosotros, siendo muchos, somos un cuerpo en Cristo, y todos miembros los unos de los otros.*

(ROMANOS 12:3-5)

En la cultura que impera en esta generación, solemos escuchar mensajes acerca del amor a uno mismo. He escuchado decir que primero debemos amarnos lo suficiente como para poder amar a nuestro prójimo. Entonces, necesitamos amarnos mucho más y buscar ser mejores que los demás como una muestra de amor a nuestro prójimo.

Pero conociendo un poco el corazón, sabemos que tiende a ponerse al centro y se llenará de orgullo y comenzará a menospreciar a los demás. Cuando eso sucede, no mostramos amor a nuestros semejantes; en nombre del amor a los demás decidimos amarnos más y nos olvidamos precisamente de amarlos.

Pero hay esperanza para nosotros también, en Jesús. Él es quien nos enseña la forma correcta de amar, es decir, dándose por los demás, sin tener un concepto más alto de nosotros, sin pensar que valemos más.

Cristo, quien sí pudo habernos visto como inferiores, no lo hizo. Él nos ha dado valor, nos ha amado más que nadie y eso no cambiará, jamás.

# AMOR GENUINO

## Josué Ortiz

---

*No debáis a nadie nada, sino el amaros unos a otros;*
*porque el que ama al prójimo, ha cumplido la ley.*

(ROMANOS 13:8)

E l 14 de febrero es la fecha clásica en la que se celebra *el amor* y *la amistad*. La comercialización y el materialismo han secuestrado esta fecha para generar importantes ganancias. Las personas se obsequian pequeños detalles entre ellas, y los enamorados aprovechan para declararse amor mutuo con costosas cenas y aparatosos regalos. ¿Pero es esto *amor verdadero*? Obviamente no tiene nada de malo darse presentes, pero la única clase de amor que es perdurable es el bíblico, todos los demás son temporales y atados a *muchos* términos y condiciones.

Pablo instruye a los romanos a amarse bíblicamente. Un amor bíblico no está condicionado por lo que nosotros pensemos o creamos. Muchas veces no queremos amar a otros porque pensamos que no se lo merecen. Tal vez nos han lastimado o herido, y renunciamos a ofrecer amor. Pero eso solo demuestra nuestro mal entendimiento de qué es el amor. Pablo explica que el amor va ligado con el *cumplimiento de la ley*. Esto quiere decir que amamos a otros porque queremos ser como Dios al seguir Su ley. ¿Cómo ama Dios? Nuestro Rey ama incondicionalmente, sacrificialmente, generosamente.

En tu iglesia, en tu matrimonio, con tus hijos o con tus amigos, ama *bíblicamente*. No te limites solamente a dar obsequios un día al año, sino que diariamente muestra a Cristo con un amor que es puro, santo y entrañable.

# ¿JUZGAR O NO JUZGAR?

### Nathan Díaz

*Porque escrito está: Vivo yo, dice el Señor, que ante mí se doblará toda rodilla, y toda lengua confesará a Dios. De manera que cada uno de nosotros dará a Dios cuenta de sí. Así que, ya no nos juzguemos más los unos a los otros, sino más bien decidid no poner tropiezo u ocasión de caer al hermano.*

(ROMANOS 14:11-13)

Todos tenemos que tratar con personas que son muy diferentes a nosotros. Muchas veces las diferencias tienen que ver con nuestras personalidades y con nuestras preferencias y opiniones. Parte de la vida de la iglesia es aprender a trabajar con otros. Pero eso normalmente es un reto muy grande en nuestra naturaleza humana. ¿Cómo podemos fomentar la unidad de la iglesia y realmente mostrar el amor que debemos reflejar unos con otros (Juan 13:35)?

Pablo nos da muchos principios para la unidad de la iglesia en Romanos 14. Uno de los principios es considerar que hay áreas en donde actuamos de maneras diferentes como cristianos pero en base a nuestras conciencias y fe (vv. 5-6). La otra es considerar que nuestra libertad en Cristo no debe ser usada de una manera que haga caer a un hermano más débil (v. 15).

Tenemos que recordar que nuestra esperanza está en que Dios tiene la última palabra para juzgar las áreas que no son explícitas para la vida cristiana. Eso nos da la libertad de amar y fomentar la unidad en la iglesia.

# CONSUELO EN LA PALABRA

### Karla de Fernández

*Porque las cosas que se escribieron antes, para nuestra enseñanza se escribieron, a fin de que por la paciencia y la consolación de las Escrituras, tengamos esperanza.*

(ROMANOS 15:4)

¿Cuántas veces habré experimentado el sufrimiento aún desde la niñez? ¿Cuántas veces habré buscado las palabras adecuadas para mi dolor, en labios de otras personas? ¿Cuántas veces busqué consuelo y no encontré respuesta? Imposible contabilizarlas.

Ahora en mi edad adulta en diversas ocasiones he experimentado el sufrimiento, el dolor, el quebranto. En muchas de esas ocasiones busqué consuelo en las personas incorrectas, o las no adecuadas. Es decir, personas que no tenían conocimiento de Dios, ni de las Escrituras, sino personas que podrían solo darme las respuestas que yo quería escuchar.

Sus palabras, aunque bien intencionadas y me ayudaron en el momento, fueron palabras que no hicieron cambio en mi corazón sufriente. Fuimos diseñados para tener comunión con Dios, fue por el pecado que preferimos irnos con la creación antes que con el Creador.

Sin embargo, ahora por medio de Cristo es que podemos ir a Dios a buscar y recibir consuelo para nuestros dolores y quebrantos. Podemos ir en oración y escucharlo hablar por medio de Su Palabra, porque como bien está escrito:

«Porque las cosas que se escribieron antes, para nuestra enseñanza se escribieron, a fin de que por la paciencia y la consolación de las Escrituras, tengamos esperanza» (Romanos 15:4).

Es por medio de Su Palabra que podemos conocer cuánto nos ama, todo lo que ha hecho por nosotros; leemos que Dios nos conoce, nos recuerda, nos escucha, Él nos ve. Nuestros dolores no son ajenos a Él, en Su Palabra recibimos consolación.

# PARA DAR VIDA ETERNA

## Estriberto Britton

*... para que todo aquel que en él cree, no
se pierda, mas tenga vida eterna.*

(JUAN 3:15)

*D*ios mostró Su poder y Su gloria al sacar al pueblo de Israel de Egipto con mano fuerte. Israel experimentó la provisión y la protección de Dios de una manera especial y singular. Sin embargo, con el correr del tiempo, el corazón del hombre se endurece y muchas veces murmura. Uno de los casos clásicos es el que encontramos en Números 21:4-9. El pueblo se queja y murmura contra Dios y contra Moisés, luego Dios castiga al pueblo de Israel al enviar serpientes que los mordían. Como resultado, muchas personas perdieron la vida. Ante este terrible castigo, el pueblo reconoce su pecado y busca la misericordia de Dios. Moisés intercede y Dios provee un plan. Moisés tuvo que hacer una serpiente de bronce y ponerla en alto sobre un asta o palo. Cuando una persona era mordida por la serpiente, lo único que tenía que hacer era mirar a la serpiente en el asta y vivía. Dios es un Dios de misericordia, ya que no nos da lo que muchas veces merecemos.

Durante el encuentro de Nicodemo con Jesucristo, reflejado en nuestro pasaje devocional, vemos que el Señor menciona esa experiencia del pueblo de Israel en el desierto. Es fascinante examinar la conexión que Jesucristo hace en Juan 3:14: «Y como Moisés levantó la serpiente en el desierto, así es necesario que el Hijo del Hombre sea levantado».

El pecado en la vida del hombre es simbolizado por la mordida de la serpiente, la cual llevaba a la muerte. Por otro lado, el pecado también trae como consecuencia la muerte. Dios proveyó un remedio eficaz para obtener vida, a pesar de haber sido mordido por la serpiente. Las personas tenían que poner su mirada en la serpiente que Moisés había puesto en el asta. Al hacerlo vivían. De la misma manera, todos nosotros hemos pecado (hemos sido mordidos por la serpiente). Dios ha provisto un remedio para que podamos obtener vida. Cuando ponemos nuestra mirada en Jesucristo y confiamos únicamente en Él para nuestra salvación, en ese momento recibimos la salvación y la vida eterna. Recuerda lo que Juan 3:15 dice: «para que todo aquel que en él cree, no se pierda, mas tenga vida eterna».

# EL MENSAJE DE JESUCRISTO

### Estriberto Britton

*Y le era necesario pasar por Samaria.*

(JUAN 4:4)

En algunas ocasiones los jóvenes dicen que necesitan un iPod, un iPhone, o un iPad. Sin embargo, en realidad, estas no son cosas que verdaderamente necesitan. Más bien, son las cosas que desean. Claramente necesitamos saber distinguir entre lo que necesitamos y lo que deseamos.

Hace muchos años me encontraba jugando un partido de béisbol con unos amigos. Era un partido sumamente reñido. Habíamos llegado a la última entrada y nuestro equipo estaba perdiendo. Si hacíamos tres carreras ganaríamos el juego. Había dos jugadores en las bases y llegó mi turno para batear. Sentí en mi corazón la necesidad de ganar el partido, y estaba dispuesto a esforzarme para lograrlo. Vino la pelota, le di con todas mis fuerzas y empecé a correr. Al dar la vuelta por la primera base, pisé una piedra y se me torció el tobillo. El dolor era insoportable, sin embargo, seguí corriendo a pesar del dolor. Anotamos las carreras necesarias para ganar el partido. Al terminar esa hazaña, mi pierna derecha se adormeció completamente y me desplomé. Entre los amigos me levantaron y me ayudaron para llegar a mi casa. La odisea comenzó con relación a esa pierna. Con la ayuda de terapia, masajes y muchas otras cosas, he podido recuperar el movimiento en los dedos. Sin embargo, después de más de cuarenta y cinco años, vivo todos los días con un recuerdo palpable de esa experiencia que jamás podré olvidar. Para mí era necesario ganar el partido.

A diferencia de lo que era necesario en mi experiencia, la Biblia nos presenta situaciones reales donde la necesidad era imperante debido a los planes y los propósitos de Dios. Según el pasaje devocional de hoy, a Jesús le era necesario pasar por Samaria. Esa necesidad obedecía al propósito de Dios de alcanzar a Samaria con el mensaje redentor de Jesucristo. Sabemos por las evidencias bíblicas, que los judíos no se llevaban con los samaritanos. Más bien, los judíos aborrecían a los samaritanos, a pesar de haber sido comisionados para amarlos y mostrarles el amor de Dios. Es en medio de esta realidad social que Jesucristo tiene la necesidad de pasar por Samaria para llevarles el amor, el perdón y la redención de Dios.

# EL AGUA VIVA QUE JESÚS OFRECE

### Estriberto Britton

*Respondió Jesús y le dijo: Si conocieras el don de Dios, y quién es el que te dice: Dame de beber; tú le pedirías, y él te daría agua viva.*

**(JUAN 4:10)**

*H*ace varios meses tuve el privilegio de visitar Nicaragua para desarrollar una actividad misionera. Visitamos la comunidad para dar a conocer el evangelio. Tuvimos cultos al aire libre, visitamos escuelas y hospitales. Durante nuestra estadía, pudimos visitar una comunidad que queda a una hora y media de la ciudad donde estábamos hospedados. Uno de los desafíos más grandes que tiene esa comunidad es que no tienen agua potable. Cada semana vienen y distribuyen agua a todos los residentes. ¡Qué difícil es vivir bajo esas condiciones! Una de las organizaciones misioneras que trabaja en esa zona ha desarrollado un plan para proveer un filtro para limpiar las impurezas del agua. El plan es tener un filtro para cada hogar. Estando en esa comunidad, pudimos ver cómo funciona el filtro, ya que hay algunas familias que ya lo están utilizando. La realidad de este cuadro es que las personas seguirán recibiendo semanalmente la distribución del agua que necesita ser filtrada y dependerán del filtro para quitar las impurezas del agua. Este proceso suple tan solo una necesidad temporal. Desde luego, la necesidad espiritual de la comunidad es la más apremiante.

Veamos algunas similitudes entre la situación de esta comunidad en Nicaragua y la mujer de Samaria. En ambos casos se debe seguir recibiendo o buscando el agua de forma continua. Ambas necesitan de otros para suplir sus necesidades diarias. Al tomar del agua, volverían a tener sed. La única necesidad que quedaba satisfecha era la necesidad física, la necesidad espiritual quedaba intacta. Ahora bien, Jesús le ofreció agua viva a la mujer samaritana. Al principio, ella no entendió lo que implicaba eso. Sin embargo, lo entendió después y su vida fue radicalmente transformada. Recibió de Jesucristo el agua viva que pudo satisfacer su necesidad espiritual. Aquella comunidad en Nicaragua también necesita recibir de Jesucristo el agua viva. El paso inicial de proveer el filtro tiene como objetivo abrir las puertas para comunicar la necesidad que tienen del agua viva que solamente Jesús ofrece.

# PARA VIDA ETERNA

### Pablo Urbay

---

*Respondió Jesús y le dijo: Cualquiera que bebiere de esta agua, volverá a tener sed; mas el que bebiere del agua que yo le daré, no tendrá sed jamás; sino que el agua que yo le daré será en él una fuente de agua que salte para vida eterna.*

(JUAN 4:13-14)

*C*uando se oye hablar de la vida eterna, pensamos en la vida en el reino de Dios. En aquellas moradas que Jesús fue a preparar y a las que llegamos solo por medio de la fe en Él.

Pero es que la vida eterna, como la contempla la Biblia, tiene una connotación actual. Esa vida es la que nos da deseos de contemplar el mundo y los que están vivos con la alegría de saber que todo esto que vemos nos pertenece como herederos de esa vida conquistada por la fe.

También esa vida eterna nos da la seguridad de que nuestro Dios nos ayudará y cuidará todos los días de este peregrinaje terrenal hasta el momento en que seamos trasplantados al jardín eterno de Dios en Sus moradas celestiales.

La mujer del pasaje bíblico de hoy carecía de toda esa bendición. Su mundo estaba carente del agua de vida. Estaba sedienta y Cristo quería calmar su sed. Nosotros tenemos la oportunidad de llenarnos de esa vida. No esperar a morir para poseerla. La vida eterna en Cristo comienza aquí y ahora. Hay una vida que descubrir cuando probamos el «agua de vida» que es nuestro Señor.

¿Por qué vivir sin saborear el agua de vida que Él nos ofrece? ¿Por qué vivir sin contemplar la hermosura de la creación que Él nos regala? ¿Por qué vivir en la tristeza y la soledad cuando Jesús nos proporciona Su compañía?

Desde hoy piensa en la vida eterna como un regalo de Dios para vivirla cada día. Para gozar de ella aquí en la tierra. Para poder vivir con la certeza de que cada minuto de nuestra existencia terrenal, gozamos de una vida distinta que los que no tienen a Cristo, no pueden disfrutar.

Disfruta de esa «fuente que salta para vida eterna». Cristo es la fuente. No muramos de sed espiritual. Cristo nos ofrece vida eterna. Comienza a disfrutarla.

# LA VERDADERA ADORACIÓN

## Pablo Urbay

*Dios es Espíritu; y los que le adoran, en espíritu y en verdad es necesario que adoren.*

(JUAN 4:24)

Es muy dado el creer y confiar en algo que podamos ver y palpar. Nos gustan las cosas que llenan nuestros sentidos. Quizás usted haya ido a un médico y le recetó una medicina, solo una. ¿No es verdad que desconfiamos de él porque el otro nos llenaba de recetas y medicamentos?

Somos dados a confiar en lo que palpamos. De ahí viene la idolatría. De confiar en un «dios» o en una imagen que alguien creó.

Félix era un hombre que tenía un taller donde fundía imágenes de yeso a las que más tarde les rogaba. Llegó a la iglesia y comenzamos una gran amistad. Lo visité y estuve en su taller. Conversé con él. Lo confronté con el pasaje de Isaías 44:9-20. Se percató de su error y comenzó a fabricar adornos. Conoció al Señor. Ahora lo adoraba como Él manda, en Espíritu y en verdad.

El Señor se complace cuando lo adoramos. Cuando nos rendimos a Sus pies. Cuando de rodillas clamamos a Él por alguna necesidad o simplemente porque tenemos deseos de hacerlo. ¿Por qué no adorarlo ahora? Hagámoslo.

Adorar es rendir nuestras vidas en la presencia de nuestro Padre celestial. Él es el centro de la adoración de los ángeles. Y tú y yo, como ellos, debemos centrar nuestra adoración en Su persona. En Él, solo en Él.

Dios es Espíritu y no está confinado a paredes de templos o catedrales.

Está en todas partes. El salmista clama: «¿A dónde me iré de tu Espíritu?» (Salmo 139:7-12). Dios es ese ser personal que siente y conoce, ama y se goza.

La verdadera y única adoración es la del alma «contrita y humillada» que delante del Señor derrama su corazón como las aguas.

Sigue la directriz de la Biblia. Es en ella donde el propio Señor nos dejó las instrucciones para un adorador que quiere obedecerle y agradarle.

# AGRADECE A DIOS

## Pablo Urbay

*Jesús les dijo: Mi comida es que haga la voluntad del que me envió, y que acabe su obra.*

(JUAN 4:34)

¿Quieres saber cómo se mide el amor? ¿Quieres saber cuánto te aman o cuánto amas? No hace falta ningún equipo electrónico.

No es un invento de la época. Hace ya mucho que se usa. ¿Sabes qué es?

Sí, exactamente, lo descubriste: «Cuando uno ama trata por todos los medios de agradar al ser amado».

Yo sabía que a mi mamá le gustaba que llegara temprano en la noche a la casa. Cuando me demoraba, veía su figura a más de trescientos metros en el porche de la casa. Yo trataba de agradarla y cuando no llegaba a la hora indicada, le explicaba, la abrazaba y la besaba. Quería agradarla y porque la amaba no quería herirla o agraviarla.

Nota que en nuestro texto lo más importante para Jesús no era el comer. Él decía que Su comida era hacer la voluntad de Su Padre. Él quería agradar a Su Padre. Eso nos muestra Su amor al Padre. Por el deseo de agradar al Padre, murió en la cruz. Fue obediente hasta la muerte y muerte de cruz. Y lo hizo por hacer la voluntad del que lo envió.

Por eso vino a la tierra. El creador del universo se conformó con estar en la estrecha matriz de una muchacha que lo llevó en su interior por nueve meses. Y todo lo hizo por agradar a quien lo había enviado, Su Padre.

Por agradar a Su Padre dio Su vida por nosotros. Murió después que fue azotado, escupido, clavado en un madero. Porque esa era la voluntad del que lo envió.

¿Amas a Dios? ¿Harás Su voluntad? Si lo amas y deseas hacer Su voluntad, buscarás la manera de agradarle en todo lo que hagas. Formarás un hogar que le agrade. Buscarás un trabajo donde Él sea honrado. Harás la obra en favor de Su reino sin importar las circunstancias. Agrada a Dios, es la única forma de demostrar que lo amas.

# FRUTOS ETERNOS

### Pablo Urbay

*Y el que siega recibe salario, y recoge fruto para vida eterna,*
*para que el que siembra goce juntamente con el que siega.*

(JUAN 4:36)

*M*e encantan las frutas. Cada mañana una de ellas desaparece después de varios mordiscos. Forman parte de mi disciplina alimenticia. Las frutas son productos de la variedad botánica que nuestro Dios nos obsequió. Gracias, Señor, por los jugosos y apetitosos frutos que en inmensa variedad los seres humanos podemos disfrutar. Pero no vamos a centrar nuestra atención en frutos perecederos, sino que vamos a centrarla en frutos que permanecen por siempre.

Claro, el amor es uno de los eternos frutos que tenemos que cosechar. Ese amor que nos hace soportar a personas de caracteres dudosos, gritones, groseros o mortificantes.

Amemos, es un fruto eterno. Nunca se acabará, ni se pudrirá. Pero, con toda seguridad estarás pensando en el fruto eterno de un alma salvada, rescatada de las garras de nuestro enemigo común, Satanás. Un alma salvada aquí en nuestro medio, cualquiera que sea, hará que en el reino de los cielos haya fiesta, alegría, gozo. Un alma salvada es un fruto eterno. Recolectemos esas almas. Pídele al Señor que te dé el privilegio de poder segar un fruto eterno. Un nombre que esté escrito en el libro de la vida. Otro quizás sembró la semilla, tú abónala, cuídala y siégala.

Si amamos, el amor nunca dejará de ser porque es eterno. Dediquémonos con todo ahínco y fervor a que los frutos eternos del amor y las almas salvadas sean cosechados con nuestro esfuerzo diario. Nuestra oración debe ser en favor de los frutos eternos que serán segados el día final de la historia de esta humanidad. Ese día final está por llegar. Amemos y propongámonos segar almas para el reino de Dios.

# CONOCIENDO A CRISTO

## Pablo Urbay

*... y decían a la mujer: Ya no creemos solamente por tu
dicho, porque nosotros mismos hemos oído, y sabemos que
verdaderamente éste es el Salvador del mundo, el Cristo.*

(JUAN 4:42)

*E*ra una experiencia doble. Imagínate, una mujer, conocida en el pueblo. Bueno, digamos que bien conocida, llega con un mensaje de esperanza y seguridad. Ha tenido una experiencia que la transmite a sus conterráneos. Ante una experiencia personal, no hay argumentos. Lo experimentado no se puede rebatir. «Me dijo todo lo que he hecho».

Te das cuenta de que cuando uno conoce y ha experimentado la obra salvadora y regeneradora de Cristo no lo puede callar. La gran mayoría de los sanados por Él lo proclamaron a los cuatro vientos. En aquella mujer la obra había sido moral, emocional, espiritual y se va a convertir en un verdadero movimiento colectivo. Están conociendo al Cristo de Dios. Hasta ahora solo tenían una leve idea del Mesías. Hoy lo tienen delante.

Te presento a ese Cristo para que lo conozcas. Él es el Hijo de Dios. El Salvador. El Cordero de Dios que quita el pecado del mundo. Él es la estrella resplandeciente de la mañana. El león de la tribu de Judá. El que anduvo haciendo bienes. El que fue a la cruz para salvar a los hombres de sus pecados. El que estuvo muerto y resucitó. El que está sentado a la diestra de Dios Padre, intercediendo por los suyos. El que un día vendrá a buscar a los que han creído en Él.

¿Conoces a ese Cristo? No el Cristo de las figuras o de las que son llevadas en el cuello en una cadena. Sino al Cristo que te ama. Tú le puedes amar también. Ámalo. Cree en Él. Sírvele.

No dudes en creer en Él. No solo te dirá lo que siente y piensa, sino que te hará una persona distinta. Nota este detalle, aquella mujer dejó su cántaro junto al pozo. Ahora lo más importante para ella era su conocimiento experimentado con el Mesías, con el Hijo de Dios.

Ella cumplió con la Gran Comisión que todavía no había sido dada: Fue, predicó, enseñó e hizo discípulos.

# UNA PETICIÓN HUMILDE

**Pablo Urbay**

*... por lo que ni aun me tuve por digno de venir a ti; pero di la palabra, y mi siervo será sano.*

(LUCAS 7:7)

*H*ay varias maneras de hacer una petición. ¿Se acuerda usted de alguna vez cuando pidió algo de mala forma o quizás con orgullosa autoridad? ¿Recuerda los resultados de esa petición? Quizás la forma de pedir lo llevó al fracaso.

Fíjese en el pasaje que leímos. El personaje central, después de Jesús, era un soldado romano. Tenía a cien hombres a su mando. Además era gentil. No era judío, aunque simpatizaba con ellos de tal manera que hasta les había construido una sinagoga, y por lo visto, tenía muchos amigos entre ellos.

¿No se ha percatado usted de la primera petición que hace? Nuestras peticiones dicen mucho de nuestro carácter y personalidad. «Sana a mi siervo» es su deseo. Un esclavo amado por este rudo soldado. Era un hombre de humilde corazón, pero no vacila en considerar pedirle a Jesús para que su siervo recobre la salud.

¿Cómo y cuáles han sido sus peticiones?¿Cree usted que el Señor responde según nuestra manera de pedir? El centurión interrumpe el viaje sanativo del Señor. Otro ruego que impacta a Jesús. *No vengas, no tienes que entrar a mi casa. Yo sé de tu autoridad. Yo sé que Tú puedes hacer el milagro a larga distancia. Di la palabra y mi siervo será sano.* Esa fue su humilde petición.

A nuestro Señor le agrada que demostremos la fe en nuestra relación con Él. El Señor se complace en mostrar Su poder. Solo está esperando una humilde petición que vaya acompañada de fe.

Haz la tuya. Ahora. Hazla. Habrá respuesta. Él espera por ti.

# CONFIAR EN LA AUTORIDAD DE JESÚS

### Pablo Urbay

---

*Porque también yo soy hombre puesto bajo autoridad, y tengo soldados bajo mis órdenes; y digo a éste: Ve, y va; y al otro: Ven, y viene; y a mi siervo: Haz esto, y lo hace.*

(LUCAS 7:8)

El Señor no se cansa nunca. Él tiene poder y no podremos vencerlo, porque como humanos, somos débiles. Lo mejor que los hombres y mujeres podemos hacer es confiar en Su autoridad y no ponernos a luchar contra Él. Si este universo fue creado por Él y para Él, es sabio y sensato reconocer Su poder y autoridad. Vivimos en un mundo cambiante. Nuestras vidas son frágiles. Nuestras decisiones sin considerarlo a Él nos llevan al fracaso.

Aquel centurión sabía lo que era la autoridad. Él la vivía diariamente. Y nosotros hemos visto y leído la autoridad de nuestro gran Dios y Salvador al sanar toda clase de enfermedades, dando vista a los ciegos, levantando a los paralíticos y a los cojos, restaurando a los leprosos. Al devolverle una vida normal a los endemoniados.

Como fue en el desierto con días sombreados, noches sin frío, un mar abierto y un cargamento diario de pan del cielo, fue también Su ministerio terrenal. Calmó el mar, alimentó a miles, llamó a hombres comunes para el ministerio, perdonó pecados.

¿Quién es ese que aun el viento y el mar le obedecen? ¿Con qué autoridad hace estas señales y perdona pecados? Estos fueron interrogantes de Sus discípulos y de Sus enemigos. Su autoridad trascendía a todos. Confiar en Su autoridad divina nos dará paz y seguridad. Él sigue siendo el mismo de siempre. Lo que hizo ayer lo hará hoy y lo hará mañana. ¿Desconfías de Su autoridad?

Parafraseando a Pedro decimos: «Señor, ¿en quién confiaremos?... Tú eres el Cristo el Hijo del Dios viviente. Tú tienes toda autoridad»

# VER ES CREER

## Sara García

---

*Entonces Jesús le dijo: Si no viereis
señales y prodigios, no creeréis.*

(JUAN 4:48)

*L*o invito a que lea no solo los versículos mencionados en el devocional, sino Juan 4:1-49. En esta porción de las Escrituras encontrará la conversación que Jesús sostuvo con la mujer samaritana. Él estaba profetizando en su tierra. Sin embargo, la mujer no se dio cuenta al principio de que era el Mesías, el Hijo de Dios el que le estaba ofreciendo agua viva. Hasta que finalmente se da cuenta quién era Él. Deja su cántaro de agua, se dirige a la ciudad y les cuenta a otros. La samaritana había visto al Señor y había creído todo lo que Él le había dicho y quiso que los demás también fueran a verlo. Ella era una mujer con una reputación moral dudosa. Había tenido cinco maridos y el que tenía en la actualidad no era su marido. Sin embargo, Jesús no la desprecia por su condición pecaminosa, sino que le ofrece el «agua viva». De esa forma ella se convirtió en el medio para que otras personas fueran a ver y creyeran. Se hizo portadora de las «buenas nuevas».

Nunca dudemos de que el Señor usa a personas comunes y corrientes para llevar las buenas nuevas a los demás. No solo usa a los pastores, a los maestros de escuela dominical o a las personas educadas. Nos usa a todos.

Recuerdo con mucha admiración a una mujer que no era una persona muy preparada o que hubiera estudiado en un seminario. Sin embargo, Dios la había dotado con el don de la predicación y había que oír los sermones que daba. Se sentía la presencia del Señor y hasta las paredes temblaban mientras ella predicaba. Todos los que teníamos la oportunidad de escucharla quedábamos en completo silencio ante su predicación y salíamos del templo con el espíritu lleno de regocijo, pues habíamos acabado de escuchar al mismo Dios hablándonos. ¡Qué bendición es poder disfrutar de sermones así! ¡Cuánta falta hacen en las iglesias hoy día!

El Señor puede usarnos a todos para que seamos medios por los cuales otras personas vengan, vean y crean. Solo es cuestión de que nos pongamos en Sus manos y que Él tome el control de nuestra vida.

# CREER SIN VER

### Sara García

*Jesús le dijo: Ve, tu hijo vive. Y el hombre creyó
la palabra que Jesús le dijo, y se fue.*

(JUAN 4:50)

La porción bíblica para hoy es una muestra real de lo que es «creer sin ver». Es la historia de un hombre que creyó en lo que Jesús le había dicho de su hijo, que estaba muy enfermo. Primero, aquel padre, en su desesperación, le pide a Jesús que descienda antes de que su hijo muera, mostrando así una gran fe. Jesús le responde lo que leemos en el versículo para hoy. Más tarde, al llegar a su casa, el hombre comprueba que su hijo había mejorado justo a la hora en la que Jesús le había dicho: «Ve, tu hijo vive». El hombre había creído en lo que Jesús le había dicho y pudo comprobar que efectivamente se había cumplido.

Esta historia se desarrolla en los tiempos bíblicos, pero hoy día también la podemos hacer realidad en nuestro mundo. Podemos «creer sin ver» cuando le pedimos al Señor en oración que proteja a nuestros hijos al marcharse del hogar porque ya crecieron y tienen que enfrentarse a su propia vida. Sabemos que Él los va a acompañar adondequiera que vayan. Cuando no podemos ver a nuestros seres queridos porque están en otros países o enfrentando problemas en los que no los podemos ayudar, confiamos en que el Señor estará ahí para brindarles apoyo y consuelo.

Me sonrío cuando les digo a mis hijas y a mi nieta que no se asusten cuando oigan el sonido de alas sobre sus cabezas porque siempre le pido al Señor que envíe a Sus ángeles alrededor de ellas para que las proteja de todo lo malo. No crean que estoy bromeando. Se los digo confiada completamente en las promesas del Señor como la que nos ha dado en el Salmo 34:7: «El ángel de Jehová acampa alrededor de los que le temen, y los defiende». Aquí también se cumple lo que es «creer sin ver». No podemos ver al Ángel del Señor, pero podemos estar seguros de que está alrededor de todos los que hemos recibido a Cristo como nuestro Salvador y Señor.

# ACTUAR CON FE

## Sara García

---

*Así, pues, nosotros, como colaboradores suyos, os exhortamos*
*también a que no recibáis en vano la gracia de Dios.*

### (2 CORINTIOS 6:1)

*H*ace un tiempo leí la historia de una niña que tenía un hermanito muy enfermo y estaba muy triste porque oía a sus padres hablar de que no tenían el dinero para pagar la operación ni las medicinas que su hijo necesitaba. La pequeña, en su inocencia, fue a su alcancía, la rompió y sacó unas pocas monedas y se dirigió a la farmacia más cercana. Llegó al mostrador de la farmacia y depositó las monedas, preguntándole al dueño si aquellas alcanzaban para comprar alguna medicina que aliviara a su hermanito. El hombre no le hizo caso, siguió hablando con un hermano que había llegado de muy lejos. Pero ella insistió y al fin los dos hombres le pusieron atención. Uno de ellos tomó el dinero en sus manos y con la otra sostuvo la manita de la pequeña y le dijo: «Llévame a donde vives. Quiero ver a tu hermanito y conocer a tus padres». Aquel hombre era el Dr. Carlton Armstrong, un cirujano especializado en neurocirugía. La operación fue gratis y después de unos días el pequeño regresó a su casa sano y salvo. Aquella chica había tenido fe en que su hermanito se salvaría y así fue.

¿Has escuchado decir «la fe mueve montañas»? Creo que sí. Todos hemos escuchado esa expresión muchas veces. Conocemos tales casos, como la fe de Noé cuando fue advertido por Dios acerca de las cosas que todavía no se veían pero que preparó el arca. Por fe, Abraham salió para un lugar desconocido y habitó en él. Por la fe de sus padres y de su hermana, Moisés fue puesto en un canasto y depositado en el río. Serían incontables los ejemplos de fe que podemos mencionar. Pero vamos a referirnos a la fe que debemos tener los que hemos recibido a Cristo como nuestro Salvador. Como colaboradores e hijos suyos, debemos ser ejemplo de fe para que las personas que nos vean sientan la curiosidad de saber por qué vivimos la vida tan confiados poniendo todo en las manos del Señor. Debemos proclamar el evangelio para lograr que más personas sientan la necesidad de buscarlo y que encuentren la salvación que solo Él ofrece. Debemos tener fe simplemente como la niña de la historia de hoy.

# CRECER EN LA FE

### Sara García

*Debemos siempre dar gracias a Dios por vosotros, hermanos, como es digno, por cuanto vuestra fe va creciendo, y el amor de todos y cada uno de vosotros abunda para con los demás.*

(2 TESALONICENSES 1:3)

Sin lugar a equivocarme les puedo decir que el año 2012 fue uno de los más difíciles en toda mi vida. Tuve que enfrentar recortes económicos, problemas de salud, operaciones y otras cosas difíciles que enfrentamos los seres humanos. Pero dos cosas les puedo asegurar: El Señor jamás me abandonó y nunca perdí la fe.

Me asombraba ver como Él estaba al tanto de lo que iba a necesitar más adelante y ya había provisto para que no me viera en problemas. Él estuvo al tanto hasta de mis necesidades económicas. ¡No pienses que exagero, te estoy diciendo la verdad!

Quizás pienses que las personas que trabajamos para el Señor no tenemos problemas como los demás. Pienso que muchas veces el Señor nos envía pruebas para probar nuestra fe, para ver si somos capaces de confiar como Él espera de nosotros. Es en esos momentos cuando tenemos que acudir al Señor y hacer uso de todos los dones que Él como nuestro Creador nos ha regalado. El don de poder realizar algún otro tipo de trabajo, el don de saber economizar y hacer todos los recortes económicos que sean posibles. Muchas veces compramos cosas que en realidad no necesitamos y es por ahí por donde tenemos que comenzar a hacer los recortes. Tenemos que aprender a diferenciar entre lo que necesitamos y lo que queremos.

Debemos aprender a vivir por fe, a apoyarnos unos a otros tal y como nos dicen los versículos de hoy. Y sobre todo, pedirle a Dios que nuestra fe crezca cada vez más.

Por lo tanto, vivamos con fe y confiados en que aunque estemos enfrentando tiempos difíciles nuestro Padre celestial jamás nos abandonará y está al tanto de todas nuestras necesidades.

# ACERCA DE JESÚS

### Sara García

*Y enseñaba en las sinagogas de ellos,*
*y era glorificado por todos.*

(LUCAS 4:15)

*M*editemos en lo que ha sido la vida de Jesús desde que fue enviado por Su Padre a este mundo. Es una historia que parece increíble e incomprensible: «Vivía en un hermoso reino con Su Padre. Un día éste decide enviarlo al mundo, a un mundo habitado por pecadores llenos de maldad con la encomienda de venir a enseñarles la manera correcta de vivir para que un día también los que reciban el mensaje puedan ir a morar a ese maravilloso reino celestial». Incomprensible, ¿verdad? Sí, pero es una historia verdadera.

Jehová envió a Su Hijo por amor a todos los seres humanos, sin importar la clase social, ni los pecados cometidos. El deseo de Jehová es que todos los hombres crean en el sacrificio de Jesús en la cruz del Calvario, lo reciban como su Salvador y Señor y un día vayan a morar en el maravilloso reino de donde vino Jesús.

Hay muchas personas que piensan que aceptar el mensaje de amor y perdón que vino a darnos Jesús es algo difícil de hacer. Piensan que la vida cristiana es muy aburrida y desprecian el sacrificio de Cristo. No quieren vivir la vida que Jesús nos vino a enseñar porque no desean dejar de beber, de usar drogas o de vivir una vida en completo pecado. He oído a personas decir: «Por nada del mundo me haría yo cristiano… vivir aburrido y sin hacer lo que realmente me gusta». Pero ¿a qué viven atadas esas personas que viven sin «aburrirse» y apartadas de Dios?

Viven en la incertidumbre de no saber lo que les pueda suceder después de haber bebido y manejar completamente embriagadas. En la incertidumbre de no saber lo que les puede suceder después de una noche de parranda y de tener relaciones sexuales con una persona extraña y resultar contagiadas con el virus del SIDA. Con el temor de que al cometer algún delito puedan ir a dar a la cárcel a cumplir alguna condena.

¿No sería mejor que pensaran diferente y aprendieran todo acerca de Jesús, de Sus enseñanzas, de lo tranquilos que podemos vivir los que hemos puesto en práctica Sus enseñanzas?

# ESCOGIDOS POR JESÚS

### Sara García

*El Espíritu del Señor está sobre mí, por cuanto me ha ungido para dar buenas nuevas a los pobres; me ha enviado a sanar a los quebrantados de corazón; a pregonar libertad a los cautivos, y vista a los ciegos; a poner en libertad a los oprimidos; a predicar el año agradable del Señor.*

(LUCAS 4:18-19)

Te invito a que leyendo las Escrituras te transportes mentalmente al pequeño pueblo de Nazaret y te imagines lo que allí está sucediendo... Jesús llega a la ciudad un día de reposo. Entra a la sinagoga como era la costumbre y le entregan el libro del profeta Isaías donde Él lee con toda autoridad: «El Espíritu del Señor está sobre mí...» y continúa con la lectura que Lucas nos describe en los versículos 18 y 19 que acabamos de leer. Jesús vino al mundo para dar las buenas nuevas de salvación, curar a los enfermos, darle vista a los ciegos y libertad a los oprimidos. Y quizás pienses que esas cosas solo le corresponden a Él porque para eso lo envió Su Padre.

Los cristianos tenemos la obligación de hacer lo que nuestro Maestro nos vino a enseñar. Hemos sido escogidos por el Señor para darles las buenas nuevas de salvación a nuestros vecinos, a nuestros compañeros de trabajo, a las personas con las que nos encontramos diariamente. A ser ejemplos de rectitud y honestidad para que vean a Cristo reflejado en nosotros por medio de nuestra actitud.

El otro día hablaba con un hermano acerca de la mala situación que atraviesa el mundo, tanto en lo político, como en lo económico y lo social. No hay país que no esté atravesando por dificultades y es que todas esas cosas están escritas. Las profecías se están cumpliendo, pero muchos no quieren ver la realidad. Este hermano me decía que no podemos hacer nada. A lo que me quedé pensando y le dije que sí podemos hacer algo. Podemos decirles a las personas que la segunda venida de Cristo se acerca y que deben recibirlo como su Salvador personal. No debemos cansarnos de decirles a otros lo que Dios hace por nosotros Sus hijos todos los días y de lo confiados que podemos vivir en Él. ¡Ha llegado el tiempo de hablarles a todos de las buenas nuevas de salvación!

# PORTADORAS DE LAS BUENAS NUEVAS

### Daniel Sotelo

*... pero a ninguna de ellas fue enviado Elías, sino a una mujer viuda en Sarepta de Sidón. Y muchos leprosos había en Israel en tiempo del profeta Eliseo; pero ninguno de ellos fue limpiado, sino Naamán el sirio.*

(LUCAS 4:26-27)

E
l Señor Jesús está ministrando en la sinagoga de Nazaret. Ha leído el rollo del profeta Isaías y les dice: «Ahora se ha cumplido esta profecía ante ustedes». Y como el profeta generalmente no es acepto en su propia casa o tierra, les cuenta las experiencias de dos profetas que Dios utilizó para bendecir a dos extranjeros, uno de Siria y una viuda de Sarepta, ciudad fenicia.

Cuando leo este pasaje me parece que Dios está diciéndome que esté listo para ser una bendición, hasta para los de otra casa, raza, creencia o cultura. Cuando Jesucristo fue manifestado a los suyos, al pueblo escogido de Dios, no lo recibieron, pero a todos los que le recibieron les dio potestad de ser hechos Sus hijos. Las bendiciones deberían ser primero para los míos, pero si los de casa no me oyen, no me creen, tal vez me consideran como loco, entonces Dios me usa para ser bendición a otros. Dios en Su infinita soberanía y sabiduría derrama Su abundancia por medio de nosotros.

Las misericordias de Jehová nunca han tenido barreras nacionales. Jesús, después de leer la profecía, les expone la historia olvidada de Israel. Lo admiraron por Sus palabras y sabiduría, pero una vez que expuso Su misión, dijeron: «¿No es el carpintero, el hijo de José y María?».

Jesucristo se presenta en Nazaret como el Mesías y empieza Su ministerio en Su propia tierra, hablando de un evangelio universal. Y así nos guía y nos equipa para ser bendición a los que menos lo esperan de nosotros. Porque no solo nos trajo a Sus pies por medio de Su Palabra y Espíritu, sino que también nos prepara para ser Sus instrumentos. Somos Su cuerpo que vive en el mundo para llevar Su mensaje de paz, gozo y esperanza.

# TESTIFIQUEMOS DE CRISTO SIN TEMOR

**Daniel Sotelo**

*Al oír estas cosas, todos en la sinagoga se llenaron de ira.*

(LUCAS 4:28)

*J*esús había recorrido los pueblos, las aldeas y las ciudades. Siempre visitaba las sinagogas, como era Su costumbre. En esta ocasión llega a Su pueblo y visita el lugar donde los judíos adoraban. Las personas lo escuchaban con mucha atención y les impactó, porque todas estaban perplejas al escucharlo y al mismo tiempo, en sus mentes se preguntaban: *¿No es este el hijo del carpintero?* El eco de Sus enseñanzas y Sus obras demostraban Su poder y autoridad aun sobre la naturaleza. Todo esto resonaba; el murmullo y el hablar de las personas era muy notable.

¡Ah! El corazón del hombre es perverso y engañoso. Es como dice el poeta:
«El corazón del hombre es como una piedra sepulcral sin nombre.
Quise una vez a hombre conocer, conocer cosa que no pudo ser».

Quién iba a pensar que esta oferta y estas profecías, este regalo del cielo, serían mal entendidos y rechazados. Aun hasta llegar a la violencia contra Él. Nos preguntamos cómo es posible que un pueblo que vive en tinieblas espirituales rechace la luz que puede guiar y traer paz. Natanael dice: «¿De Nazaret puede salir algo bueno?». Y este era un hombre muy religioso. La profecía se cumple, no solo en Jesús, sino también en el refrán: «De cierto, que ningún profeta es acepto en su propia tierra».

Los beneficios que Cristo nos ofrece son innumerables. No los rechaces. Si lees las Escrituras, conoces a Cristo y lo recibes como Señor y Salvador, recibirás el perdón de Dios, la paz que sobrepasa todo entendimiento y la vida eterna en los cielos. Esto no es asunto de cultura, religión o herencia religiosa. Esto es muy personal. Acepta lo que Cristo ofrece gratuitamente porque por gracia somos salvos. No permitas que Jesús se escape, como se escapó de los que le escucharon y fueron ofendidos, solo porque era uno de casa. Si ya recibiste al Señor como tu Salvador personal y cuando testificas a los tuyos eres rechazado, recuerda que esto también le sucedió al Señor.

# FIRMES EN LA FE

## Daniel Sotelo

---

*... si en verdad permanecéis fundados y firmes en la fe, y sin moveros de la esperanza del evangelio que habéis oído, el cual se predica en toda la creación que está debajo del cielo; del cual yo Pablo fui hecho ministro.*

(COLOSENSES 1:23)

¡Qué maravilloso es saber que nuestro Dios no hace acepción de personas! El evangelio es para todos. Niños, jóvenes, adultos o ancianos, el que desee el «pan de vida» lo puede recibir. Él murió, resucitó, ascendió y viene otra vez, a buscar a los que le recibieron como Señor y Salvador.

Para todos los que quieran tomar la cruz y venir en pos de Él. Para todos los que estén dispuestos a perder su vida, para ganarla. Para todos los que viven en las tinieblas de la cultura, la tradición o la religión. Solo Él es el camino, la verdad y la vida. Para todos los que anhelan servir en Su reino, hay lugar en la cruz para ti. Todos los que no solo reciben la fe de Jesucristo, sino que permanecen en ella hasta Su segunda venida. Para todos los que han experimentado una transformación y continúan en ella. Los que como Pablo pueden decir: «No que lo haya alcanzado ya, ni que ya sea perfecto; sino que prosigo, por ver si logro asir aquello para lo cual también fue asido por Cristo Jesús».

El evangelio es universal en su alcance, también es indivisible. Es aplicable a cualquier individuo que lo quiera recibir. Es personal y global al mismo tiempo, porque Cristo pagó el precio en la cruz para redimir al pecador, en cualquier condición que se encuentre. Solo tiene que reconocer su pecado, arrepentirse y recibir el don inefable, que el Padre ha provisto. Al ladrón en la cruz, Jesucristo le dice: «Hoy estarás conmigo en el paraíso» A la mujer tomada en adulterio le dice: «Vete y no peques más». Al religioso y líder de Israel le dice: «Os es necesario nacer de nuevo». Al perseguidor de Sus seguidores, Saulo, le pregunta: «¿Por qué me persigues?». Cristo nos compró y la iglesia existe para ser la voz de Cristo en la tierra. Si eres creyente y sabes que Cristo vive en ti, esta es tu responsabilidad y privilegio.

# ÉL ES NUESTRA ESPERANZA

### Daniel Sotelo

*... a quienes Dios quiso dar a conocer las riquezas de la gloria de este misterio entre los gentiles; que es Cristo en vosotros, la esperanza de Gloria.*

(COLOSENSES 1:27)

Te recuerdo que esta carta fue enviada a la iglesia en Colosas. Todo hombre o mujer que recibe a Cristo como Señor y Salvador es un santo. No porque sea perfecto, no hay tal ser, solo uno es perfecto: Jesucristo. Pero todo redimido ha sido santificado por el Espíritu Santo, por la sangre de Cristo y por la Palabra de Dios. Pero no solo eran santos, sino que eran santos fieles y obedientes. Demostraban una firmeza en la fe de Jesucristo, que en realidad era algo notorio.

Muchas veces, a causa de nuestra infidelidad, nos privamos de grandes bendiciones de lo alto. Noten lo que Pablo nos revela en el versículo de hoy. Esta es una revelación maravillosa. Esta gloriosa verdad fue consumada en Cristo. Nosotros los creyentes e hijos de Dios, somos herederos de Dios y coherederos con Cristo. Todo es nuestro en Él. Él mora en nosotros y juntamente seremos glorificados cuando Él se manifieste en Su segunda venida. Es esta esperanza a la que fuimos llamados. Esta es una esperanza viva y segura. Esta es una de las razones por la que los pastores, predicadores y maestros de la Palabra insistimos en leer, estudiar y escudriñar las Escrituras. Cristo mismo lo mandó, cuando les dice a los suyos: «Escudriñad las Escrituras, porque ellas dan testimonio de mí». En Su oración dice al Padre: «Santifícalos en tu verdad, tu Palabra es verdad». Mientras más conocemos Su Palabra, más conocemos de Él y a Él. Y mientras más conocemos, más nos beneficiamos, porque estamos en Su voluntad.

Cualquier malestar, tragedia personal y desánimo, puede ser superado. Podemos salir victoriosos porque hemos sido llamados y confirmados en una esperanza inmarcesible en los cielos. No hay nada ni nadie que nos pueda apartar de esta esperanza. Ni en el presente, ni lo que ha de venir, ni lo alto ni lo bajo, ni ninguna cosa creada nos puede separar del amor y esperanza gloriosa en Cristo Jesús, Señor nuestro. Él es la esperanza. Sírvele, ámale, crece en el conocimiento y gracia de Él y espera en obediencia.

# LA GLORIOSA TRANSFORMACIÓN

**Daniel Sotelo**

*... él cual transformará el cuerpo de la humillación nuestra, para que sea semejante al cuerpo de la gloria suya, por el poder con el cual puede también sujetar a sí mismo todas las cosas.*

(FILIPENSES 3:21)

Trasformación implica cambios drásticos o paulatinos. Pero tiene que notarse un cambio. En la transformación existe una mutación, un progreso que va haciéndose evidente. Podríamos expresarlo como 2 Corintios 5:17: «si alguno está en Cristo, nueva criatura es; las cosas viejas pasaron; he aquí todas son hechas nuevas». Es decir, es un nuevo nacimiento. Una nueva naturaleza ha sido recibida. Esta experiencia espiritual es la que nos prepara y nos hace aptos para la transformación gloriosa que nos espera. ¡Qué gloriosa verdad y promesa para todo ser nacido de nuevo!

El apóstol Pablo nos explica que este cuerpo que ocupamos ahora un día será transformado. Este cuerpo es frágil y pecador. Es la morada temporal del Hijo de Dios. No entendemos ni sabemos claramente cómo se llevará a cabo tal transformación ya que «por fe andamos y no por vista». Sabemos que tenemos una morada mejor, o como dice Pablo, un edificio o habitación celestial. La garantía la tenemos, porque no solo nos selló con Su Espíritu, sino que podemos confiar en que fue a preparar un lugar para que un día estemos con Él.

Recuerda que esta gloriosa transformación comienza en ti y en mí, en el momento en que el Espíritu Santo nos convence de pecado, nos anima a recibir a Cristo y nos sella. La vida nueva ha comenzado en Cristo y lo que Dios comienza, lo termina a su debido tiempo. Esta transformación anticipada y garantizada Pablo la define en Filipenses de esta manera: «Cristo es el propósito de mi vida». «Cristo es la pasión de mi vida». «Cristo es la persuasión de mi vida y Cristo es el poder de mi vida». Vivamos agradecidos al Señor por esta gloriosa promesa y con la certeza de que Su Palabra se cumplirá tal y como está escrita.

# EL TIEMPO ES AHORA

## Daniel Sotelo

---

*... diciendo: El tiempo se ha cumplido, y el reino de Dios se ha acercado; arrepentíos, y creed en el evangelio.*

(MARCOS 1:15)

*E*l tiempo se ha cumplido, ha llegado la hora, las profecías son cumplidas al pie de la letra. Desde el libro de Génesis está la promesa del Salvador. Ahora está ante el pueblo, después de la presentación, por Juan el Bautista: «El Cordero de Dios, que quita el pecado del mundo». La urgencia de este mensaje es apremiante. El evangelio de Cristo es la única esperanza del mundo sin esperanza. La esperanza del evangelio no está en los seminarios, las convenciones o los centros religiosos. El tiempo de sembrar la semilla de vida eterna es ahora.

Cuando la Biblia dice: «Hoy es el tiempo de salvación» está declarando lo imperativo de nuestra responsabilidad. Jesucristo, antes de Su ascensión, les dijo a Sus seguidores: «Id y haced discípulos...». En la Gran Comisión están las cuatro demandas del Señor. Predicar el evangelio en todo el mundo. El diseñó un patrón: «Hacer discípulos». Y el destino, Jerusalén, Judea, Samaria y hasta lo último de la tierra. Pronto la noche viene, es más tarde de lo que pensamos. Los días se acortan, la venida de Cristo se aproxima y muchos están esperándole. Tú tienes la respuesta, esto es, si has recibido a Cristo.

No esperes que venga el evangelista para una campaña especial. Sal ahora mismo, busca a tus amigos, familiares, vecinos y hasta a las personas que no conoces. Llévales las buenas nuevas de salvación. Ahora tienes la oportunidad. Usa todo medio de comunicación; el teléfono, la computadora, el correo, una visita especial. Invítalos a tomar un café, una cena o cualquier otro medio para demostrarles tu interés por sus almas. El tiempo ha llegado.

Nota las palabras de Cristo: «El tiempo se ha cumplido, el reino de Dios se ha acercado, arrepentíos, y creed en el evangelio». Las palabras de Pedro el día de Pentecostés, fueron similares: «Arrepentíos, y bautícese cada uno de vosotros...». Ve y diles que Cristo los ama, que murió en su lugar para darles vida eterna. Pero el arrepentimiento es imperativo. Es tiempo de salir. Es tiempo de urgirles sobre la oportunidad de recibir a Cristo.

# NO YO, SINO CRISTO EN MÍ

## Josué Ortiz

*Con Cristo estoy juntamente crucificado, y ya no vivo yo, mas vive Cristo en mí; y lo que ahora vivo en la carne, lo vivo en la fe del Hijo de Dios, el cual me amó y se entregó a sí mismo por mí.*

(GÁLATAS 2:20)

*R*ebekah, mi amada esposa, es originaria de Estados Unidos. Yo soy de México, crecí en México, estudié en México toda mi juventud. Fue hasta el 2004 cuando dejé mi nación para estudiar en el extranjero. Nos conocimos, nos casamos y varios años después nos mudamos a México para plantar una iglesia. Irónicamente, para vivir en México era mejor que yo me convirtiera en un ciudadano estadounidense. Así que después de muchas entrevistas y largos procesos burocráticos, me otorgaron *una nueva* nacionalidad. Me dieron un certificado de *naturalización*. No perdí mi nacionalidad mexicana, pero adquirí una nueva.

Cuando llegamos a Cristo adquirimos una *nueva nacionalidad*. Ahora somos ciudadanos de Su reino, anteriormente muertos en las profundidades de las tinieblas, pero ahora parte de Su familia. Tenemos un nuevo nombre y una nueva identidad, poseemos nuevas promesas y una inamovible herencia, y andamos confiadamente hacia una ciudad no hecha con manos humanas.

Si no tenemos cuidado, podemos olvidar que ya no vives tú, sino Cristo en ti. Todo lo que haces y todo lo eres es gracias a Cristo, a Su sacrificio y a Su amor. Tu vida ya no es propia, sino que ha sido comprada con la sangre del Cordero, ¡vive para Él!

# ¿ESCLAVOS O HIJOS?

### Nathan Díaz

---

*Así también nosotros, cuando éramos niños, estábamos en esclavitud bajo los rudimentos del mundo. Pero cuando vino el cumplimiento del tiempo, Dios envió a su Hijo, nacido de mujer y nacido bajo la ley, para que redimiese a los que estaban bajo la ley, a fin de que recibiésemos la adopción de hijos. Y por cuanto sois hijos, Dios envió a vuestros corazones el Espíritu de su Hijo, el cual clama: ¡Abba, Padre! Así que ya no eres esclavo, sino hijo; y si hijo, también heredero de Dios por medio de Cristo.*

(GÁLATAS 4:3-7)

La adopción es algo hermoso en nuestra sociedad. Cuando una familia decide tomar la vida de un pequeño que no tenía familia para adoptarlo, vemos una escena de redención y misericordia. La misma realidad se ha manifestado en los que hemos sido adoptados en la familia de Dios.

Éramos esclavos de este mundo, bajo el yugo de la ley que tratábamos de usar para llegar a Dios por nuestros propios esfuerzos, pero que más bien nos condenaba aún más. Estar en la familia de Dios no dependía de ganarnos el derecho de ser adoptados, sino era cuestión de que alguien más pudiera hacer posible todos los trámites legales para ser adoptados. En Jesús tenemos nuestro abogado quien presenta delante del juez todo lo necesario para que Dios nos pueda adoptar justa y legalmente a Su familia y así darnos todos los derechos de herencia como hijos.

¡Qué privilegio es ya no ser esclavos sino hijos!

# SEGUIMOS SIENDO LIBRES

### Karla de Fernández

*Estad, pues, firmes en la libertad con que Cristo nos hizo libres, y no estéis otra vez sujetos al yugo de esclavitud.*

(GÁLATAS 5:1)

*H*e estado leyendo una novela que me ha impactado desde la primera línea. Es una novela extensa, pero vale la pena cada frase escrita. La historia trata de un hombre que fue encarcelado de manera injusta, le tendieron una trampa y terminó preso durante muchos años.

Me encanta que desde el primer día que estuvo en prisión no perdió la esperanza de que algún día se probaría su inocencia y sería libre, totalmente libre de todo lo que se le acusaba. Sin embargo, durante su encarcelamiento, su comportamiento fue como el de un esclavo, su corazón era libre, pero sus hábitos eran los de un esclavo.

Mientras escribo esto pienso que en muchas ocasiones nos sucede igual, sabemos que somos libres de todo lo que se nos acusaba; Cristo demostró nuestra inocencia delante del Padre y juez del universo, no porque nunca hubiéramos pecado, sino porque el sacrificio de Cristo fue suficiente para limpiarnos de todo rastro de maldad que nos acusaba delante del Padre.

Cristo nos limpió, nos liberó, nos dio una nueva identidad y nuestro mal historial fue borrado. Pero aún con eso, muchas veces seguimos actuando como si aún estuviéramos esclavizados. Nuestros hábitos siguen siendo los de alguien que está en esclavitud.

Sigue habiendo esperanza para nosotros. Dios nos sigue viendo limpios; Cristo sigue hablado cosas buenas de nosotros al Padre, seguimos siendo libres. ¡No temas!

# ¿QUÉ FRUTO TIENES?

### Josué Ortiz

*Digo, pues: Andad en el Espíritu, y no satisfagáis los deseos de la carne. Porque el deseo de la carne es contra el Espíritu, y el del Espíritu es contra la carne; y estos se oponen entre sí, para que no hagáis lo que quisiereis.*

(GÁLATAS 5:16-17)

*H*ace algunos años, mi papá llevó a toda la familia a ver el hotel donde él se hospedaba cuando era niño. Estábamos vacacionando en Acapulco y aprovechamos que estábamos allí para visitar el lugar del que tanto habíamos escuchado. No es un hotel «de cadena», es más bien un negocio familiar, pero lo que yo quería ver con más anticipación, era el árbol de mango del que tanto había hablado mi papá. Para sorpresa de todos, el árbol continuaba allí, con frutos deliciosos a la vista, listos para ser devorados por los turistas.

Pablo hace una analogía tan clara y gráfica que no podemos pasarla por alto. El creyente se debe comparar con un árbol frondoso, grande, saludable y lleno de fruto. Es lo que Pablo llama, «andar en el espíritu», y es una orden, no una sugerencia. El creyente tiene que entender que en Cristo es una nueva criatura, pero su antigua naturaleza, la pecaminosa, aún persiste en sus deseos antiguos y caídos, y es nuestra labor la de permanecer firmes y no ceder.

Entiende que los deseos de la carne y los del Espíritu se oponen entre sí, no son compatibles. No puedes, por más que te esfuerces, vivir una vida espiritual con una vida carnal.

# MANIFESTACIONES SOBRENATURALES

## Nathan Díaz

*Mas el fruto del Espíritu es amor, gozo, paz, paciencia, benignidad, bondad, fe, mansedumbre, templanza; contra tales cosas no hay ley.*

(GÁLATAS 5:22-23)

Muchas iglesias hoy se jactan de las manifestaciones sobrenaturales como sanidades y profecías como muestras de la presencia y mover del Espíritu en sus reuniones. Aunque en el Nuevo Testamento encontramos este tipo de manifestaciones, la única manifestación que muestra indudablemente la obra del Espíritu Santo es la transformación del corazón.

Jesús dijo que las manifestaciones sobrenaturales no necesariamente son evidencias de ser ciudadanos del reino de Dios: «No todo el que me dice: Señor, Señor, entrará en el reino de los cielos, sino el que hace la voluntad de mi Padre que está en los cielos. Muchos me dirán en aquel día: Señor, Señor, ¿no profetizamos en tu nombre, y en tu nombre echamos fuera demonios, y en tu nombre hicimos muchos milagros? Y entonces les declararé: Nunca os conocí; apartaos de mí, hacedores de maldad» (Mat. 7:21-23).

¿Qué es lo que debemos buscar en nuestras iglesias como evidencia de que realmente somos cristianos? El fruto del Espíritu. Este fruto es realmente más sobrenatural que una sanidad física. Es la transformación del corazón que manifiesta las obras de santificación que solo Dios puede hacer en nosotros. A lo mejor no es el tipo de manifestaciones que mucha gente busca. Pero es el tipo de muestras que nos dan esperanza real de que somos de Dios.

# BUENA SIEMBRA

### Karla de Fernández

*No os engañéis; Dios no puede ser burlado: pues todo lo que el hombre sembrare, eso también segará. Porque el que siembra para su carne, de la carne segará corrupción; mas el que siembra para el Espíritu, del Espíritu segará vida eterna. No nos cansemos, pues, de hacer bien; porque a su tiempo segaremos, si no desmayamos.*

(GÁLATAS 6:7-9)

Recuerdo que cuando era niña, mi papá sembró árboles frutales en el rancho donde vivíamos. Cada determinado tiempo mi mamá y yo salíamos a recoger tejocotes, chabacanos, ciruelas verdes y rojas, manzanas, membrillos y capulines.

Era tanto el fruto que recogíamos que regalábamos a nuestros vecinos cubetas llenas de tan deliciosas frutas. Todo cuanto sembraba mi padre, daba fruto en abundancia. Era claro que Dios le había dado la gracia al cosechar el fruto de los árboles que había sembrado y cuidado.

En la vida sucede lo mismo. De acuerdo con lo que sembremos, eso es lo que cosecharemos. Dios nos ha dado por medio de Su Palabra, indicaciones de aquello que nos hará fructificar para vida eterna con Él, o bien, aquello que nos hará dar fruto que no permanecerá, pero que también puede ser dañino.

No todos los frutos son buenos, hay algunos que nos hacen daño más que darnos deleite. En nuestras manos está el saber elegir y sembrar lo que queremos cosechar en el futuro. Dios en Su bondad no nos ha dejado a ciegas, es por Él que sabemos qué es lo que nos conviene y qué no. Seamos sabios.

# SOLO POR GRACIA

### Josué Ortiz

*Porque por gracia sois salvos por medio de la
fe; y esto no de vosotros, pues es don de Dios;
no por obras, para que nadie se gloríe.*

(EFESIOS 2:8-9)

La Reforma fue el movimiento social y religioso más importante en siglos. La Edad Media se vio envuelta en cientos de años de oscuridad, engaño y confusión. Se dieron abusos religiosos de toda clase hasta llegar a lo ridículo. Sin embargo, nada nunca sale del control del Rey. Dios siempre ha tenido su remanente, y a inicios del siglo xvi, Dios despertó a siervos como Martín Lutero, que proclamaron a toda voz el poder de la salvación de Dios a través *solo* de la gracia.

Pablo está predicando esta verdad en nuestro texto. Pablo asegura a la iglesia de Éfeso que la salvación no es por obras, que de creer lo contrario caeremos, inevitablemente, en orgullo y autosuficiencia. Podemos pensar que lo merecemos, que lo alcanzamos, pero no es así, la gracia habla de recibir algo que *no merecíamos*. La fe genuina en Cristo, afirma Pablo, es el medio por el cual la gracia de Dios llega a nuestras vidas.

No hay nada que podamos hacer para alcanzar la salvación de Dios. Pero un buen recordatorio para el creyente es que así como fuimos salvos por gracia, también vivimos solo por gracia. Podemos pensar que nuestras buenas obras *pagan* a Dios Su favor, o que lo impresionan con nuestros logros, pero no es así. ¡*Vives* solo por gracia, pero también *vive* solo por gracia!

# UNA UNIDAD SOBRENATURAL

## Nathan Díaz

*... con toda humildad y mansedumbre, soportándoos con paciencia los unos a los otros en amor, solícitos en guardar la unidad del Espíritu en el vínculo de la paz.*

(EFESIOS 4:2-3)

La Biblia siempre es muy sincera sobre los retos que implica la vida cristiana. Uno de los retos más grandes es la unidad de la iglesia. Se requiere una obra sobrenatural en nuestras vidas para poder trabajar con personas con debilidades, fallas, pecado y personalidades y opiniones diferentes a las nuestras. ¿Cómo amarnos de una manera que sea evidente y promueva la unidad del cuerpo de Cristo?

Pablo nos da algunos principios en estos versículos sobre cómo vivir el tipo de unidad que honra a Dios. Una es humildad. Va a requerir el tener una perspectiva realista sobre nosotros mismos que no nos eleva sobre los demás para menospreciarlos. Otra es mansedumbre. La mansedumbre es un aspecto de nuestro carácter relacionado al dominio propio donde no reaccionamos de maneras impulsivas con enojo y resentimiento. La otra cualidad que fomenta la unidad es soportarnos con paciencia unos a otros. Esto implica que tenemos que soportar cosas de los demás que van a requerir paciencia. La manera de tener paciencia con los defectos de otros es viendo también la obra de gracia que Dios está haciendo en ellos.

Dios quiere que sea evidente que hay una obra sobrenatural en la unidad de Su iglesia. Solo con el Espíritu Santo hay esperanza de guardar la unidad en el vínculo de la paz.

# SOMOS UNO CON ÉL

## Karla de Fernández

*Un Señor, una fe, un bautismo*

### (EFESIOS 4:5)

Qué Dios tan grande tendremos que no solo en el principio de la creación supo que no era bueno que el hombre estuviera solo, sino que la compañía de alguien más, es decir, la comunidad era importante.

Desde el inicio sabemos que, para Adán, Eva fue la ayuda idónea, lo que él necesitaba para llevar a cabo el plan y los propósitos que Dios le había dado desde un inicio. Pero con el paso del tiempo y de la historia, leemos lo importante que fue el estar en familias, en comunidad, como pueblo y como nación también.

Hasta la fecha vemos cómo es importante para la humanidad seguir viviendo en comunidad. Pero ¿sabes?, algo que es común que perdamos de vista es que en Cristo, se nos ha dado una familia inmensa, incontable; se nos ha dado una comunidad a la que pertenecemos y a la que podemos acudir cuando sea necesario.

Todos los que hemos creído en la vida, muerte, resurrección y segunda venida de Cristo, hemos sido hechos familia. Se nos ha llamado a permanecer en ella, en la iglesia de Cristo. Estamos unidos por «Un Señor, una fe, un bautismo» (Efesios 4:5).

Nos pertenecemos unos a otros, pero lo más impresionante es que pertenecemos a Cristo; y más impresionante aún es que nada ni nadie nos podrá quitar ese lugar que Él mismo nos dio, el lugar que ganó para nosotros por medio de Su sangre en aquella cruz.

Somos uno con Él, bendito sea el Señor.

# UN GRAN EDIFICIO

### Josué Ortiz

*A fin de perfeccionar a los santos para la obra del ministerio, para la edificación del cuerpo de Cristo.*

(EFESIOS 4:12)

Todas las semanas pasábamos por ahí para ver cómo iba la construcción. Dios había provisto un lugar dónde vivir, y así nuestra familia tendría su primer hogar propio. El problema es que el edificio estaba en construcción y la empresa nos dijo que tomaría un año en concluir. Así que semanalmente pasábamos para ver el progreso, y era emocionante ver las grandes maquinarias que construían un gran edificio.

Pablo usa la analogía de «construcción» con respecto a la iglesia en muchas ocasiones. La iglesia, la asamblea de todos aquellos que han sido rescatados, es la expresión del reino de Dios en la tierra. Jesús reina sobre ellos, y sus ciudadanos viven vidas en obediencia a Su Palabra. Pablo asegura que la razón de que la iglesia tenga pastores, maestros y profetas, es para «perfeccionar a los santos». Esto quiere decir que debe haber un marcado crecimiento en madurez y santidad espiritual en la iglesia. Los miembros de una congregación deben edificarse, no destruirse, avanzar, no retroceder.

El grupo de ancianos o pastores son los encargados de llevar la «maquinaria» para la construcción de la iglesia. No que ellos la construyen, pues Cristo es el Arquitecto principal, pero Pablo asegura que Dios ha encargado a los pastores la ardua tarea de nutrir a los santos a fin de que crezcan. ¡Demos gracias a Dios, y oremos sinceramente, por los pastores!

# NUESTRA NUEVA ROPA

### Nathan Díaz

*... y vestíos del nuevo hombre, creado según Dios*
*en la justicia y santidad de la verdad.*

(EFESIOS 4:24)

Todos debemos poder describir cómo sería nuestra vida sin Cristo. ¿Dónde estaría nuestra esperanza? ¿Para qué estaríamos viviendo? ¿Cuáles serían nuestras prioridades? ¿Cuáles son los pecados que estaríamos justificando como algo bueno? Probablemente las cosas que podríamos enlistar tendrían que ver con áreas que sabemos son una lucha para nuestra naturaleza pecaminosa.

Estaríamos justificando la pornografía. Probablemente estaríamos justificando un divorcio o la manera de acumular un poco más de dinero de manera ilegal. Pero como creyentes en Cristo transformados a través de un nuevo corazón con la dirección del Espíritu Santo ya no justificamos nuestro pecado. Nos quitamos las vestiduras del viejo hombre (v. 22) que se goza, justifica y permanece en su iniquidad y nos ponemos la ropa del nuevo hombre, que cada vez más se goza en lo que es bueno de acuerdo a la perfecta y santa voluntad de Dios.

El viejo hombre suprime la verdad de Dios (Rom. 1:18). El nuevo hombre ama la verdad de Dios porque refleja la santidad del Dios que nos ha salvado. Reflejar la justicia de la ley moral de Dios solo es posible porque somos nuevas criaturas en Cristo (2 Cor. 5:17). ¿Qué cosas haríamos hoy si no hubiéramos experimentado la transformación del evangelio? Hoy es una nueva oportunidad para que podamos reflejar el nuevo hombre.

# RESPIRA HONDO

### Karla de Fernández

*Airaos, pero no pequéis; no se ponga el sol sobre vuestro enojo, ni deis lugar al diablo.*

(EFESIOS 4:26-27)

*D*urante años pensé que enojarse era malo. Llegué a esa conclusión porque cuando me enojaba me regañaban, así que conforme fui creciendo estaba convencida de que tenía un problema porque en ocasiones me enojaba.

Con el paso del tiempo era más sencillo fingir el enojo que hacerles frente a las situaciones con las que experimentaba esa emoción. Aprendí a sonreír en medio de un enojo, aprendí a callar aun cuando mi diafragma se contraía del enojo, aprendí a ocultar que estaba enojada.

Pero no duró para siempre. Toda esa emoción oculta fue almacenándose por un largo periodo de tiempo hasta que un buen día salió todo como una presa que se ha roto. El caudal era tanto que arrasó con todo lo que tenía al frente; recién cuando descargué todo, mis ojos fueron abiertos al peligro que puede ser un enojo mal enfocado o encauzado.

Efesios 4:26-27 nos dice: «Airaos, pero no pequéis; no se ponga el sol sobre vuestro enojo, ni deis lugar al diablo». Enojarse no es malo en sí mismo. Podemos enojarnos por los motivos correctos, pero algo que debemos tener claro es que el enojo no debe ser perpetuo porque entonces habrá severas consecuencias.

El apóstol Pablo nos instruye a que con ayuda del Espíritu Santo no demos rienda suelta al enojo. Hemos de estar agradecidos porque aun en nuestras emociones Dios tiene cuidado de nosotros y nos ayuda en el momento oportuno.

# ¡CUÁN DIFÍCIL ES PERDONAR!

### Josué Ortiz

*Antes sed benignos unos con otros, misericordiosos,*
*perdonándoos unos a otros, como Dios también*
*os perdonó a vosotros en Cristo.*

(EFESIOS 4:32)

$\mathcal{S}$ on palabras sencillas, simples, cortas, ¡pero cuán difícil es pronunciarlas con sinceridad y transparencia! La profundidad del significado de estas palabras va más allá de lo que muchos de nosotros pueda entender. Tal vez si entendiéramos que lo que estamos diciendo va ligado a lo que Cristo hizo por nosotros, nos sería más sencillo decirlas.

Pablo está hablando a la iglesia de Éfeso, y evidentemente había problemas entre los hermanos en Cristo. Desde el primer siglo vemos que malentendidos, luchas internas o celos, provocan dificultades reales. La asamblea de los redimidos nunca está exenta de problemas interpersonales, porque *todos* somos pecadores, seres caídos que lastimamos a otros con facilidad, y con aun mayor facilidad, nos *sentimos lastimados* por otros. Pero Pablo ordena que haya un perdón genuino entre ellos, y su argumento no va ligado a solo ser «mejores personas», sino que Pablo lo ordena porque lo relaciona *directamente* con la obra redentora de Cristo en la cruz.

Tienes que entender que nuestra responsabilidad como creyentes es muy simple: *perdonar* a nuestros ofensores y *pedir perdón* a los que nos ofendieron. No somos jueces que dictaminan quién se merece el perdón y quién no. Sino que perdonamos incondicionalmente *simplemente* por el hecho de que nosotros hemos sido *perdonados* incondicionalmente también. ¡Vivamos en la libertad del perdón!

# BAJO LA INFLUENCIA DE ALGO

### Nathan Díaz

*No os embriaguéis con vino, en lo cual hay disolución; antes bien sed llenos del Espíritu.*

(EFESIOS 5:18)

¿Cómo usamos nuestro tiempo todos los días? Todas las decisiones que tomemos hoy tienen consecuencias en algún grado. La mayoría de las personas solo están tratando de sobrevivir pasándola tan bien como puedan. Si no hay esperanza de lo que viene después de esta vida entonces nuestra filosofía será «comamos y bebamos que mañana moriremos» (1 Cor. 15:32).

Pablo quiere que como hijos de Dios aprovechemos sabiamente nuestro tiempo (vv. 15-16). La borrachera es una de las maneras en que la gente desperdicia el tiempo y normalmente solo termina en problemas y conflictos. El alcohol nos domina para hacer cosas que normalmente no haríamos. Por el otro lado, cuando estamos llenos del Espíritu Santo, comenzamos a hacer cosas que no haríamos en nuestra naturaleza humana. Y cuando el Espíritu nos guía, terminamos haciendo cosas con valor eterno. Cosas que tienen que ver con el reino de Dios y no son un desperdicio de nuestro tiempo.

Aunque alguien no sea alcohólico, será dominado por algo que ocupará su tiempo y energía. Todo lo que no tenga valor eterno, es una pérdida de tiempo. Pero todo lo que sea guiado por la presencia del Espíritu terminará dando fruto que nunca será en vano. ¿Qué nos dominará hoy? ¿Qué tipo de fruto producirá nuestra vida para el reino de Dios?

# SUMISA ¿YO?

## Karla de Fernández

*Las casadas estén sujetas a sus propios maridos, como al Señor*

(EFESIOS 5:22)

*E*n la cultura que impera en estos tiempos se está enseñando que no es bueno que una mujer esté *sujeta* a su esposo. El término sumisión se ha interpretado como un permiso para ser denigrada, abusada y maltratada, sobre todo por los hombres.

Pero en el plan de Dios, en Su mente santa y llena de amor para con Su creación, la sumisión es algo bueno. Tan bueno que no solo se nos llama a las mujeres a ser sumisas o a ser sujetas a nuestros esposos, sino también es una instrucción que se nos da a hombres y mujeres, chicos y grandes por igual.

Todos nos sometemos a alguien, en el sentido de recibir órdenes o instrucciones para un mejor funcionamiento de lo que estemos haciendo, o del lugar en el que estemos sirviendo o trabajando.

Quizá sea difícil para algunas de nosotras llevar a cabo esta instrucción porque hemos tenido malas experiencias, pero mujer, hay esperanza, confiemos en que el mejor lugar para una mujer es estar cumpliendo su llamado dentro de la voluntad de Dios, ese es el camino más seguro. Obedezcamos a Dios, no es fácil, pero en verdad vale intentarlo cada día.

Confiemos, descansemos en el Señor, aferrémonos a Él, busquemos Su gracia, Su ayuda, encomendemos la causa a Cristo y busquemos la ayuda del Espíritu Santo porque en nuestras fuerzas es muy difícil que podamos hacerlo.

# AMOR DE ESPOSO

### Josué Ortiz

---

*Maridos, amad a vuestras mujeres, así como Cristo
amó a la iglesia, y se entregó a sí mismo por ella.*

(EFESIOS 5:25)

Tristemente vivimos en una sociedad que viene de un contexto altamente «machista». La cultura latinoamericana, en un aspecto general, veía a la mujer como un *accesorio*, un objeto *reemplazable* que traía satisfacción al hombre y servicio al hogar. Sin embargo, este no es un problema de Latinoamérica, es un problema del ser humano.

Esta visión incorrecta de la mujer se remonta al inicio de los tiempos, cuando Adán culpó a Eva como la razón de su desobediencia. Desde la caída del ser humano, la mujer ha sido relegada a una posición contraria a la que Dios había diseñado originalmente. Durante Su ministerio en la tierra, Jesús se dio a la tarea de restaurar la dignidad de la mujer como criatura hecha a semejanza de Dios.

Durante el primer siglo, la mujer era vista como el eslabón más bajo del esquema social, pero Pablo explica que los creyentes son los encargados de revertir ese patrón. Los hombres son los protectores de la mujer, no porque la mujer no pueda por sí sola, sino porque el diseño de Dios es que el varón ame a la mujer como Cristo ha amado a la iglesia. Así que seamos los agentes del cambio. Nuestras esposas necesitan ver a Cristo en nosotros. Amemos, protejamos y cuidemos de las hijas del Rey. No es una opción, ni mucho menos un «favor» que les hacemos a ellas; es tu vocación.

# LA VERDADERA RAZÓN DEL MATRIMONIO

### Nathan Díaz

---

*Por esto dejará el hombre a su padre y a su madre, y
se unirá a su mujer, y los dos serán una sola carne.*

(EFESIOS 5:31)

¿Por qué inventó Dios el matrimonio? Algunos piensan que las razones principales tuvieron que ver con llenar la tierra o con simplemente traer felicidad al hombre. Pero la razón bíblica es mucho más profunda que eso. Aunque las razones que ya mencioné son parte del propósito del matrimonio, la razón principal tiene que ver con lo que Pablo dice en el versículo 32: «Grande es este misterio; mas yo digo esto respecto de Cristo y de la iglesia».

Cuando Dios dijo: «No es bueno que el hombre esté solo» (Gén. 2:18), no solo estaba considerando lo que era bueno para el hombre, sino estaba considerando lo que era bueno para revelar el plan redentor de Dios en la historia. El misterio del matrimonio tiene que ver con la manera en que Dios quiere reflejar el evangelio a través del pacto entre un hombre y una mujer. Ese pacto representa comenzar una nueva identidad juntos, donde ahora el hombre va a tratar de reflejar a Cristo al amar y entregarse por su esposa y la esposa busca vivir en sujeción a su esposo para reflejar la sujeción de la iglesia a Cristo (vv. 22-25).

Es un privilegio poder representar el mensaje del evangelio a través de nuestros matrimonios. ¿Cómo quiere Dios que reflejes el evangelio hoy en tu manera de tratar a tu cónyuge?

# OBEDECER Y HONRAR

## Karla de Fernández

*Hijos, obedeced en el Señor a vuestros padres, porque esto es justo. Honra a tu padre y a tu madre, que es el primer mandamiento con promesa; para que te vaya bien, y seas de larga vida sobre la tierra.*

(EFESIOS 6:1-3)

Este es un versículo que los padres enseñamos a nuestros hijos constantemente. Queremos que ellos sean bendecidos y su vida sea próspera, además de que apreciamos que nos obedezcan y honren.

Pero es probable que pasemos por alto que no solo es una porción que se deba enseñar a nuestros hijos, sino a nosotros mismos porque todos somos hijos de alguien. Aun si conocemos a nuestros padres o no, somos hijos de la unión de un hombre y una mujer. Es un mandato de Dios y nuestro deber honrar a nuestros padres.

Sé que en muchas ocasiones nos es difícil hacerlo porque están lejos, han muerto o porque tuvimos padres que no conocimos o, incluso, padres que fueron hoscos, agresivos o abusivos con nosotros. Hay heridas que muchas veces nos frenan de poder honrarlos como Dios manda.

Sin embargo, tenemos esperanza, podemos honrar a nuestros padres, a pesar de que no hayan sido buenos padres con nosotros, porque el amor de Dios inunda nuestros corazones. Podemos verlos con gracia y misericordia como Dios nos ha visto por medio de Cristo, es decir, podremos dar lo que por gracia hemos recibido.

Podemos descansar en que Dios obra en nuestros corazones para cumplir con el mandato que nos ha dado, solo por amor.

# AMOR DE PADRES

## Josué Ortiz

*Y vosotros, padres, no provoquéis a ira a vuestros hijos,
sino criadlos en disciplina y amonestación del Señor.*

(EFESIOS 6:4)

R ebekah y yo tenemos tres hijos: ellos son la bendición más grande que ambos hemos recibido después de nuestra salvación. Nos damos a ellos, oramos por ellos y entendemos que no son *nuestros hijos*, sino que Dios nos los ha *prestado* por un tiempo, y qué hacemos con ese tiempo es realmente valioso. Lejos de pensar que nuestra labor es que vayan a la escuela, aprendan otro idioma o que sean buenas personas, debemos reconocer que nuestra labor primaria es la de presentarles el evangelio *todos los días*.

Esto no quiere decir que no nos preocupa su educación o que no les proveemos de herramientas para enfrentar la vida, pero entendemos que nada de lo que podamos ofrecerles es de valor real en comparación con la presencia de Dios en sus vidas. No caigamos en la trampa que Satanás ha creado para distraernos de nuestra responsabilidad. Entre tareas, clases de natación, karate, inglés y música, ¿qué tiempo nos resta para hablarles de Dios?

Como padres, nos acercamos a Dios y vivimos vidas íntegras porque sabemos que Dios se glorifica en ello, pero también lo hacemos porque queremos que nuestros hijos sean expuestos a vidas cambiadas y transformadas. A veces pensamos que nuestros hijos aprenderán de Dios en la iglesia, pero no es cierto. Según Pablo, los hijos aprenden de Dios en casa, con sus padres. ¡Ánimo! Tu trabajo no es en vano.

# TIEMPO DE GUERRA

### Nathan Díaz

---

*Por lo demás, hermanos míos, fortaleceos en el Señor, y en el poder de su fuerza. Vestíos de toda la armadura de Dios, para que podáis estar firmes contra las asechanzas del diablo. Porque no tenemos lucha contra sangre y carne, sino contra principados, contra potestades, contra los gobernadores de las tinieblas de este siglo, contra huestes espirituales de maldad en las regiones celestes. Por tanto, tomad toda la armadura de Dios, para que podáis resistir en el día malo, y habiendo acabado todo, estar firmes.*

(EFESIOS 6:10-13)

*M*e encanta poder salir de vacaciones con mi familia. Descansar del trabajo y no tener que preocuparme por las responsabilidades normales es algo que disfruto mucho. Pero siempre después de unos días, es momento de regresar a la realidad. Tengo que trabajar, mis hijos tienen que estudiar y mi esposa regresa a la infinita lista de responsabilidades en el hogar.

Algunos piensan que la vida cristiana es vacaciones. Pero si estás leyendo esto, Jesús todavía no ha regresado y las vacaciones todavía no ha regresado. Nuestra vida cristiana en la era presente no es de vacaciones, es de guerra. En Efesios 6 Pablo nos recuerda esta realidad: tenemos un enemigo y tenemos una batalla que pelear. El enemigo no es tu vecino ateo ni tu familiar católico. El verdadero enemigo son principados y potestades que se oponen al reino.

Al recordar el evangelio en la Palabra y oración todos los días, nos ponemos la armadura de Dios para poder resistir los ataques que vendrán. ¿Cómo te preparaste para estar firme hoy?

# MORIR PARA VIVIR

### Karla de Fernández

*Porque para mí el vivir es Cristo, y el morir es ganancia.*

(FILIPENSES 1:21)

*R*ecuerdo que cuando era niña mi mayor temor y la razón por la que lloraba todas las noches era pensar en la muerte de mis padres. Un dolor y pesar profundo invadía mi corazón de imaginar que no volvería a ver los ojos azules de mi padre y la sonrisa sin igual de mi madre.

Con el paso del tiempo ese temor fue disminuyendo poco a poco. No fue sino hasta antes de cumplir cuarenta años que mis padres murieron uno tras el otro, con tan solo 45 días de diferencia. La muerte que parecía tan lejana desde mi niñez de pronto hizo acto de presencia en un santiamén.

Reconozco que esa pudo haber sido una experiencia traumática para mí, cuyo mayor temor había sido perder a sus padres. Sin embargo, la muerte dejó de ser un suceso terrorífico para mí cuando conocí la esperanza de resurrección en Cristo para todos los que somos hijos de Dios.

Mis padres fueron conocidos por Dios, ellos creyeron en la esperanza en Cristo muchos años antes de bajar al sepulcro. El día de la muerte de ambos, mi corazón rebosaba de gratitud porque la muerte en esta tierra solo nos recuerda que Cristo murió por nosotros para perdonar nuestros pecados; nos recuerda que resucitó para que nosotros resucitemos con Él también.

Sé que mis padres, al igual que yo y los creyentes en Cristo podemos decir con total seguridad: «Porque para mí el vivir es Cristo, y el morir es ganancia» (Filipenses 1:21). Morimos para vivir.

# NO ERES EL CENTRO DEL UNIVERSO

### Josué Ortiz

*Nada hagáis por contienda o por vanagloria; antes
bien con humildad, estimando cada uno a los demás
como superiores a él mismo; no mirando cada uno por
lo suyo propio, sino cada cual por lo de los otros.*

(FILIPENSES 2:3-4)

Mi hijo Sebastián, de cuatro años, tiene una imaginación extraordinaria. Él y su hermano juegan por horas sin parar. Sin embargo, como cualquier pecador, Sebastián *siempre* quiere lo mejor. Cuando jugamos, me pregunta, «¿Cuál quieres, papi?». Yo, sabiendo su debilidad, le respondo, «¿Cuál arma es la *más poderosa?*» Él me contesta, «Bueno, la más poderosa es mía».

Desde niños pensamos que somos el centro del universo. Creemos que nos merecemos lo mejor simplemente porque queremos comodidad, facilidad y ventaja. Nos quejamos por lo que no tenemos, y hasta por lo que sí tenemos. Queremos más cosas, pero no más trabajo. Queremos más recursos, pero menos problemas. Y en esa carrera frontal por lo *nuestro*, nos olvidamos de que el creyente no se debe preocupar por lo suyo propio, sino por lo de los demás.

Dejamos de ver a los pobres, a los desvalidos, a las viudas y a los huérfanos. Los vemos con conmiseración y lástima, pero no con generosidad y amor. Les damos lo que nos sobra, y guardamos lo mejor para nosotros. Abrimos nuestra chequera para nosotros, pero la cerramos para otros. Damos todo el tiempo a nuestro jefe, pero no les damos minutos de oración a otros. ¡Decide obedecer a Dios! Piensa en otros, ya no en ti.

# IMITAR ES APRENDER

### Nathan Díaz

*Haya, pues, en vosotros este sentir que hubo también en Cristo Jesús, el cual, siendo en forma de Dios, no estimó el ser igual a Dios como cosa a que aferrarse, sino que se despojó a sí mismo, tomando forma de siervo, hecho semejante a los hombres; y estando en la condición de hombre, se humilló a sí mismo, haciéndose obediente hasta la muerte, y muerte de cruz.*

(FILIPENSES 2:5-8)

La mejor manera de aprender algo es a través de la imitación. En diferentes momentos de mi vida cuando di clases de música, enseñé cómo tocar un instrumento al hacer algo yo y luego dejar que mi alumno intentara hacer lo mismo. Cuando ves a alguien dar el ejemplo, tú tienes un estándar que puedes tratar de alcanzar.

Con Jesús el estándar es muy alto. Una vida de perfecta sumisión y obediencia al Padre sería imposible de experimentar como seres humanos con una tendencia hacia el pecado. Pero cuando estamos en Cristo, imitar Su vida no solo es posible, es una realidad.

En este pasaje tan famoso de Filipenses, Pablo quiere que la humildad y el servicio sean evidentes entre hermanos y hermanas de la iglesia (vv. 3-4). ¿Cómo se ve la humildad y el servicio hacia otros? Jesús nos dio la muestra máxima en Su encarnación. Él buscó servirnos y amarnos al despojarse de privilegios y atributos divinos para morir en la cruz por nosotros. Que esa humildad y servicio sean imitados en nuestra actitud hacia la familia de la fe.

# SU NOMBRE

### Karla de Fernández

*Por lo cual Dios también le exaltó hasta lo sumo, y le dio un nombre que es sobre todo nombre, para que en el nombre de Jesús se doble toda rodilla de los que están en los cielos, y en la tierra, y debajo de la tierra.*

(FILIPENSES 2:9-11)

*H*ay personajes cuyo nombre ha trascendido a lo largo de la historia. Nombres de personas que hicieron algo por la humanidad, ya sea bueno o malo, pero que marcaron el tiempo en el que estuvieron en esta tierra.

Nombres que son recordados por muchos, pero que no tienen un peso ahora, solo están en la memoria de muchos y escritos en la historia del mundo. No es así con el nombre del Salvador del mundo, es decir, Cristo.

Su nombre ha resonado en los cielos durante generaciones y, aunque es verdad que no todo el mundo ha escuchado de Él, también es cierto que llegará el día en el que Su nombre será conocido por todos, será escuchado en el firmamento, Su nombre será exaltado por la eternidad.

Escrito está: «Por lo cual Dios también le exaltó hasta lo sumo, y le dio un nombre que es sobre todo nombre, para que en el nombre de Jesús se doble toda rodilla de los que están en los cielos, y en la tierra, y debajo de la tierra» (Filipenses 2:9-11).

Nombre sobre todo nombre. Llegará el día en el que toda lengua confesará que Jesucristo es el Señor. Seremos testigos y partícipes de que toda rodilla se doblará ante el nombre de Jesucristo.

Hoy es un buen día para recordar que pertenecemos a Cristo, somos de los que han creído en Su nombre, ¡bendito Dios por Su bondad para con nosotros! ¡Gloria al nombre de Cristo!

# SIGUE ADELANTE, NUNCA ATRÁS

## Josué Ortiz

*Hermanos, yo mismo no pretendo haberlo ya alcanzado; pero una cosa hago: olvidando ciertamente lo que queda atrás, y extendiéndome a lo que está por delante, prosigo a la meta, al premio del supremo llamamiento de Dios en Cristo Jesús.*

(FILIPENSES 3:13-14)

*C*uando estaba en la universidad trabajé en el área de mantenimiento. Podábamos amplias áreas verdes con máquinas que nos ayudaban a terminar rápidamente. Sin embargo, pronto aprendí que si quería que mi trabajo luciera bien, tenía que mirar *hacia delante*. Elegía un punto en el horizonte y hacía todo lo posible por no mover mi vista de ese punto. Era la única manera que el área quedara impecable, con líneas rectas que iba dejando atrás.

Pablo estaba hablando a la iglesia de los filipenses, y les compartió parte del testimonio de su vida pasada. Había llegado muy «lejos» a los ojos de los hombres. Tenía educación, conexiones y autoridad, algo que era indispensable para salir adelante en la Judea del primer siglo. Pero el Señor encontró a Pablo y su vida cambió por completo. Ahora se dio enteramente a la obra del Rey, y gastaba cada día en invertirlo para el reino. Todo lo demás quedó atrás, y ahora su mira se puso fija en la meta final, solo así podía seguir adelante.

Tú y yo debemos hacer lo mismo. Si el Rey también te ha encontrado, ahora «extiéndete a lo que está por delante», no regreses a lo que está atrás. Pon tus ojos en Cristo, en nadie más.

# PAZ SOBRENATURAL

**Nathan Díaz**

---

*Por nada estéis afanosos, sino sean conocidas vuestras peticiones delante de Dios en toda oración y ruego, con acción de gracias. Y la paz de Dios, que sobrepasa todo entendimiento, guardará vuestros corazones y vuestros pensamientos en Cristo Jesús.*

(FILIPENSES. 4:6-7)

Hay circunstancias que traen estrés a nuestras vidas y causan afán en nosotros. La tendencia que tenemos es simplemente tratar de arreglar el problema. ¡Por supuesto! Si necesito dinero, trabajo más. Si alguien me ha tratado mal, también lo trato mal o simplemente trato de evadirlo.

Pero este pasaje nos exhorta a hacer algo que no es natural. Cuando algo esté causando afán en nuestra vida, debemos recordar que lo primero no es tratar de solucionar el problema. Lo primero es traerlo delante de Dios. Esto implica creer que Dios sabe y a Dios le importa todo lo que nos sucede. Cuando oramos sobre nuestras circunstancias, lo primero es dar gracias. Damos gracias porque, si somos hijos de Dios, sabemos que Él es soberano sobre todo y sabe cómo tiene que usar lo que nos está sucediendo para santificarnos (Rom. 8:28).

Cuando reconocemos que Dios está en control, tenemos la confianza de que nada podrá separarnos de Él (Rom. 8:38-39). Si lo que nos está sucediendo es consecuencia de nuestro propio pecado, nos arrepentimos. Si lo que nos está sucediendo no es consecuencia de nuestro pecado, sabemos que es para hacernos depender más de Dios (Job 42:5-6). Esto traerá paz sobrenatural a nuestras vidas y guardará nuestros corazones y pensamientos en Cristo Jesús.

# GOZO EN ESCASEZ

### Karla de Fernández

*No lo digo porque tenga escasez, pues he aprendido a contentarme, cualquiera que sea mi situación. Sé vivir humildemente, y sé tener abundancia; en todo y por todo estoy enseñado, así para estar saciado como para tener hambre, así para tener abundancia como para padecer necesidad. Todo lo puedo en Cristo que me fortalece.*

(FILIPENSES 4:11-13)

Qué maravillosa noticia para nosotros es saber que Dios, el Dios que reina y gobierna es nuestro Padre y cuida de nosotros, siempre. Para Él nada de lo que nos acontece en esta vida pasa inadvertido. Por más pequeños que parezcan nuestros problemas a nuestros ojos, Dios está pendiente y cuida de nosotros.

Incluso los problemas económicos que pudiéramos presentar y que sin duda alguna pueden llenarnos de temores o de ansiedad, Dios tiene conocimiento de ello. La escasez económica suele robarnos, por así decirlo, la alegría en nuestro día a día.

Pensar en que no podremos salir adelante con los gastos, que no completaremos la despensa de nuestra familia o el pago del alquiler, puede ser que nos llene de tristeza. Es poco probable que escuchemos a alguien estar feliz de no tener qué comer o de ver a sus hijos con hambre, no obstante saber que Dios cuida de nosotros nos da una nueva forma de ver las pruebas económicas.

El apóstol Pablo nos enseña que podemos tener escasez pero con el corazón contento, agradecidos por saber que esa situación no durará para siempre. Algún día todo será como debía haber sido y estaremos plenos.

# TODO LO QUE OS FALTA

## Karla de Fernández

*Mi Dios, pues, suplirá todo lo que os falta conforme
a sus riquezas en gloria en Cristo Jesús.*

(FILIPENSES 4:19)

Hace tiempo tuve una conversación con mi esposo acerca de la provisión de Dios en nuestro hogar. Juntos nos maravillábamos y dábamos gracias a Dios porque durante poco más de dieciocho años que tenemos de casados, nunca nos ha faltado nada.

Dios prometió en Su Palabra que nos daría casa, alimento y vestido y así ha sido. Muchas ocasiones, cuando pensábamos que nos quedaríamos sin comer, alguien *de la nada* venía a nuestro hogar a compartir el pan; familiares nuestros a la fecha aún nos heredan la ropa seminueva que ya no usan y, por gracia de Dios cada mes podemos cubrir el alquiler de nuestro hogar. Dios es fiel.

La provisión de Dios es real, pero no solo en lo material, cuando el apóstol Pablo escribió: «Mi Dios, pues, suplirá todo lo que os falta conforme a sus riquezas en gloria en Cristo Jesús» (Filipenses 4:19) también podemos ver lo bendecidos que hemos sido al tener a Cristo.

Pueden nuestras alacenas estar llenas y rebosar de comidas y bebidas, pero no tener a Cristo. Podemos tener la mejor casa en la mejor zona, pero no tener a Cristo. Podemos tener la mejor ropa y en cantidades industriales, pero no tener a Cristo.

La mayor provisión que tenemos siempre es y será Cristo. Demos gracias a Dios por Su bondad. Nuestra necesidad mayor, desde que entró el pecado en el mundo, ha sido Cristo. Él es la más grande necesidad que tenemos. Bendito Dios por Cristo.

# PESCADORES DE HOMBRES

## Daniel Sotelo

*Y les dijo Jesús: Venid en pos de mí, y haré*
*que seáis pescadores de hombres.*

(MARCOS 1:17)

*J*esús, viendo a los pescadores, los llama diciéndoles: «Venid en pos de mí, y haré que seáis pescadores de hombres». La obra que el Padre le encomendó es global. Es necesario continuar predicando el evangelio cuando Él termine Su misión.

Su voz tiene autoridad mezclada con ternura, gentileza y Su personalidad magnética. Era imponente, penetrante y lleno de realeza. Dos pares de hermanos responden al llamado. Dejan sus redes, sus amigos y hasta a sus padres y siguen al Señor. Ya lo conocían como el Mesías prometido, cuando escucharon a Juan y observaron Su bautismo, pero ahora le siguen como el Señor.

Todos somos llamados a ser pescadores de hombres si hemos recibido a Jesucristo como Señor y Salvador, hemos sido bautizados y el Espíritu Santo vive en nosotros.

En la misma forma, con la misma autoridad, el Señor, como el Dios hecho carne, como el Verbo divino, nos habla en nuestro día. Así como la carta a los Hebreos nos dice: «Jesucristo es el mismo, ayer, hoy y por los siglos». Es el mismo que llamó a los primeros discípulos en las playas del Mar de Galilea y el mismo que nos llama a ti y a mí hoy. Nos está llamado a que seamos pescadores, testigos, evangelizadores. Nos invita a que salgamos con una determinación firme. Nos llama a salir con un anzuelo en la mente y el corazón. El anzuelo es la eterna Palabra de Dios. No religión, cultura o tradición. Salgamos a pescar, usemos la vara, el anzuelo y la carnada con destreza y confianza, que Cristo honrará nuestra labor de obediencia a Su mandato. ¿A cuántos pescaremos este mes?

# COMO PECADOR ARREPENTIDO

### Pedro Pared

*Al oír esto Jesús, les dijo: Los sanos no tienen
necesidad de médico, sino los enfermos. No he
venido a llamar a justos, sino a pecadores.*

(MARCOS 2:17)

Desde el principio de Su ministerio público, Jesús dejó saber cuál era Su misión: Redimir o salvar del pecado a todos los seres humanos. Él vino a buscar y salvar lo que se había perdido, la humanidad caída en pecados. Ante los ojos de nuestro Señor no existen clases raciales o sociales. Solo existen pecadores condenados y aquellos que por haber creído en Él han alcanzado la salvación eterna. Él brinda la misma oportunidad y extiende la misma invitación a hombres y mujeres de todas las etnias y de todos los estratos sociales. Su interés está en la salud del alma y no en las apariencias externas.

Cuando nos sentimos abatidos, confundidos, deprimidos, inseguros o atormentados por el peso de la culpa que produce el pecado, podemos acudir al Señor Jesús. Él es fiel y justo para perdonar nuestros pecados y limpiarnos de toda maldad. Y esto lo hace el Señor por una sola razón: Porque nos ama. Dios es amor y Él lo demuestra en que Jesús murió para darnos la manera, la única manera, de escapar de las garras del pecado.

Cuando nos azote la tragedia, la tristeza nos embargue y parezca que el mundo se nos echa encima, volvamos los ojos al Señor. Siempre lo encontraremos con los brazos abiertos y dispuesto a acogernos en Su seno como Padre amoroso y perdonador. Cuando sintamos que nuestra alma está enferma, nuestro espíritu débil y nuestra mente confundida, recordemos que Él vino a buscar a los enfermos para darles salud eterna. Él vino a buscar a los caídos en pecados para restaurarlos a la vida eterna porque desde el principio éste ha sido Su deseo y el motivo de Su sacrificio en la cruz. Él nos ama tal como somos. Él no nos rechaza. Por el contrario, nos ama y ha dado Su sangre para limpiarnos de nuestro pecado. Su oferta de vida eterna y felicidad verdadera está en pie y vigente hoy para cada uno de nosotros.

# SU INVITACIÓN

## Pedro Pared

*Y estableció a doce, para que estuviesen
con él, y para enviarlos a predicar.*

(MARCOS 3:14)

*E*l llamado de Jesús a Sus doce discípulos fue intencional. Él llamó a los que quiso y eligió de acuerdo con Su propia voluntad. El Señor conocía a cada uno de aquellos hombres. Los conocía mejor que lo que ellos se conocían a sí mismos. Todos tenían características diferentes. Sus caracteres eran también diferentes, pero Jesús los invitó a formar parte de un grupo selecto de seguidores a los que les dedicó la mayor parte de Su tiempo para enseñarles todas las cosas y prepararlos para continuar Su trabajo después que Él fuera llevado a las mansiones celestiales.

Dudo mucho que alguno de nosotros hubiéramos elegido a estos hombres para confiarles la evangelización del mundo. Desde el punto de vista humano dejaban mucho que desear, pero Jesús, que mira el corazón, vio en ellos a las personas que Él necesitaba. Puede que la sociedad nos vea como personas de poco valor. Nos considere indignos de ocupar posiciones importantes, pero el Señor ve más allá de las apariencias físicas, de los prejuicios sociales y de la cultura personal. Recordemos el consejo de Jehová a Samuel cuando trataba de encontrar el sustituto de Saúl: «No mires a su parecer, ni a lo grande de su estatura, porque yo lo desecho; porque Jehová no mira lo que mira el hombre; pues el hombre mira lo que está delante de sus ojos, pero Jehová mira el corazón». La Palabra de Dios asegura que Él ve lo que los hombres no vemos. Puede que nuestras calificaciones humanas sean bajas pero a los ojos de Dios lo que cuenta es un corazón dispuesto, capaz de ser moldeado y preparado por Él para convertirnos en discípulos fieles, siervos útiles y eficaces testigos de la gracia divina para todos los seres humanos.

Los discípulos fueron llamados por el Señor para hacer un trabajo especial. Hoy Dios todavía llama a hombres y mujeres que Él desea usar en Sus labores. Lo que requiere Jesús de Sus discípulos es una obediencia a Sus mandatos y fidelidad a Su doctrina. Si reunimos esos requisitos podemos integrar las filas de los siervos que el Señor usa para ganar al mundo. ¿Está usted dispuesto a responder al llamado del Señor?

# BAJO SU DIRECCIÓN

**Pedro Pared**

---

*Respondiendo Simón, le dijo: Maestro, toda la noche hemos estado trabajando, y nada hemos pescado; mas en tu palabra echaré la red.*

(LUCAS 5:5)

Los pescadores habían trabajado toda la noche. Regresaron con las barcas vacías, no habían atrapado un solo pez. Esta era una experiencia común. Muchas veces les había sucedido lo mismo; no siempre era posible lograr una buena pesca. En la orilla encontraron a Jesús, quien subió a una de las embarcaciones e invitó a Pedro a remar hacia aguas más profundas. Una vez allí les dijo que lanzaran de nuevo las redes. Ante esa petición de Jesús, Pedro respondió que ellos habían trabajado durante toda la noche sin resultado alguno. Pedro hablaba por experiencia. Él y sus compañeros de labor eran pescadores experimentados, eran profesionales que vivían de su profesión. Ahora Jesús les indicó que lanzaran de nuevo las redes y Pedro, como una concesión al Señor, dijo «en tu palabra echaré la red».

Lejos estaba Pedro de suponer lo que sucedería al echar la red confiado en la palabra de Jesús. Pescaron tanto que las redes se rompían y no cabían en una sola barca. Eso demuestra el poder de la Palabra del Señor. Por encima de la experiencia de aquellos consumados pescadores estaba el poder de Dios. Para el Señor no hay obstáculos ni imposibilidades. Donde la lógica humana falla, triunfa la fe en la Palabra del Señor y Su poder ilimitado.

Nuestra vida puede estar vacía porque confiamos en la lógica y los argumentos humanos. Por la experiencia adquirida a través de nuestras vivencias decidimos dejar de esforzarnos por una causa, pero el poder de Dios puede cambiarlo todo. Donde hay escasez, Él pone abundancia, donde falta, Él sobreabunda. Para Dios todo es posible. La condición indispensable para recibir la abundancia de Dios es la fe en Sus promesas. En cada momento de necesidad, echemos la red en Su Palabra y la pesca será abundante. No olvidemos que donde nosotros fallamos, Él triunfa. Su triunfo siempre es nuestro triunfo.

# CON RESULTADOS ASOMBROSOS

### Pedro Pared

*Porque por la pesca que habían hecho, el temor se había apoderado de él, y de todos los que estaban con él.*

(LUCAS 5:9)

Nuestras peticiones llegan a los oídos de Dios y Él responde cada una de ellas. De eso no tengamos dudas. Pero debemos reconocer que algunas de las respuestas de Dios nos sorprenden en gran manera. En algunos casos el Señor no responde como esperamos. Esto se debe a que nos hemos forjado en la mente una idea de cuál debe ser la respuesta adecuada a nuestra oración. La respuesta que esperamos es la que nos gustaría o la que está de acuerdo con nuestra manera de pensar. Cuando así sucede, creemos que Dios no ha respondido o que se quedó corto en Su respuesta.

En el caso de los pescadores del pasaje bíblico, lo sorpresivo fue que no esperaban la magnitud de la respuesta divina. La cantidad de peces que atraparon resultó tan grande que no podía ser contenida en una sola barca. Es obvio que ninguno de los presentes esperaba aquella respuesta de parte del Señor y su asombro se convirtió en temor. Esta reacción manifiesta que no conocemos bien a Dios. Él es capaz de responder con bendiciones que consideramos pequeñas, tal vez inadecuadas, pero también puede responder de forma extraordinaria. Lo importante es entender que Dios siempre responde y lo hace a Su manera. Él da lo que necesitamos, en el momento que lo necesitamos y en la cantidad o magnitud que necesitamos.

De Dios podemos esperar abundancia. No siempre se manifiesta de la misma forma, pero cubre todas nuestras necesidades. Cuando pedimos debemos estar seguros de que Él responderá y nos dará exactamente lo que necesitamos. Lo que pedimos y no recibimos, es porque no es lo mejor para nuestras vidas. Recordemos que siempre podemos echar las redes en Su Palabra, confiados en Sus promesas y seguros de Su respuesta. Las bendiciones de Dios siempre sobreabundan y corresponden exactamente a nuestra necesidad.

# ABANDÓNALO TODO

### Pedro Pared

*Y cuando trajeron a tierra las barcas,
dejándolo todo, le siguieron.*

(LUCAS 5:11)

En muchas ocasiones los grandes acontecimientos producen grandes reacciones. Este fue el caso de los pescadores que fueron impactados por la experiencia de la pesca que tuvieron siguiendo las instrucciones de Jesús. Nunca habían visto algo así. La pesca en esta ocasión fue mayor que el esfuerzo requerido en varios meses de labor o quizá en todo un año. Y el impacto que esto produjo en ellos hizo que lo dejaran todo para seguir a Jesús.

La decisión de seguir a Jesús implicó grandes cambios en sus vidas. Dejaron la profesión a la que se habían dedicado toda la vida y de la cual obtenían el sustento para ellos y sus familias y se lanzaron a una aventura que implicaba un cambio total de estilo de vida y de la cual no conocían nada. Pero lo que habían visto a orillas del lago fue suficiente para convencerlos de que debían aceptar la invitación de Jesús y convertirse en Sus discípulos.

Seguir a Jesús es la decisión más importante en la vida de cualquier persona. Cuando seguimos a Cristo todo cambia: Cambian nuestros valores e intereses, cambia nuestro estilo de vida, cambian nuestras metas, cambian nuestras relaciones humanas y sociales, cambian nuestros objetivos. El inmenso aporte que hacemos a nuestros seres queridos y a nuestro prójimo en términos de bendiciones, de guía y de ejemplo, nos produce tanto gozo que resulta en un gran premio o una gran recompensa que recibimos por convertirnos en seguidores del Señor.

No dudemos en aceptar la invitación de Jesús. Seguirlo hoy, como en aquel tiempo, significa escuchar Sus instrucciones, anunciar Su mensaje, vivir de forma digna, siguiendo Sus pasos y obedeciendo Su Palabra. ¡Ven hoy! Conviértete en discípulo de Cristo. Deja atrás los temores y las amarras que te sujetan y síguelo en toda Sus enseñanzas.

# DAR DESCANSO AL CANSADO

## Óscar Bauer

*Llevad mi yugo sobre vosotros, y aprended
de mí, que soy manso y humilde de corazón; y
hallaréis descanso para vuestras almas.*

(MATEO 11:29)

Algunos científicos dicen que en los primeros cinco años de vida las criaturas ya han aprendido 80% de todo lo que aprenderán en la vida. Esto suena lógico. Para esa edad, el niño ya ha adquirido su lenguaje, patrones de interacción social, valores morales, culturales y muchas cosas más. A veces aprendemos hasta cosas francamente inútiles. Por ejemplo, yo aprendí a escribir con letra manuscrita del lado derecho hacia el izquierdo de la página por simple diversión. ¿De qué me sirve eso? De nada.

Mas, ¿podremos aprender cosas nuevas en nuestra edad adulta? Claro que sí. En la niñez y la adolescencia ciertamente aprendemos mil cosas útiles, pero también aprendemos defectos de carácter y toda clase de vicios que valdría la pena no aprenderlos. Una amiga admitía con tristeza que desde niña había aprendido a ser una persona desconfiada.

En nuestra sociedad moderna hemos aprendido a vivir en constante tensión. El estrés se ha vuelto parte del lenguaje cotidiano. Vivimos corriendo, tratando de mantenernos a la par de los vecinos y de los compañeros de trabajo. Agonizamos trabajando horas extras para tratar de salir de aprietos económicos. La inflación, el crimen y la sociedad de consumo en la que vivimos, añaden muchas presiones a la vida diaria. Agregue a esto las tensiones que nacen de nuestra inhabilidad para llevarnos bien con el vecino, los celos que nos corroen el alma, los pleitos que dividen familias y tienes todos los ingredientes necesarios para desarrollar alta presión arterial para los 20 años y para tener un ataque de corazón antes de los 40.

Jesús nos invita a aprender a descansar. La vida no debiera ser una carga que debemos sufrir, sino una bendición que debemos disfrutar. Él nos dice: «Vengan a mí, y aprendan de mí. Y hallarán descanso para sus almas».

# DIOS ENCARNADO

## Obed Millan

*Y aquel Verbo fue hecho carne, y habitó entre
nosotros (y vimos su gloria, gloria como del unigénito
del Padre), lleno de gracia y de verdad.*

(JUAN 1:14)

Nos admira ver la secuencia natural de factores hereditarios. Tenemos dos hijos; cuando el mayor era pequeño acostumbraba a enrollarse el cabello con sus dedos. Actualmente el otro hijo tiene dos niñas y a la menor de ellas le ha dado por enrollarse el cabello como lo hacía el tío: «Se hace el moñito», decimos.

Cuando Felipe le pidió al Señor Jesús que le mostrara a Dios Padre, la respuesta fue admirable: «¿Tanto tiempo hace que estoy con ustedes y todavía no me has conocido, Felipe? El que me ha visto a mí, ha visto al Padre. Creedme que yo soy en el Padre y el Padre en mí». De esta manera el Maestro alude a Su naturaleza divina y no queda otra alternativa que admitirla y honrarla.

Jesús se identifica a sí mismo con el «Logos», la verdad primaria, la fuente, el sapientísimo Creador. Me gusta que nuestra versión de las Escrituras traduce el término griego como «Verbo», porque cuando fui a la escuela me enseñaron que verbo es la parte variable de la oración que expresa acción, pasión, esencia, existencia y estado; esto es lo que precisamente manifiesta la persona y el carácter de Jesús.

Oh, Señor Jesús, eres verbo encarnado para abrirnos un camino nuevo y vivo hacia Dios. Eres verbo encarnado para darnos ejemplo, para sostenernos en comunión. Eres verbo encarnado para declararnos victoriosos, ya que «en todas estas cosas somos más que vencedores por medio de aquel que nos amó». Mi buen Jesús, eres verbo encarnado para trasladarnos al cielo donde estás, para exponernos al amor puro: «que os améis unos a otros, como yo os he amado»

Volvamos al factor hereditario. El Verbo es imagen real del Dios invisible. Tú y yo como criaturas redimidas podemos proyectar Su imagen al mundo perdido si limpiamos nuestra pantalla de las inmundicias, de la desobediencia y de la vanidad. Antes de terminar este año agradezcamos al Padre que el Verbo habitó entre nosotros.

# LA LUZ VERDADERA

## Obed Millan

*En él estaba la vida, y la vida era la luz de los hombres.*

(JUAN 1:4)

odavía la ciencia no tiene una definición de la «luz». Usamos la luz, transformamos la luz, pero solo podemos dar descripciones de la luz. Quizá la luz misma es un atributo de Dios que necesitamos apreciar. El apóstol Juan asevera que Dios es luz.

Cuando la Biblia dice que aquella luz verdadera que alumbra a todo hombre venía a este mundo, se refiere a la luz de la verdad que con Su presencia erradica el tabú del error y disipa la oscuridad de la ignorancia. La luz de la vida, es decir, que la luz da vida. Cuando una madre trae un hijo al mundo solemos decir que da a luz. Es que sin luz no hay vida.

Él es justo y Sus juicios son fieles. Es el sol de justicia y aunque desde nuestra perspectiva esta puede tardar, desde la suya llega a cubrirlo todo oportunamente. La verdadera luz es la luz del poder. Deja penetrar la luz de Dios en tu alma, amable lector y Él te encaminará por sendas de bendición.

Él es luz de entendimiento y sabiduría, pues conoce nuestras necesidades antes que le pidamos y hasta los cabellos de nuestra cabeza están todos contados. Es luz de honestidad, pues bajo Su cobertura y dirección nuestras obras no son reprendidas. Luz, en fin, de nuestra gloria, salvación y santidad, puesto que antes yo era ciego, mas ahora veo.

En estos días hemos puesto con alegría luces en nuestras casas que celebran el nacimiento del Señor Jesús, la luz verdadera. Él nos llama a seguirle: «Yo soy la luz del mundo; el que me sigue, no andará en tinieblas, sino que tendrá la luz de la vida» (Juan 8:12). Podemos seguir la luz de Jesús.

¡Qué alegría en el día que nos promete el Señor, en el que no habrá necesidad de sol ni de luna, ya que la luz de Su rostro lo iluminará! Pasadas estarán todas las tinieblas, incertidumbres y penas. Deja penetrar la verdadera luz en tu alma hoy.

# NOS GOZAREMOS

### Obed Millan

*Y se dirá en aquel día: He aquí, éste es nuestro Dios, le hemos esperado, y nos salvará; éste es Jehová a quien hemos esperado, nos gozaremos y nos alegraremos en su salvación.*

(ISAÍAS 25:9)

Bajo inspiración divina Isaías describe vivamente el triunfo definitivo del bien sobre el mal, de la verdad sobre la mentira y de Dios sobre Satanás.

Admirablemente reporta: ¡Has hecho maravillas! Y se dirá en aquel día: «Las reservas nucleares de Irán, los satélites dirigidos de la NASA, la acometividad de los invasores chinos, la pericia de los estrategas del Reino Unido, las locuras de los coreanos, chavistas y palestinos, tanto como los poderes de los homosexuales, de los multimillonarios y de los mentirosos, más que anulados o arruinados serán deshechos». Dice: «Nunca jamás sea reedificado».

¿Qué es lo que mantiene ciegas a las personas de nuestro tiempo? Sin dudas la vanidad, la ignorancia, la opresión y los pecados no confesados. Pero al remover esta cubierta de invidencia, el Supremo Hacedor anuncia que destruirá a la muerte, y la aflicción y la vergüenza de Su pueblo terminarán.

¡Maravilla de maravillas!

Entonces diremos: «Éste es nuestro Dios, al cual hemos esperado, el deseado de las naciones. Hemos estado a la expectativa de Su manifestación, hemos aguardado Su revelación y helo aquí con poder y gran gloria!». Dios es espíritu y salva, por consiguiente, ya nada más nos separa de Él; porque ha hecho maravillas, nos gozaremos y alegraremos en Su salvación!

Has hecho maravillas: Destruyendo al fuerte, al vengativo, al burlador y al usurpador. Juicio les ha alcanzado. Dios de Isaías, de Abraham, de Jesucristo y de Pedro: fuiste fortaleza al pobre, al afligido, al desalentado y a mí, pecador. En Sión las naciones del mundo reconocerán al verdadero Dios, quien es, era y ha de ser, el Todopoderoso Señor de la gloria y autor de la vida, el maravilloso Jehová de los Ejércitos y Juez de toda la tierra.

¡Aleluya!

# CON OBEDIENCIA

## Guillermo Escalona

*Cumplidos los ocho días para circuncidar al niño, le pusieron por nombre JESÚS, el cual le había sido puesto por el ángel antes que fuese concebido.*

(LUCAS 2:21)

¿Quiénes fueron José y María? Es más lo que no sabemos acerca de ellos que lo que sí conocemos. Sabemos que ambos eran judíos. José era de la tribu de Judá, María era probablemente de la tribu de Leví. José era carpintero y tenía fuertes raíces en la ciudad de Belén. María era una joven que vivía en Nazaret. Estaban comprometidos para casarse cuando Dios les anunció separadamente que María daría a luz a Su Hijo.

No tenemos muchos otros detalles sobre la vida de ellos, su parentela, sus pasiones, gustos, etcétera. Sus biografías no aparecen en la Biblia. Lo que sí sabemos con toda precisión es que ambos eran temerosos de Dios y que ambos fueron siervos obedientes del Altísimo.

María aceptó la decisión divina de quedar embarazada siendo virgen poco antes de casarse. Esto provocaría muchos rumores entre su parentela y vecinos. Asimismo esto ponía en peligro su compromiso con José. Sin embargo, ella abrazó el designio divino sin protestar.

José igualmente mostró un carácter extraordinario al aceptar la palabra del ángel como verdadera. Aunque la razón le decía que una mujer no podía quedar embarazada sin tener relaciones sexuales con un varón, su corazón le decía que podía confiar en que Dios no le mentiría. Si el niño había sido concebido por el Espíritu de Dios, él no abrigaría ninguna sospecha contra María y abrazó a Jesús como si fuera su propio hijo.

Por todo esto no nos sorprende que José y María circuncidaran al niño Jesús a los ocho días de nacido. Así lo había ordenado Dios a Abraham, el padre de la nación judía. Así lo hicieron ellos también. Tampoco nos extraña que decidieran ponerle el nombre «Jesús» tal como le dijo el ángel a José. Ambos eran siervos obedientes a Dios. Sus acciones lo confirman.

La prueba del amor es la obediencia. Jesús así lo enseñó. ¿Cuánto amas al Señor?

# CON REGOCIJO

### Guillermo Escalona

---

*Y cuando oyeron los vecinos y los parientes*
*que Dios había engrandecido para con ella su*
*misericordia, se regocijaron con ella.*

(LUCAS 1:58)

Los tiempos eran difíciles, pues la corrupción se apoderaba de la religión y la política. Cuatrocientos años de silencio profético habían dejado a la nación en un estado de anemia espiritual. Los líderes eran meros lacayos de los romanos, cosa que parecía indicar el triunfo de los dioses paganos sobre el Dios de Israel. Este pueblo de descendientes de esclavos había visto a un siervo ungido derrotar el imperio egipcio con una vara y el mar. También había liberado la tierra prometida de una raza de gigantes y derrotado infinidad de ejércitos solo para verse esclavizado otra vez. Sus sacerdotes eran falsos, sus escribas escribían bien pero interpretaban mal. La hipocresía reinaba en el templo, la corte, las sinagogas y el palacio.

Entonces nace un niño. Claro está que cada niño que nace afirma que Dios no se ha dado por vencido con la humanidad. Pero aún más, este es un varón con promesa, del cual Jesús diría que ninguno nacido de mujer era mayor. Parece algo tan pequeño y endeble, un infante. Pero lo débil de Dios puede más que lo fuerte del hombre: un siervo ungido ante un imperio, un adolescente ante un gigante: triunfo tras triunfo.

Ahora, dos madres jóvenes llamadas Elisabet y María son instrumentos de Dios para redimir al mundo; la matriz dará a luz a la Salvación. Por tanto, el gozo que sintieron sus contemporáneos ha de ser sentido hoy también.

No sé si se ha dado cuenta, pero gracias a esos nacimientos todo está resuelto. Solo es cuestión de tiempo. El mundo está con dolores de parto, esperando su redención. Ya viene llegando: ¡Aleluya!

# CON EL SEÑOR

### Guillermo Escalona

*Y todos los que las oían las guardaban en su corazón, diciendo:
¿Quién, pues, será este niño? Y la mano del Señor estaba con él.*

(LUCAS 1:66)

¿Qué será de Juan? Tanto su concepción como su nacimiento han sido extraordinarios. Seguramente Dios lo ha escogido por algún motivo singular y con un propósito sagrado. Estas cosas quedaron en los corazones de sus amados y así esperaban pacientemente para ver el resultado de tan preciosas semillas.

Ciertamente la mano del Señor estaba con él, pues a lo largo de su vida Dios lo defendió y lo prosperó en todos sus caminos, y el espíritu profético descansó sobre él. Era más que íntegro, era santo y completamente comprometido con la perfecta voluntad de Dios. Aunque su vida fue corta, fue abundante, ya que el impacto de esta se siente poderosamente hasta el día de hoy.

Todos sufrimos y todos morimos. Es por esto que el éxito no consiste en la ausencia del dolor y la muerte. Si de eso se tratara, todos seríamos unos fracasados: nadie sale vivo de este mundo. El triunfo de Juan consiste en que nos prepara para recibir a Cristo.

En una ocasión escuché a un pastor decir orgullosamente que había nacido prácticamente en un banco de un santuario. ¿Qué mérito tiene eso?

Uno puede nacer en un estadio de béisbol y ser un fracaso como pelotero. Semejante tontería pensaban los religiosos de la época de Juan. Creían que el hecho de nacer en la tierra prometida, una tierra santa y teniendo a Abraham por padre los calificaba para entrar en el reino de Dios. La grandeza de Juan consiste en afirmar que solo el corazón contrito, humilde y arrepentido puede recibir y vivir las promesas del cielo. Esto es fácil porque solo requiere un rendimiento total a Dios. Pero también es difícil porque somos demasiado orgullosos. Es por eso que los humillados serán exaltados. Juan fue uno de esos, pues él quiso menguar ante la gloria del Cristo.

# CON SALVACIÓN

### Guillermo Escalona

*Y nos levantó un poderoso Salvador en
la casa de David su siervo.*

(LUCAS 1:69)

*E*ste que Dios ha levantado para salvar, estuvo en el principio. Él es el poder y la sabiduría de Dios manifiesta en Su Palabra. La fe se introduce en el alma por el oído que recibe la Palabra de Dios. Palabra que desde el principio del tiempo nunca ha regresado vacía. Este es el Verbo que estaba con Dios y era Dios. Se predicó el primer sermón y el Verbo logró que la totalidad creativa de un universo en potencia se parara en atención esperando las órdenes del Génesis. No existía el tiempo, el espacio ni la materia y de repente Dios habla y todo es creado de la nada.

Este es el milagro de los milagros. Todo lo demás es elemental en comparación. Es por eso que este Salvador es el Poderoso y no hay situación o persona que Él no pueda salvar. Lo he visto redimir adictos, presos, desamparados. Lo he visto sanar moribundos. He sido testigo de cómo Su presencia transforma a celdas convirtiéndolas en capillas. En diez años de experiencia como capellán de moribundos puedo decir que hasta la muerte se hace bella y sagrada cuando Dios está presente.

Él es el mismo y sigue haciendo lo mismo. Ayer precisamente estuve en una conferencia que ayudé a organizar con el alcalde del condado Miami-Dade. En uno de los talleres, el presidente de un ministerio a los desamparados hablaba apasionadamente sobre esa tragedia social, sus víctimas y la hermosa colaboración entre la iglesia y el estado para servir a esta fragmentada humanidad. Entonces este siervo de Dios confesó con gran emoción y humilde gratitud que él había sido uno de esos pobres marginados cuando Cristo lo encontró y el poderoso Salvador de la casa de David cambió su vida para siempre.

# CON LUZ

## Guillermo Escalona

---

*Para dar luz a los que habitan en tinieblas y en sombra de muerte; Para encaminar nuestros pies por camino de paz.*

(LUCAS 1:79)

En este canto de Zacarías para su hijito Juan, tenemos una afirmación de que los humillados serán exaltados. Juan se declara incapacitado para desatar las sandalias del Mesías y sin embargo, Dios lo convierte en una lumbrera para encaminar nuestros pies al grande y glorioso Salvador.

Algunos piensan que les corresponde mantener al prójimo humilde. Les cuesta celebrar el mérito ajeno, como si glorificar a Dios requiere minorar al hombre. Pero ese espíritu mezquino no es de Dios, al contrario, Dios continuamente celebra la excelencia. El vicio tiene sus cómplices, pero la virtud requiere aliados. Se puede y debe ser aliado de la virtud mediante la alabanza justa de una vida bien vivida. Esto es cultivar una cultura de excelencia, es decir, la santidad. En su canto Zacarías glorifica a Dios al celebrar con fe un futuro glorioso para su hijo.

El amor todo lo cree, es decir, el amor es una confesión de fe. Este Zacarías es un gran modelo para nosotros como creyentes y padres. Dios nos salva, nos llama, nos santifica y capacita. Pero Él no hace ninguna de estas cosas de manera independiente. La Biblia, los himnos, la literatura cristiana y todos los esfuerzos de evangelismo, misioneros y de formación espiritual y hasta el mismo Jesús, son el resultado de hermosas colaboraciones entre Dios y la humanidad.

Considera que la luz de Dios brilla soberanamente hoy porque Jesús reina y el futuro está lleno de promesas que se cumplirán para la gloria de Dios Padre, porque Su voluntad es determinante en todo.

# NECESITAMOS EL PLAN DE DIOS

## Guillermo Escalona

*Porque nuestras rebeliones se han multiplicado delante de ti, y nuestros pecados han atestiguado contra nosotros; porque con nosotros están nuestras iniquidades, y conocemos nuestros pecados.*

(ISAÍAS 59:12)

Los que cultivan la escultura de sus cuerpos llenan de espejos los gimnasios. Los mejores alumnos abiertamente confiesan su ignorancia, sin miedo hacen sus preguntas. Así son los genios del espíritu.

Sensitivos y conscientes de la verdad, desean saberla. Conocer a Dios es estar en la presencia de la absoluta perfección moral. Por naturaleza nos comparamos y dado que no podemos minorar a Dios como solemos minorar a la caída humanidad, nos humillamos. Ése es el instante, la chispa sagrada que conduce a la iluminación y la santidad. Esto que parece ser debilidad es precisamente lo que tiene el potencial de convertirse en poder sobrenatural. Cuando la tierra es arada parece que está herida, pero esas heridas sacian el hambre del mundo.

La confesión nos quebranta, tal parece que estamos en el valle de sombra de muerte. Pero si muere el viejo hombre, el primer Adán, entonces puede nacer en nuestras almas el nuevo hombre, el segundo Adán que es nuestro Señor Cristo Jesús. En ese momento el valle de muerte es percibido como lo que en realidad es: el valle verde, fértil y fructífero. Allí muere la semilla solo para darle vida a la vid verdadera.

Procedamos sin temor, seguros de que la convicción de nuestros pecados es buena, pues nos aleja de la condenación para conducirnos a la gracia y misericordia del Dios compasivo y amoroso de Israel.

Por tanto en este momento de honestidad espiritual hay esperanza. Si confiesas lo que te falta y lo que necesitas, el perdón y la provisión de Dios te dirán: «aquí nos tienes».

# EL PLAN DE DIOS POR MEDIO DE JESÚS

### Ileana Gutiérrez

*Y ahora, concebirás en tu vientre, y darás a luz
un hijo, y llamarás su nombre JESÚS.*

(LUCAS 1:31)

*P*or unos minutos pongámonos en el lugar de María. Pensemos cómo reaccionaríamos si estuviésemos en su lugar. No creo que esta suposición sea tan descabellada como parece. Tal vez podemos decir que Dios nunca nos ha dado una revelación de tanto impacto, pero piensa en esto. Dios, a través de los siglos, ha comunicado y continúa comunicando Su voluntad a Sus hijos. Y lo hace en forma tan normal, que si no estamos alertas, podemos pasar por alto Su revelación o pensar lógicamente que lo que pide de nosotros es absurdo o imposible. Mi reacción inicial a la revelación de Dios a María es el tener temor a las consecuencias que esta revelación traería a su vida. María, en cumplimiento con las tradiciones de su pueblo, era una joven que estaba formalmente comprometida con un hombre, quizás mucho mayor que ella. Por la mente de María pudieron pasar muchas preguntas que posiblemente causaron que ella se turbara: «¿Qué reacción tendrían sus padres al saber que estaba esperando un hijo? ¿Qué de José? ¿Cómo reaccionaría él?». Yo quisiera saber: ¿Dónde estaba María cuando el ángel le habló? ¿Qué estaba haciendo? ¿Tiene el lugar donde estamos y lo que estamos haciendo algún impacto en la revelación de Dios hacia nosotros y en la forma que respondemos a esta revelación? ¿Cómo responde Dios a nuestras dudas e inseguridades? El ángel le dice a María en el versículo 28, ella había encontrado favor ante los ojos de Dios y que Dios estaba con ella. En el versículo 30, de nuevo Dios le comunica a María que no tenga miedo a lo que va a escuchar ni a las consecuencias que tendría la revelación que le estaba dando. Dios estaría con ella paso a paso.

¿Qué significa saber que Dios está con nosotros? ¿Creemos a Dios cuando nos dice que no temamos? ¿Importa la magnitud de Su revelación? Así como nuestra huella digital es única, cada uno de nosotros somos únicos ante Dios y nuestras vidas tienen un propósito singular ante el plan infinito para Su pueblo. Dios en Su tiempo escogió a María para traer al mundo a Su Hijo.

Dios nos escoge hoy para hacer nuestra parte en Su cumplimiento infinito.

# EL PLAN DE DIOS TIENE PODER

## Ileana Gutiérrez

*Respondiendo el ángel, le dijo: El Espíritu Santo vendrá sobre ti, y el poder del Altísimo te cubrirá con su sombra; por lo cual también el Santo Ser que nacerá, será llamado Hijo de Dios.*

### (LUCAS 1:35)

La trama de la tercera película de la serie del personaje de Indiana Jones es la búsqueda de la copa que Jesús usó en la última cena con Sus discípulos. Para encontrar la copa hay que pasar tres pruebas; la última de ellas es cruzar de un lado de un precipicio al otro. La persona tiene que decidir por fe dar el primer paso en el vacío y creer que habrá un puente que la sostendrá y la llevará al otro lado. El dilema que confronta Indiana Jones es si él tiene la fe para dar el primer paso, y que existirá, aunque él no lo vea, un puente que lo ayudará a obtener su objetivo. Hebreos 11:1 dice que la fe es «la certeza de lo que se espera, la convicción de lo que no se ve».

El versículo 29 dice que María se turbó ante la revelación de Dios por medio del ángel. Sin embargo, vemos cómo Dios le dice en el versículo 30 que no tema porque Él estará con ella. Aun así, María fue sincera consigo misma y da voz a la duda que existía en su corazón. La pregunta de María es lógica y razonable: «¿Cómo se haría esto una realidad?». Como María, escuchamos la voz de Dios indicándonos Su voluntad y como María nos preguntamos cómo va a hacerse una realidad. Queremos creer, pero tenemos miedo y dudas. Lo importante es darnos cuenta no de las preguntas, sino de las respuestas que Dios da a nuestras preguntas. ¿Cómo respondió Dios ante la pregunta de María? ¿Cómo responde Dios a sus dudas e inseguridades?

En el versículo 38 leemos la respuesta de María al oír que para Dios nada es imposible. Es posible que María haya entendido inmediatamente todo lo que este anuncio implicaba para su vida. Quizás no entendió a plenitud cómo se iba hacer realidad la promesa de Dios, pero María sí creyó de inmediato que para Dios nada es imposible. Cuando Dios nos llama y nos comunica Su voluntad, recordemos que para Él no hay nada imposible. Él solo pide que demos el primer paso, aunque nos sintamos inseguros. Tengamos fe de «la certeza de lo que se espera, la convicción de lo que no se ve».

# EL PLAN DE DIOS PARA LA SALVACIÓN

**Ileana Gutiérrez**

*Y dará a luz un hijo, y llamarás su nombre Jesús,
porque él salvará a su pueblo de sus pecados.*

(MATEO 1:21)

*D*ios escoge a María y a José para que en esa familia naciera y creciera Su Hijo, el Salvador del mundo. ¿Qué hace a estas dos personas especiales ante los ojos de Dios? María era una joven como muchas en ese pueblo. Tal vez pobre, pero obediente y devota. José era un hombre maduro y listo para formar una familia como se esperaba de él. Era carpintero de oficio, hombre justo, piadoso y descendiente de David. Tanto María como José eran personas de buenas cualidades, pero en realidad no había nada especial que los distinguiera de las otras personas en el pueblo. Hasta que Dios intervino en sus vidas. La intervención divina transformó sus vidas comunes en vidas extraordinarias. María y José habían sido escogidos para ser los padres terrenales de Jesús. Si sus vidas eran tan normales, ¿qué hizo que cambiara su existir en forma tan inesperada? Ambos creyeron y llevaron a cabo la voluntad de Dios para sus vidas, aun cuando lo que se esperaba de ellos estaba tan fuera de lo normal. El llamado de Dios a tener fe en Él no tiene límites.

Dios llama tanto a hombres como a mujeres. Para Él no existen las barreras sociales ni económicas. Dios nos llama a trabajar junto a Él para hacer posible Su voluntad en medio de nuestras circunstancias, en medio de las personas que nos rodean y en el medio ambiente en el cual vivimos y nos desarrollamos. Como Sus hijos, al tener una relación íntima con Él estamos capacitados a emprender una labor única. ¿Por qué María y José fueron útiles a Dios? Por su disposición de creer en Él, aun cuando todo a su alrededor parecía ser incierto. Su fe hizo posible el cumplimiento de la promesa de salvar a Su pueblo. Me pregunto: ¿Tengo yo la fe que se requiere para hacer la voluntad de Dios en mi vida? ¿Deseo ser un agente de cambio en las vidas de las personas que me rodean? ¿Qué pide Dios de nosotros hoy día?

# EL PLAN DE DIOS PARA PERDONAR

### Ileana Gutiérrez

---

*A éste, Dios ha exaltado con su diestra por Príncipe y Salvador,*
*para dar a Israel arrepentimiento y perdón de pecados.*

(HECHOS 5:31)

*H*e tenido el privilegio de servir junto a cristianos que estuvieron en la cárcel y sufrieron torturas por mantenerse firmes en su fe. He escuchado cómo confiesan que fue Dios el que los sostuvo a través de sus necesidades y del abuso físico y mental que recibieron de aquellos que buscaban burlarse de Dios y de Su Hijo Cristo. Mientras escuchaba sus testimonios, me preguntaba: «¿Estaría yo dispuesta a ir a la cárcel por mis creencias?». «¿Sería yo lo suficientemente valiente para sufrir y resistir lo que mis hermanos en la fe experimentaron?». Espero en mi Señor que si en un futuro soy llamada a responder con mi vida con tal de no negarlo a Él ni a mi fe, esté dispuesta a hacerlo con valor y sin titubear.

En este pasaje leemos la respuesta de Pedro y otros apóstoles al ser puestos en la cárcel por proclamar el evangelio. Ellos fueron fieles a Su llamado. Vemos cómo Dios hizo posible que escaparan de la cárcel. No huyeron para salvar sus vidas. Su escape hizo posible que desafiaran a las autoridades al regresar con más ahínco a predicar el evangelio. La experiencia de Pedro y de otros seguidores de Jesús nos insta a recapacitar quién es la autoridad máxima en nuestra vida. ¿Hasta dónde estamos dispuestos a llegar por nuestra fe? Para este grupo de cristianos estaba claro. Ellos no pudieron dejar de hacer lo que estaban haciendo. Creían que solo Jesús era el medio de salvación y si no lo comunicaban estaban fallando en su compromiso con Él.

¿Hasta qué punto creemos que depende de nosotros dar a conocer el mensaje de salvación? El testimonio de mis hermanos que estuvieron en la cárcel y salieron libres sin comprometer su fe, también incluye el compartir la experiencia de aquellos que por no doblegarse ante las autoridades y negar su fe murieron en la cárcel. No podemos entender las razones por las que algunos creyentes son llamados a sufrir aun hasta la muerte y otros no. Dios en Su infinito amor nos conoce y nos llama según Sus designios. Nuestra parte consiste en estar dispuestos a ser siervos fieles a Su llamado y voluntad.

# EL PLAN DE DIOS PARA PURIFICAR

## Ileana Gutiérrez

*... quien se dio a sí mismo por nosotros para redimirnos de toda iniquidad y purificar para sí un pueblo propio, celoso de buenas obras.*

(TITO 2:14)

*T*odo estaba en mi contra. Cualquier sicólogo o sociólogo que hubiera estudiado mi caso, hubiera pronosticado que mi futuro era bastante oscuro y que mi vida iba a ser un desastre. Este pronóstico se habría convertido en realidad, a no ser por la misericordia de Dios que me alcanzó y tomé la decisión de entregar mi vida a Cristo y recibirlo como mi Salvador personal. Dios no solo hizo posible mi salvación, sino que también tuve la bendición de que creyentes, cuya fe estaba arraigada en la Biblia y sus doctrinas, fueron mis guías durante mi formación cristiana. Estos hermanos tan queridos me enseñaron y mostraron por sus acciones, la importancia de estudiar la Biblia e interpretarla bajo la guía del Espíritu Santo. Estas personas que tuvieron tanta influencia en mí me ayudaron a reconocer mi responsabilidad personal por mis actos ante Dios. Luego, cuando el Señor me llamó a su servicio, sentí que era llamada para ayudar a otros, así como a mí me ayudaron, a escudriñar las Escrituras para hacer la voluntad de Dios por convicción propia.

Pablo exhorta a Tito a mostrar con su ejemplo lo que Cristo significaba para él. La congregación de Tito debía aceptar responsabilidad de sus acciones ante Dios. Tito era el modelo terrenal cuya responsabilidad incluía mostrar que el evangelio es real. Es importante vivir el evangelio día a día; en el hogar, en el trabajo, en la familia. ¿Por qué? Porque las personas pueden dudar de lo que decimos, si nuestras acciones no respaldan lo que expresamos. El mundo no busca religión, de eso ya hay bastante. Las personas a su alrededor esperan ver al Cristo vivo. Satanás está a nuestro alrededor buscando maneras en las que cedamos a la tentación y crear situaciones en las que nos puede señalar y mostrar a otros que hemos fallado. Esto no significa que somos perfectos y que no cometemos errores. Lo que significa es que a través de la muerte y la resurrección de Cristo, quien nos limpió de todo pecado, tenemos el valor para vivir una vida que honra y glorifica a Dios.

# EL PLAN DE DIOS MERECE SER ALABADO

### Ileana Gutiérrez

*... para alabanza de la gloria de su gracia, con*
*la cual nos hizo aceptos en el Amado.*

(EFESIOS 1:6)

*P*or medio de esta meditación quiero compartir contigo algunas de las cosas que más amo acerca de mi relación con Cristo: Amo que mi relación con Él no depende de mí, sino de Su amor infinito por mí. Amo que la razón por la que lo amo es porque Él me amó primero. Amo que debido a Su muerte y Su resurrección, Cristo rompió la pared que existía entre Dios y yo y de esa forma pude llegar a ser Su hija. Amo que es por medio de Su misericordia que Él hace posible que esta relación se mantenga viva día a día. Amo que me cuida y protege porque me ama, no porque me lo merezco por mis acciones. Es mi deseo que al leer estas palabras, te hagas la misma pregunta: ¿Qué es lo que más amas de tu relación con Cristo?

Pablo escribe esta carta a la iglesia en Éfeso. Su propósito es recordar a los creyentes que nunca olviden lo que Cristo hizo por ellos. También vemos que desea prevenirlos para que no cometan el mismo error que muchos cristianos cometemos al creernos merecedores del amor de Dios y que Él tiene una deuda con nosotros, en vez de reconocer la deuda tan grande que tenemos con Él. Es mi oración que esta meditación te guíe a elevar una oración de alabanza y agradecimiento a Dios por varias razones. Primeramente, alabemos a Cristo por haber roto la barrera que el pecado había creado entre Dios y el hombre. Segundo, Cristo fue quien creó la iglesia a la cual pertenecemos. La iglesia es la entidad espiritual y social que transciende las distinciones y prejuicios raciales, étnicos y sociales entre las personas. Por tanto, tiene el llamado a actuar como agente de cambio en la sociedad. Por último, alabemos a Dios por la muerte y resurrección de Cristo, la cual provee el perdón de pecados, una nueva vida y un nuevo pueblo al que pertenecer, siendo Su sangre la que nos une como tal. No tomemos como algo sin importancia el regalo de Dios que tenemos en la salvación. Recordemos que toda la gracia y el amor que Dios ha derramado sobre nosotros fueron pagados a un precio muy alto.

# GOZO AL POBRE

**Ileana Gutiérrez**

*Entonces los humildes crecerán en alegría en Jehová, y aun los más pobres de los hombres se gozarán en el Santo de Israel.*

(ISAÍAS 29:19)

**E**n cierta ocasión acompañé a una amiga a un doctor especialista en garganta, nariz y oído. Cuando el doctor la examinó, le dijo que sus síntomas eran causados porque su cuerpo producía, de forma natural, un producto químico que por mucho tiempo se había acumulado en sus oídos. Este depósito había bloqueado casi por completo el conducto auditivo externo y por tanto, prevenía que el sonido llegara al tímpano. En cuanto el doctor le lavó los oídos, mi amiga comenzó a oír sin ninguna dificultad. Esta visita al doctor, aunque desagradable, tuvo un resultado positivo. El tratamiento médico que se le aplicó la transformó inmediatamente. El producto químico que producía su cuerpo, lentamente, casi la deja sorda.

Tristemente, esto le estaba sucediendo sin haberse dado cuenta.

Los versículos para la meditación de hoy nos muestran cómo cambia el estado de la persona al reconocer y aceptar a Cristo como Salvador personal. Antes de su experiencia con Cristo, la persona vive como si estuviera sorda y ciega. El mundo y sus atractivos, como también los problemas que enfrentamos a diario, nos van adormeciendo al pecado. Lo que antes claramente identificábamos como algo anormal, ya no nos causa ningún asombro y lo aceptamos como si fuera lo más natural del mundo. Lo que antes nos indignaba, se transforma en algo tan común que ya no nos asombra ni nos causa alarma. El medio ambiente en el cual vivimos, muchas veces nos vuelve «pobres». Aunque quizás no carecemos de nada, experimentamos pobreza de espíritu, la cual nos roba la alegría de vivir y de sentir paz y felicidad. De la misma forma en que una gota de agua que cae a diario sobre un barril lo llega a desbordar, así también nos podemos quedar ciegos, sordos y pobres, no por carecer de ropa y comida, sino de amor, gozo, alegría y deseos de ser útiles y tener una razón por la cual vivir.

Reflexionemos acerca de cómo Jesús nos ha abierto los oídos para escuchar el mensaje de Dios en una forma clara, directa y nueva.

# NACIDO DE MUJER

## Óscar Bauer

*Y dio a luz a su hijo primogénito, y lo envolvió
en pañales, y lo acostó en un pesebre, porque
no había lugar para ellos en el mesón.*

(LUCAS 2:7)

*E*stamos a pocas semanas de celebrar el nacimiento de Jesús. Si eres padre o madre, entiendes el gran gozo de tener a un recién nacido en los brazos. Sin duda José y María experimentaron ese gran gozo a pesar de las circunstancias inusuales alrededor del nacimiento del bebé.

El ángel Gabriel se presentó a María con un anuncio extraordinario. El Espíritu Santo vendría sobre ella y concebiría al mismo Hijo de Dios. Aquel hecho trastornó la relación de María con su prometido José. Este pensó que María le había sido infiel: ¿Qué más podría pensar? José ya se había propuesto dejarla sin hacer un escándalo público cuando Dios le reveló en sueños que la concepción no era resultado de una infidelidad. Por el contrario, Dios había hallado en María a una joven de carácter excepcional. Ella se había sometido humilde y obedientemente a la decisión del Señor sin importarle el daño que pudiera traerle a su buen nombre y a su relación con José. José no concibió al niño pero lo abrazó como si fuera suyo. La Biblia nos dice que José recibió a María por esposa. Juntos le darían abrigo al niño, proporcionándole el hogar y el amor que todo bebé merece.

Ya cerca de la fecha en la que María daría a luz, una orden del emperador obligó a la pareja a viajar desde Nazaret a Belén. Los dolores de parto le empezaron a María pero la ciudad estaba repleta de viajeros y no había un lugar adecuado para ofrecerles albergue. El niño nació en un establo y su cuna fue un pesebre, un recipiente alargado que se usaba para darle comida a los animales. ¿Qué madre quisiera esta clase de arreglos para el alumbramiento de su primer niño? Ella había velado por esa criatura por nueve largos meses, pero parecía que nadie en la ciudad estaba interesado en darle un recibimiento adecuado a su bebé.

¿Cómo te has estado preparando para celebrar la Navidad? ¿Has anticipado por meses la celebración del nacimiento del Hijo de Dios? ¿O has estado demasiado preocupado con otras cosas?

# POR SU AMOR

### Karla de Fernández

*... para que la participación de tu fe sea eficaz en el conocimiento de todo el bien que está en vosotros por Cristo Jesús.*

(FILEMÓN 1:6)

He escuchado en muchas ocasiones a uno de los ancianos de mi iglesia local orar por otros diciendo: «Te doy gracias porque has tenido a bien colocar una lámpara encendida en ese lugar». Él se refiere a hermanos en la fe como lámparas que anuncian el evangelio, lámparas que dan luz a los que aún están en oscuridad.

Cuando entendemos o conocemos nuestra identidad de hijos de Dios y de embajadores de Cristo en esta tierra, nuestra vida se verá diferente para con todos aquellos con quienes tenemos contacto día a día. Cuando somos impactados por el evangelio, nuestra vida destilará evangelio por donde quiera que vayamos.

Eso será una realidad en la forma en como amamos a otros, como estamos presentes en sus vidas, como ayudamos y servimos a los demás por causa del amor y la fe que tenemos para con Cristo Jesús.

El amor que tenemos por Cristo se verá reflejado en la forma en como amamos a los demás. Todos aquellos que nos vean fluir en el amor por nuestro prójimo podrán dar testimonio de que hemos sido amados por Dios y respondemos en amor también.

Es por la fe y por el amor que hemos recibido de Él que buscaremos hacer bien a las personas que nos rodean. Es Su amor en nosotros lo que nos lleva a amar a los demás.

# NUESTRO REPRESENTANTE LEGAL

### Nathan Díaz

*Pues en cuanto él mismo padeció siendo tentado, es poderoso para socorrer a los que son tentados.*

(HEBREOS 2:18)

S i tuviéramos que ir a la corte por algún crimen que hubiéramos cometido, necesitaríamos un abogado que nos representara. El abogado tendría que defender nuestro caso y dar un argumento legal para que el juez nos pudiera declarar inocentes.

La función del sumo sacerdote es una función similar. El sumo sacerdote tenía que representar al pueblo legalmente delante de Dios. Pero un sumo sacerdote debía tener la misma naturaleza del pueblo para poder representarlos. Es por eso que la encarnación del Hijo de Dios era absolutamente necesaria. Para poder representar a Su pueblo, Jesús debía tener su misma naturaleza.

A través de Su muerte, como nuestro representante legal, derrotó a nuestro más temido enemigo, la muerte (vv. 14-15). Tener una naturaleza completamente humana hace posible nuestra redención.

Al tener la misma naturaleza que nosotros, Jesús también experimentó lo que significa ser tentado. Él sabe lo que significa vivir en un cuerpo que se somete a necesidades y debilidades físicas. Él entiende que es difícil vivir en este cuerpo y en este mundo caído, y por lo tanto vivió la vida que nosotros no podíamos vivir, una vida sin pecado, para poder darnos la esperanza de una vida donde nuestras debilidades y pecado no tengan la última palabra (Heb. 4:15). Cada vez que seas tentado recuerda, Jesús entiende y ha hecho posible como tu representante legal que tengas victoria sobre la tentación.

# PASTELES Y CORAZONES

## Nathan Díaz

*Porque la palabra de Dios es viva y eficaz, y más cortante que toda espada de dos filos; y penetra hasta partir el alma y el espíritu, las coyunturas y los tuétanos, y discierne los pensamientos y las intenciones del corazón. Y no hay cosa creada que no sea manifiesta en su presencia; antes bien todas las cosas están desnudas y abiertas a los ojos de aquel a quien tenemos que dar cuenta.*

(HEBREOS 4:12-13)

*M*e encantan los nuevos retos pasteleros en donde hacen pasteles que parecen diferentes objetos. Hay pasteles en forma de plantas, autos, animales, frutas, y una infinidad de otras cosas. Los pasteleros con más habilidad te hacen pensar que lo que tienes en frente no es un pastel. Pero en el momento que son cortados, te das cuenta de todos los niveles de pan y chocolate, crema o merengue que revelan la verdadera naturaleza de lo que tenías en frente.

Así es con la palabra de Dios. No solo nos revela la verdad sobre la naturaleza de Dios, sino que nos muestra también la verdadera naturaleza del hombre. Nosotros podemos crear la ilusión externa de que somos realmente buenos, autónomos y dueños de nuestro destino. Pero así como con los pasteles en forma de frutas o plantas, una vez que la Biblia corta hasta nuestra alma y espíritu, nuestra verdadera naturaleza pecaminosa, dependiente y sin esperanza real es revelada.

Un día rendiremos cuentas delante de nuestro Creador que nos dio Su palabra inspirada para mostrarnos el camino de salvación. ¿Estás preparado?

# NUESTRO MAYOR PROBLEMA

## Nathan Díaz

---

*Acerquémonos, pues, confiadamente al trono de la gracia, para alcanzar misericordia y hallar gracia para el oportuno socorro.*

**(HEBREOS 4:16)**

¿Cuál es nuestro mayor problema? Algunos pueden pensar que son nuestras circunstancias temporales presentes. Puede ser que estemos enfermos o que acabamos de perder nuestro trabajo. Pero nuestro mayor problema es uno eterno. Puede ser que hoy sea nuestro último día de vida o puede ser que nuestro último día de vida sea en sesenta años. Sea como sea, nuestra vida es muy breve. Los problemas de hoy pasarán, pero lo que venga después durará para siempre.

Jesús vino a solucionar nuestro más grande problema: nuestra relación quebrantada con Dios. Él se convirtió en nuestro gran sumo sacerdote (v. 14), para representarnos legalmente. Para poder ser nuestro sumo sacerdote, también se convirtió en nuestro perfecto sacrificio, una vez y para siempre (9:12). Habiendo hecho todo lo necesario, ahora entra en el lugar santísimo, a la misma presencia de Dios (6:19). Todo lo que Jesús ha hecho como cumplimiento de las prácticas sacerdotales del Antiguo Testamento es para experimentar Su gracia inagotable.

Hoy nos acercamos confiadamente, porque la obra ya está hecha. No debemos tener miedo ni incertidumbre sobre el futuro. Nuestro mayor problema ha sido solucionado para darnos una esperanza real. El trono de gracia está accesible para todo aquel que reconoce cuál es su mayor problema y sabe que no tiene solución afuera de Jesucristo. ¡Busca hoy oportuno socorro!

# ¿QUÉ REPRESENTA LA SANGRE?

### Nathan Díaz

---

*Y casi todo es purificado, según la ley, con sangre; y*
*sin derramamiento de sangre no se hace remisión.*

(HEBREOS 9:22)

La sangre es una de las cosas que más repulsión pueden causarnos. Algunos hasta se desmayan cuando ven sangre. La razón es muy simple: algo normalmente está mal cuando vemos sangre. Sangre representa dolor, sufrimiento y especialmente muerte. El derramamiento de sangre significa que alguien ha perdido la vida.

La paga del pecado es muerte (Rom. 6:23), y por lo tanto, el pecado también introdujo el derramamiento de sangre como consecuencia inevitable. Nuestro pecado hace que sea necesario que haya sangre derramada. ¿Qué sangre será derramada? En el Antiguo Testamento, se hicieron sacrificios de animales que mostraban claramente la necesidad de la muerte por el pecado. ¿Cómo podría ser justificado y purificado alguien que es culpable? La única manera es que alguien más tomara su lugar. Pero un animal no es de la misma naturaleza y del mismo valor que el hombre así que solo es un símbolo de otra realidad (v. 9).

En Jesús encontramos un sacrificio en Su naturaleza humana, igual que la nuestra pero sin pecado (4:15), y un valor infinitamente mayor al nuestro que hace posible que sea suficiente para toda la humanidad (v. 15). La próxima vez que veas sangre, piensa en la realidad de la muerte como consecuencia de nuestro pecado. Pero también piensa en la gran esperanza que se encuentra en el derramamiento de sangre de Jesucristo para que tú y yo no tengamos que morir.

# NUESTRO SACERDOTE REGRESARÁ

### Nathan Díaz

*Y de la manera que está establecido para los hombres que mueran una sola vez, y después de esto el juicio, así también Cristo fue ofrecido una sola vez para llevar los pecados de muchos; y aparecerá por segunda vez, sin relación con el pecado, para salvar a los que le esperan.*

(HEBREOS 9:27-28)

Yom Kippur es la celebración del día de la expiación. Es el día más sagrado del año judío. En el Antiguo Testamento, cuando esta celebración se hacía en el tabernáculo y más adelante en el templo, cuando el sumo sacerdote entraba para hacer expiación por el pecado del pueblo, ellos esperaban con emoción que saliera nuevamente para ver que el sacrificio había sido aceptado.

Todo eso era una sombra de la realidad que se cumpliría en Jesús (8:5). Jesús entró en un templo no hecho con manos humanas (9:24), pero en vez de hacer el sacrificio cada año como lo hacían los judíos, lo hizo una sola vez para todos los tiempos (9:25-26). Así como Jesús pagó una sola vez, nosotros también moriremos una sola vez para finalmente ser juzgados perfectamente por Dios.

Pero aunque Jesús murió solo una vez, aparecerá dos veces. Cuando Él regrese nuevamente no será para proveer un sacrificio perfecto por el pecado, sino para salvar a Su pueblo de la ira del juicio único y final sobre el pecado. Estamos esperando con emoción ver a nuestro Rey y Sacerdote salir del santuario celestial para estar con nosotros para siempre.

# SANTIFICACIÓN POR LA VIDA EN COMUNIDAD

## Nathan Díaz

*... no dejando de congregarnos, como algunos tienen por costumbre, sino exhortándonos; y tanto más, cuanto veis que aquel día se acerca.*

(HEBREOS 10:25)

Todos sabemos que somos cambiantes. A veces nos sentimos animados y a veces nos sentimos desanimados. A veces nuestra fe parece invencible, a veces no sabemos si existe. ¿Cómo mantenemos firme nuestra esperanza, sin fluctuar, como cristianos? El autor de Hebreos quería darnos una respuesta a esa pregunta (v. 23). La respuesta está en uno de los diseños de Dios de más ánimo para nosotros: la vida en comunidad.

Algunos «cristianos» podrían decir que su fe y vida cristiana es algo entre ellos y Dios. Pero Dios no nos diseñó para crecer solos. Necesitamos a otros. La obra de santificación que Dios hace en Su pueblo también la hace a través de Su pueblo. ¿Cómo se ve nuestra santificación en comunidad? Se ve en una constante estimulación al amor y a las buenas obras (v. 24).

La urgencia de no ceder ante la apostasía que amenaza a la iglesia (v. 26) se va incrementando conforme nos acercamos más hacia el fin. Jesús regresará nuevamente y la necesidad de la santidad de Su esposa será cada vez más evidente. Eso significa que el próximo domingo hay mayor urgencia para congregarte en tu iglesia local que el domingo pasado. La manera en que Dios te usa para ser de bendición a otros y la manera en que ellos son de bendición para ti es cada vez más importante para enfrentar la apostasía venidera.

# GRADOS DE CONFIABILIDAD

### Nathan Díaz

*Es, pues, la fe la certeza de lo que se espera,*
*la convicción de lo que no se ve.*

(HEBREOS 11:1)

¿En qué o en quién podemos confiar realmente? Siempre ponemos nuestra confianza para el futuro en algo. Esa confianza está basada enteramente en cuánto sabemos del carácter del objeto de nuestra fe. Por ejemplo, cuando yo prendo el interruptor de la recámara de mi casa, espero que se prenda la luz. Esa expectativa está basada en cientos, o posiblemente miles de veces en que he prendido ese interruptor. No podría decir que tengo un 100% de seguridad porque sé que hay factores impredecibles como un foco fundido, pero normalmente tengo un 99% de seguridad en el resultado.

Cuando se trata de la fe en las promesas de Dios, tenemos algo mucho más confiable que un interruptor. Él ha obrado en la historia de maneras que traen seguridad inconmovible sobre la manera en que cumplirá Sus promesas para el futuro (Heb. 6:17). Cuando leemos que la fe es «la convicción de lo que no se ve», no está hablando de fe ciega. Podemos ver las evidencias en el pasado que Dios nos ha dado para conocer Su carácter veraz. Ahora la pregunta es si esas evidencias te llevan a confiar en Él para lo que esperas en el futuro, lo que no puedes ver aún.

Solo Dios es digno de nuestra confianza absoluta. Todos los demás nos decepcionarán en algún momento. Él es nuestra esperanza segura para mañana.

# LA FE QUE SALVA

### Nathan Díaz

*Pero sin fe es imposible agradar a Dios; porque es necesario que el que se acerca a Dios crea que le hay, y que es galardonador de los que le buscan.*

(HEBREOS 11:6)

Recuerdo cuando éramos pequeños e íbamos a nadar a alguna alberca donde no alcanzábamos el piso. Mi hermana y yo nos divertíamos brincando de la orilla al agua aunque no supiéramos nadar. ¿Cuál era la clave para no tener miedo? Mi papá estaba allí, listo para recibirnos en sus brazos. Mi hermana y yo hubiéramos podido jactarnos del valor que teníamos para brincar, pero realmente nadie hubiera quedado impresionado. El verdadero valor estaba en la capacidad de mi papá para pararse en la alberca sobre la superficie con la fuerza necesaria para cargarnos y darnos toda la seguridad.

Esta analogía nos da una idea de la fe que salva. Es en nuestra incapacidad para hacer algo que ponemos nuestra fe en alguien más. La salvación por fe fue diseñada por Dios para que fuera evidente nuestra incapacidad y Él se llevara toda la gloria. Esta fe siempre ve hacia fuera para encontrar esperanza, no hacia dentro. Dios es glorificado cuando vivimos apuntando a la gente hacia Él y no hacia nosotros.

Agradar a Dios a través de la fe que tenemos en Su capacidad de salvarnos resulta finalmente en nuestro galardón eterno. Son las mejores noticias. Al vivir para la gloria de Dios terminamos también recibiendo el mejor regalo del universo: comunión con Él.

# EL PROPÓSITO Y GOZO DEL SUFRIMIENTO

## Nathan Díaz

*Porque aún no habéis resistido hasta la
sangre, combatiendo contra el pecado;*

(HEBREOS 12:4)

Es muy fácil sentir que somos los que más hemos sufrido en nuestra iglesia. A veces vemos a nuestro alrededor y parece que a otros les va mucho mejor. Aunque no nos sintamos así necesariamente, todos sufrimos en algún nivel y muchas veces no entendemos la razón de nuestro sufrimiento.

En este pasaje Dios quiere animarnos y exhortarnos en dos maneras. Por un lado ninguno de nosotros jamás sufrirá lo que Jesús, a quien seguimos, sufrió en Su muerte. La agonía de la separación con el Padre y el peso de nuestro pecado superan exponencialmente el dolor de los clavos y las espinas. Recordemos lo que sufrió nuestro Salvador para poner en perspectiva nuestro propio sufrimiento (v. 3). Por otro lado, debemos recordar que ningún sufrimiento de la vida cristiana es en vano. Toda disciplina que Dios nos permite vivir tiene un propósito bueno de santificación (vv. 5-13).

No habrá nada que enfrentemos que deba desanimarnos en nuestro caminar de la vida cristiana. Estamos siguiendo el mismo camino de Jesús, quien sufrió más que cualquier otro ser humano que ha vivido. Pero también Jesús al ver el gozo eterno delante de él sentado a la diestra de Dios padeció voluntariamente esa cruz (v. 2). Ese gozo es la misma esperanza que nos espera al correr la carrera que tenemos por delante (v. 1). ¡Pongamos los ojos en Jesús!

# DISCIPLINA DIVINA

## Nathan Díaz

*... y habéis ya olvidado la exhortación que como a hijos se os dirige, diciendo: Hijo mío, no menosprecies la disciplina del Señor, ni desmayes cuando eres reprendido por él; porque el Señor al que ama, disciplina, y azota a todo el que recibe por hijo.*

(HEBREOS 12:5-6)

*H*ay dos maneras incorrectas de reaccionar a la disciplina amorosa de un padre. La primera podría ser indiferencia. A eso se refiere Proverbios 3:11-12 que cita el autor de Hebreos. Es fácil tener una actitud de cinismo ante las tribulaciones de nuestra vida. Es más fácil tratar de distraernos e ignorar las cosas difíciles que no nos gustan que agradecer a Dios el buen propósito que tienen en nuestra santificación. La otra reacción peligrosa a la disciplina es el desánimo. No debemos deprimirnos o desanimarnos en medio de las pruebas.

La clave está en entender que la disciplina que viene de Dios, al contrario de la nuestra, nunca está motivada por un castigo de ira. La disciplina de nuestro Padre perfecto siempre es para que participemos de Su santidad (v. 10), y siempre trae el fruto apacible de justicia (v. 11).

Pero toda esta esperanza para enfrentar disciplina solo es verdad si Dios te ha recibido como hijo. Toda la humanidad es creación de Dios pero no toda la humanidad ha sido adoptada en la familia de Dios. No hay mejor consuelo que saber que soy hijo por la fe y que por lo tanto siempre soy recipiente del amor de mi Padre, aunque a veces duela.

# DISCIPLINA PERFECTA

### Nathan Díaz

*Y aquellos, ciertamente por pocos días nos disciplinaban como a ellos les parecía, pero este para lo que nos es provechoso, para que participemos de su santidad. Es verdad que ninguna disciplina al presente parece ser causa de gozo, sino de tristeza; pero después da fruto apacible de justicia a los que en ella han sido ejercitados.*

(HEBREOS 12:10-11)

*C*uando nosotros disciplinamos a nuestros hijos, normalmente estamos pensando en cómo los estamos preparando para esta vida. Estamos pensando en cómo les estamos ayudando para enfrentar las decisiones que tendrán que tomar con madurez. Si somos sinceros, tenemos la tendencia a equivocarnos en el proceso de disciplina. Para algunos, la tendencia es a ser demasiado exigentes y duros: padres legalistas. Para otros de nosotros, la tendencia es a ser demasiado permisivos y liberales: padres tolerantes. El balance entre estos dos extremos es muy complicado y difícil de lograr en nuestra limitada sabiduría. Pero hay algo que casi todos los padres saben con toda seguridad: amamos a nuestros hijos.

Si esta es nuestra motivación con nuestros hijos terrenales, cuánto más la disciplina de Dios está motivada por un amor incondicional, perfecto y sabio. Es la mejor combinación posible: amor y sabiduría infinitas. ¿Cómo podríamos dudar del propósito que Dios tiene en nuestro sufrimiento? Nunca es legalista, nunca es liberal. Siempre tiene el balance perfecto para santificarnos y ejercitarnos en el camino que nos lleva al gozo de fruto apacible de justicia.

No te entristezcas por la disciplina de Dios. ¡Recuerda cuánto nos ama nuestro Padre!

# VIVAMOS SIN AVARICIA

### Nathan Díaz

*Sean vuestras costumbres sin avaricia, contentos con lo que tenéis ahora; porque él dijo: No te desampararé, ni te dejaré;*

(HEBREOS 13:5)

*E*l reto más grande de vivir en una sociedad capitalista es la tentación del materialismo. Es fácil vivir en la ilusión permanente de que no tenemos lo suficiente. Pensamos que entre más posesiones tengamos, más felices seremos. Esta mentira lleva a la gente a una profunda desilusión, porque aun cuando puedan realmente tener más dinero del que pueden gastar, siempre se encuentran vacíos al final. Muchos se endeudan en el proceso de obtener esa otra cosa que estaban seguros valdría la pena.

La vida cristiana es una vida que no encuentra su valor en las posesiones, sino en su identidad en Cristo. La fe que tenemos en que Dios es suficiente hace que nuestra vida sea una de contentamiento. Un cristiano se goza más en poder dar a otros y usar sus recursos para el reino eterno que en acumular riquezas temporales y perecederas (Mat. 6:19-24).

Todo esto no significa que nuestras necesidades materiales no sean importantes. Dios sabe las cosas que necesitamos como ropa, comida y casa. Podemos vivir sin avaricia, porque si somos sinceros, Dios nos ha dado a la mayoría más de lo que necesitamos. ¿Para qué queremos más? Dios cuida de nosotros y nos pide que nuestro enfoque esté en las cosas eternas del reino mientras Él se ocupa de las cosas temporales de esta vida (Mat. 7:33). Podemos vivir contentos con lo que tenemos. Dios nunca nos abandonará.

# PROVISIÓN Y PROTECCIÓN ETERNAS

### Nathan Díaz

*... de manera que podemos decir confiadamente: El Señor es mi ayudador; no temeré lo que me pueda hacer el hombre.*

(HEBREOS 13:6)

Una de las razones por las que nos gusta acumular posesiones es porque nos importa mucho lo que otros piensan de nosotros. Cuando tienes un buen auto o una casa lujosa, en nuestra sociedad es sinónimo de éxito. La gente nos respeta más cuando consideran que somos exitosos en lo que hacemos.

Pero cuando se trata del reino de Dios, la motivación para todo lo que hacemos debe ser diferente. ¿Qué piensa Dios de cómo uso mi tiempo y mi dinero? ¿Cómo muestra mis prioridades la manera en que vivo todos los días? Nuestra satisfacción suprema en Dios debe ser evidente cuando la gente conoce de cerca nuestras vidas.

No solo vivimos para lo que Dios piensa de nosotros, sino vivimos confiados en que Dios cuida de nosotros. Él sabe perfectamente lo que necesitamos y no solo provee sino también protege a los suyos. Esto significa que no viviremos ni un día más del que debemos vivir ni moriremos un día antes del que debamos morir. Toda nuestra vida está en manos de Dios. No hay mejor esperanza que saber que Dios es soberano. Esa confianza nos hace vivir sin temor al hombre. No importa lo que piensen de nosotros. Tampoco importa que quieran hacernos daño. Si somos de la familia de Dios estamos bajo Su cuidado y protección eternos.

# UN DIOS INMUTABLE

### Nathan Díaz

*Jesucristo es el mismo ayer, y hoy, y por los siglos.*

(HEBREOS 13:8)

*E*l concepto de entropía, o la segunda ley de la termodinámica, establece que la cantidad de entropía en el universo tiende a incrementarse en el tiempo. O lo que es igual: dado un período de tiempo suficiente, los sistemas tenderán al desorden. Las cosas no solo cambian, sino tienden a desordenarse, no a ordenarse. Todo en este mundo cambia. Todo en este mundo es temporal. ¿Conoces algo que nunca cambie?

La Biblia enseña claramente que el único que nunca cambia es Dios. Como Creador y no creación, Dios es inmutable. Por ejemplo, el Salmo 102:25-27 declara, «Desde el principio tú fundaste la tierra, y los cielos son obra de tus manos. Ellos perecerán, mas tú permanecerás; y todos ellos como una vestidura se envejecerán; como un vestido los mudarás, y serán mudados; pero tú eres el mismo, y tus años no se acabarán».

En la carta a los Hebreos, el autor ha dedicado todo su tiempo a hablar de la supremacía de Cristo. En primer lugar, ya ha declarado claramente la deidad de Jesús como Creador y heredero de todo (Heb. 1:1-3). Ahora establece Su deidad afirmando Su inmutabilidad.

Las implicaciones de un Dios inmutable son enormes para nosotros. Tenemos un Dios que estableció un plan de redención para Su creación desde la eternidad pasada y que nunca cambiará en Su propósito de ser glorificado a través de Jesucristo. Seremos bienaventurados eternamente si vivimos para Él.

# PACIENCIA EN LAS PRUEBAS

### Karla de Fernández

*Hermanos míos, tened por sumo gozo cuando os halléis en diversas pruebas, sabiendo que la prueba de vuestra fe produce paciencia. Mas tenga la paciencia su obra completa, para que seáis perfectos y cabales, sin que os falte cosa alguna.*

(SANTIAGO 1:2-4)

*G*eneralmente no será bien recibido nuestro comentario cuando a alguien que está pasando por alguna prueba le digamos que debe estar gozoso. Podríamos pasar por insensibles, sin embargo, la Palabra de Dios sí nos instruye a estar con *sumo gozo* en medio de las pruebas.

«Hermanos míos, tened por sumo gozo cuando os halléis en diversas pruebas, sabiendo que la prueba de vuestra fe produce paciencia. Mas tenga la paciencia su obra completa, para que seáis perfectos y cabales, sin que os falte cosa alguna» (Santiago 1:2-4).

Debemos tener en cuenta que nos está diciendo que todos pasaremos por pruebas en algún momento de nuestras vidas. Las pruebas, para el ser humano, son inevitables. No es algo que debiera sorprendernos, sino más bien mantenernos alerta y preparados para cuando nos acontezcan.

Es por medio de las pruebas que Dios trabaja y nos hace crecer en paciencia, pero también en dependencia de Él. Si bien es cierto que las pruebas en muchas ocasiones nos hacen sufrir, hemos de entender el gozo del que se nos habla aquí.

Un gozo por saber que, en medio de las pruebas, Dios sigue estando presente, Dios sigue cuidando de nosotros; Él sigue obrando en nuestro carácter. Dios sabe de qué forma las pruebas que permite en nuestra vida nos harán crecer en madurez y dependencia de Él. Dios lo sabe.

Podemos estar con paz y gozo en medio de las pruebas porque Dios está con nosotros de principio a fin.

# SÉ SABIO, PIDE SABIDURÍA

## Karla de Fernández

*Y si alguno de vosotros tiene falta de sabiduría, pídala a
Dios, el cual da a todos abundantemente y sin reproche, y
le será dada. Pero pida con fe, no dudando nada; porque
el que duda es semejante a la onda del mar, que es
arrastrada por el viento y echada de una parte a otra.*

(SANTIAGO 1:5-6)

*H*emos de estar conscientes de que no todas las decisiones que tomamos diariamente son sabias. En un gran número de ocasiones nos dejamos llevar por nuestras emociones, nuestros sentimientos, nuestras ideas y lo que creemos que es correcto, a la hora de tomar decisiones.

No nacemos siendo sabios, vamos creciendo en sabiduría con el paso del tiempo, las experiencias, los consejos; pero, sobre todo, con la ayuda de Dios, quien es la fuente de sabiduría.

Tenemos la oportunidad de acudir a Él cada vez que sea necesario. No importa si pensamos que es una decisión pequeña como para ir a Dios en oración; delante de Dios nuestras peticiones siempre serán escuchadas por pequeñas que parezcan.

Si leemos la Palabra de Dios podremos darnos cuenta de que siempre que alguien necesitaba sabiduría para realizar algo acudía a Dios o a alguien más. Conocemos el resultado de uno y de otro. La sabiduría de Dios era derramada sobre unos cuantos y ellos eran quienes guiaban al pueblo de Dios.

Hoy, por medio de Cristo y Su obra en la cruz, podemos acudir a Dios cada vez que necesitemos sabiduría, escrito está: «Y si alguno de vosotros tiene falta de sabiduría, pídala a Dios, el cual da a todos abundantemente y sin reproche, y le será dada. Pero pida con fe, no dudando nada; porque el que duda es semejante a la onda del mar, que es arrastrada por el viento y echada de una parte a otra» (Sant. 1:5-6).

# NO CEDAS

### Karla de Fernández

*Bienaventurado el varón que soporta la tentación; porque cuando haya resistido la prueba, recibirá la corona de vida, que Dios ha prometido a los que le aman. Cuando alguno es tentado, no diga que es tentado de parte de Dios; porque Dios no puede ser tentado por el mal, ni él tienta a nadie; sino que cada uno es tentado, cuando de su propia concupiscencia es atraído y seducido. Entonces la concupiscencia, después que ha concebido, da a luz el pecado; y el pecado, siendo consumado, da a luz la muerte.*

(SANTIAGO 1:12-15)

*T*uve una conversación muy amena con mi esposo. Hablábamos de las tentaciones y de cómo se nos presentan en la vida diaria. Llegamos a la conclusión de que conforme crecemos y conocemos nuestras debilidades es más sencillo reconocer las tentaciones y entonces decidir si sucumbimos ante ellas o no.

Las tentaciones se nos presentarán de manera que nos incitarán a pecar; no tendremos tentaciones que nos causen repulsión porque entonces automáticamente diríamos que no. Serán atractivas, deseables, seductoras para que entonces digamos que sí a ellas e incurramos en un pecado.

Podríamos pensar incorrectamente que alguna de esas tentaciones es Dios tentándonos para ver si resistimos o cedemos a ellas. Lo que debemos saber es que en Dios no hay malicia, no tiene trucos bajo la manga que nos lleven a hacer el mal o a pecar. Debemos estar seguros de que cuando seamos tentados, Dios puede ayudarnos a salir huyendo para no ceder a la tentación.

# TODO LO BUENO

### Karla de Fernández

*Toda buena dádiva y todo don perfecto desciende de lo alto, del Padre de las luces, en el cual no hay mudanza, ni sombra de variación.*

(SANTIAGO 1:17)

Fui la novena hija de un matrimonio que permaneció junto hasta que la muerte los separó. Fui testigo de cómo por amor a todos sus hijos ese matrimonio salió de su lugar de origen en busca de una mejor oportunidad laboral y un mejor lugar para hacer familia.

Fui testigo de que mi papá muchas veces sacrificaba de sí mismo para darnos lo mejor. Sacrificaba su descanso, su comodidad, sus gustos personales y las oportunidades de volver a su tierra natal.

A veces pienso que solo estaba apuntando a lo que había aprendido del Dios que tanto amó. Pienso que mi papá entendió que el Padre perfecto nos dio todo en Cristo. Ese Cristo que se entregó a sí mismo para que nosotros recibiéramos lo mismo que Él tenía, solo por amor.

Dios nos ha dado todo en Él sin que lo merezcamos, sin que entendamos por qué lo tenemos, sin saber bien por qué en Su bondad nos ha dado todo a manos llenas. Tenemos Su paz, Su gracia, Su misericordia, Su perdón, Su amor…

Todo lo bueno viene de Él, pero no lo deja a lo lejos para que lo admiremos, sino que nos lo da en abundancia para que lo atesoremos y vivamos a la luz de esa gran verdad. Dios nos ama, de eso no hay duda.

# ¡NO TE RINDAS!

## Karla de Fernández

*Por esto, mis amados hermanos, todo hombre sea pronto para oír, tardo para hablar, tardo para airarse; porque la ira del hombre no obra la justicia de Dios.*

(SANTIAGO 1:19-20)

He escuchado decir que las mujeres hablamos muchísimo más que los hombres. Puede que tengan razón, por increíble que parezca, he conocido mujeres que pueden estar hablando sin parar durante más de tres horas. Cabe mencionar que soy la que por lo regular escucha, hablo muy poco comparado con otras mujeres.

También he conocido hombres que hablan, como dirían en mi rancho, ¡hasta por los codos! Hombres y mujeres que a personas como a mí nos cuesta mucho cortarles la plática y pueden hablar por mucho tiempo.

La Biblia habla muchísimo a las personas que hablan mucho que, a decir verdad, nos incluye a todos porque todos hablamos. A nosotros, los que hablamos más o los que hablamos menos, nos dice:

«Por esto, mis amados hermanos, todo hombre sea pronto para oír, tardo para hablar, tardo para airarse; porque la ira del hombre no obra la justicia de Dios» (Santiago 1:19-20).

Nos instruye a escuchar más de lo que hablamos, a prestar atención a las palabras que nos dicen; pero no solo eso, también nos enseña que debemos ser cautelosos y no airarnos ¿con quién? Con aquellos a quienes estamos escuchando.

No todas las personas sabemos hablar correctamente, solemos cometer errores al hablar lo que se presta a malos entendidos, a discusiones, ofensas, pleitos y demás situaciones precisamente por hablar más de lo que escuchamos.

Bien haríamos en seguir el consejo del apóstol Santiago y antes de responder en enojo, escuchar mejor, y responder con sabiduría. Sí se puede, no nos rindamos.

# CAMBIO DE CORAZÓN

### Karla de Fernández

*Pero si tenéis celos amargos y contención en vuestro corazón, no os jactéis, ni mintáis contra la verdad; porque esta sabiduría no es la que desciende de lo alto, sino terrenal, animal, diabólica. Porque donde hay celos y contención, allí hay perturbación y toda obra perversa.*

(SANTIAGO 3:14-16)

*C*uando era más joven y estaba soltera, si mi novio me celaba para mí era sinónimo de que me amaba, pero no sucedía lo mismo conmigo; cuando yo sentía celos, algo dentro de mí se encendía y muchas veces lastimaba.

Es posible que hayas experimentado en alguna ocasión celos amargos, ese sentimiento que te hace pensar que no eres suficiente para alguien más. Sentimientos que nos hacen pensar que estamos en peligro de perder algo que atesoramos mucho. Sentimientos que nos nublan la razón.

No siempre nos enseñan cómo es que debemos actuar cuando comenzamos a sentir celos amargos, de hecho me atrevo a decir que en muchas ocasiones lo ocultamos, no es bien visto ser celoso. Así que lo ocultamos hasta que un día ya no es posible seguir guardándolo en nuestro corazón.

La Biblia nos dice: «Pero si tenéis celos amargos y contención en vuestro corazón, no os jactéis, ni mintáis contra la verdad; porque esta sabiduría no es la que desciende de lo alto, sino terrenal, animal, diabólica. Porque donde hay celos y contención, allí hay perturbación y toda obra perversa» (Santiago 3:14-16).

No hay sabiduría en nosotros cuando actuamos dominados por los celos. Celos que nos llevan a lastimar a otros nunca serán una salida para mostrar que algo o alguien nos interesa o lo valoramos.

Pero aun para los celosos hay esperanza. Aun en esto se puede pedir sabiduría a Dios y Él escuchará un corazón que anhela ser transformado. Todos necesitamos un cambio de corazón.

# ACEPTADOS

### Karla de Fernández

*Someteos, pues, a Dios; resistid al diablo, y huirá de vosotros. Acercaos a Dios, y él se acercará a vosotros. Pecadores, limpiad las manos; y vosotros los de doble ánimo, purificad vuestros corazones*

(SANTIAGO 4:7-8)

He hablado con un considerable número de personas que me han comentado que durante su infancia ellos debían hacer determinadas cosas para recibir aprobación de sus padres. Cosas válidas como tener una buena conducta, obtener buenas calificaciones, comerse los vegetales, entre otras cosas más.

Todas esas prácticas son buenas en sí mismas, no obstante, ninguna de ellas debería ser motivo para que los hijos se supieran aprobados por sus padres. Hacerlo de esa manera llevaría a muchos a crecer pensando que el amor de sus padres está condicionado a su buena conducta y obediencia.

En ocasiones nos sucede lo mismo con Dios. Solemos pensar que necesitamos hacer y hacer para recibir aprobación de Dios y poder acercarnos a Él, cuando quien nos ha aprobado y acercado a Él es Cristo por medio de Su sacrificio en la cruz.

Fue por medio de Él que ahora nosotros siendo hijos de Dios podemos resistir lo que nos aleja de Dios; podemos acercarnos a Él porque Él se ha acercado a nosotros por medio de Cristo. Dios es cercano a nosotros, nos protege, nos guía, nos purifica no por lo que hagamos, sino por lo que Cristo ha hecho.

Qué descanso es saber lo que Cristo ha hecho por nosotros. No actuamos para ser aceptados por Dios, sino porque ya somos aceptados entonces actuamos.

# HACER EL BIEN

## Karla de Fernández

*... y al que sabe hacer lo bueno, y no lo hace, le es pecado.*

(SANTIAGO 4:17)

Es una realidad que cuando entendemos la gravedad del pecado en nuestras vidas, queremos desarraigarlo por completo de nosotros. Saber que por medio del sacrificio de Cristo ya no somos esclavos del pecado y que ya no reina sobre nosotros es liberador.

Nos da esperanza en que siendo Cristo nuestro rey y Señor día a día pecaremos menos y, además, sabremos reconocer cuando algo que pareciera inofensivo pudiera ser pecaminoso.

Por ejemplo, la Biblia nos dice: «y al que sabe hacer lo bueno, y no lo hace, le es pecado» (Santiago 4:17). Es en la misma Palabra de Dios donde se nos indica cómo es que debemos vivir de acuerdo como Dios quiere que vivamos.

Si leemos de principio a fin, hay más instrucciones de lo bueno que debemos hacer, que de lo malo que debemos dejar de hacer. Se nos enseña lo bueno por hacer delante de Dios y para con los seres humanos que nos rodean.

Ama a tu prójimo, ora por ellos, cuida de las viudas y los huérfanos, perdona a los que te ofenden, honra a tus padres, ora por los gobernantes, busca la paz con todos, sé íntegro, da gracias a Dios en todo… y la lista puede seguir.

Así que, conociendo lo que Dios pide que hagamos, caminemos con la seguridad de que Él nos ayudará en nuestros intentos de hacer Su voluntad y hacer lo bueno para darle gloria a Su nombre.

# VOLVERÁ

## Karla de Fernández

*Por tanto, hermanos, tened paciencia hasta la venida del Señor. Mirad cómo el labrador espera el precioso fruto de la tierra, aguardando con paciencia hasta que reciba la lluvia temprana y la tardía. Tened también vosotros paciencia, y afirmad vuestros corazones; porque la venida del Señor se acerca.*

(SANTIAGO 5:7-8)

Escuchaba la narración de «La verdadera historia» donde se muestra al pueblo de Israel esperando durante mucho tiempo la llegada del Mesías que los habría de salvar de la esclavitud del pecado. Un pueblo que esperaba con paciencia hasta que se cumplió lo que Dios había dicho, y nació Jesús.

Dios cumplió Su promesa y envió un Salvador no solo para los judíos sino para todo aquél que cree en Él (Juan 3:16). Hemos creído en la vida, la muerte y la resurrección de Jesús; pero también hemos creído en que volverá por nosotros. Hemos de esperar con paciencia, tal cual nos dice la Palabra:

«Por tanto, hermanos, tened paciencia hasta la venida del Señor. Mirad cómo el labrador espera el precioso fruto de la tierra, aguardando con paciencia hasta que reciba la lluvia temprana y la tardía. Tened también vosotros paciencia, y afirmad vuestros corazones; porque la venida del Señor se acerca» (Santiago 5:7-8).

Mirar la historia y constatar que Dios es siempre veraz, que cumple Sus promesas debe darnos esperanza en que Cristo volverá en el momento que Dios quiera. Sé que al ver al mundo como va en decadencia quisiéramos que Cristo volviera ya, pronto por nosotros.

Anhelamos Su regreso, clamamos por Él; hacemos bien en esperarlo, solo no olvidemos que hemos de ser pacientes y en esa paciencia debemos actuar con sabiduría, viviendo con la certeza de que podría volver cuando menos lo esperemos.

Que nuestra vida dé testimonio de la esperanza que tenemos en Su regreso por nosotros. Él lo cumplirá.

# SEAMOS TRANSPARENTES

## Karla de Fernández

*Confesaos vuestras ofensas unos a otros, y orad unos por otros, para que seáis sanados. La oración eficaz del justo puede mucho.*

(SANTIAGO 5:16)

*A*gradezco mucho a Dios por la bendición de ser miembro de una iglesia donde la transparencia y la vulnerabilidad son apreciadas y valoradas. Podemos ser transparentes con todo lo que sentimos y experimentamos en nuestro día a día sin temor a ser juzgados, rechazados o avergonzados.

Hemos entendido que todos somos pecadores que están siendo transformados a la imagen de Cristo un día a la vez. Todos necesitamos de Cristo todos los días, pero también todos necesitamos de la comunidad y compañía de nuestra iglesia local. Somos una familia, un lugar que también es un refugio para los que llegamos ahí con heridas que aún sangran o con cicatrices que aún duelen.

Sabemos que no somos perfectos y que aun dentro de ese refugio podremos fallarnos y lastimarnos unos a otros, pero hay buenas noticias aun para nosotros. En Cristo tenemos el regalo del perdón, de confesar nuestras faltas y de buscar la reconciliación. No viviremos en perfección, pero sí buscaremos vivir en comunión unos con otros.

Cuando hay libertad para confesarnos con total transparencia, podemos orar unos por otros, mostrarnos a Cristo y recordarnos que hay esperanza en Él, somos amados y perdonados por lo que Cristo hizo en la cruz.

Siempre se trata de Él y de Su obra en la cruz, podemos descansar en que Él dio Su vida para que en esta tierra tengamos destellos de Su gracia.

# PUEBLO ESCOGIDO

### Karla de Fernández

*Mas vosotros sois linaje escogido, real sacerdocio, nación santa, pueblo adquirido por Dios, para que anunciéis las virtudes de aquel que os llamó de las tinieblas a su luz admirable.*

(1 PEDRO 2:9)

*D*espués de que el apóstol Pedro habló de que Cristo es la piedra angular y que hay quienes lo rechazan, nos dice:

«Mas vosotros sois linaje escogido, real sacerdocio, nación santa, pueblo adquirido por Dios, para que anunciéis las virtudes de aquel que os llamó de las tinieblas a su luz admirable» (1 Pedro 2:9).

En el Antiguo Testamento el único que podía entrar a la presencia de Dios en el tabernáculo era el sacerdote. Ahora, por el sacrificio de Cristo, además de ser el templo, podemos ofrecer sacrificios, presentarnos delante de Dios y ser aceptados por Él por medio de Jesucristo.

Delante de Dios somos santos porque el SANTO CRISTO nos ha comprado, nos ha limpiado, nos ha quitado toda mancha. Dios por medio de Cristo nos ha separado para Él. ¿Para qué? Para proclamar las obras maravillosas de Cristo.

Nosotros no anunciamos nuestra vida, sino la de Cristo. No proclamamos nuestra historia, sino la de Cristo. Anunciamos que el poder y el peso del pecado ha sido quitado por medio de Su sacrificio en la cruz.

Podemos descansar y fijar nuestra esperanza en que somos el pueblo de Dios, Cristo volverá por nosotros. Somos receptores de Sus promesas, somos Su linaje, somos parte de Su historia redentora; somos Su posesión y cuida de nosotros.

Cada día, sin falta, somos receptores de Su misericordia. Y, así será hasta el día que vuelva. Escrito está, no temamos; adoremos mientras esperemos Su regreso. Amén.

# SER ESPOSA

**Karla de Fernández**

*Asimismo vosotras, mujeres, estad sujetas a vuestros maridos; para que también los que no creen a la palabra, sean ganados sin palabra por la conducta de sus esposas, considerando vuestra conducta casta y respetuosa. Vuestro atavío no sea el externo de peinados ostentosos, de adornos de oro o de vestidos lujosos, sino el interno, el del corazón, en el incorruptible ornato de un espíritu afable y apacible, que es de grande estima delante de Dios. Porque así también se ataviaban en otro tiempo aquellas santas mujeres que esperaban en Dios, estando sujetas a sus maridos.*

(1 PEDRO 3:1-5)

*E*sta porción bíblica nos está diciendo que nuestra forma de vivir de acuerdo al evangelio será usada para que los esposos inconversos puedan verlo real en sus esposas. Ellos serán testigos de lo que Dios hace en los corazones arrepentidos.

¿Cuál es la belleza que no se marchita, la que no envanece, la que cautiva? La que viene de lo íntimo del corazón. Un corazón transformado se traduce en espíritu humilde y apacible. Ese mismo espíritu que podemos ver en Jesucristo, pues todo cuanto hacía estaba permeado por la humildad y la mansedumbre.

La belleza externa es efímera, engañosa, vana. Pero lo que viene de dentro del corazón, la belleza que nace de la relación con Dios por medio de Jesucristo es eterna.

Nuestra esperanza radica en la sumisión del Hijo. Nosotros podemos aprender de Él y estar en sumisión a nuestro Padre eterno también. Actuar por amor a Él amando a nuestros esposos.

# DEBERES DEL HOMBRE

## Karla de Fernández

*Vosotros, maridos, igualmente, vivid con ellas sabiamente, dando honor a la mujer como a vaso más frágil, y como a coherederas de la gracia de la vida, para que vuestras oraciones no tengan estorbo*

(1 PEDRO 3:7)

E l apóstol Pedro está dirigiéndose a los hombres después que a las mujeres para dar estatutos o mandatos de acuerdo con su vida marital, él dijo:

«Vosotros, maridos, igualmente, vivid con ellas sabiamente, dando honor a la mujer como a vaso más frágil, y como a coherederas de la gracia de la vida, para que vuestras oraciones no tengan estorbo» (1 Pedro 3:7).

Leyendo esta porción entiendo que hombres y mujeres son herederos de Dios. Él no hace ni hizo distinción entre hombres y mujeres. Ambos somos herederos delante de Dios, ambos somos valiosos y hemos recibido la oportunidad de ser hijos e hijas.

Dios manda a los hombres a que sean comprensivos en su vida conyugal. ¿A qué se refiere con esto? ¿De qué forma los esposos pueden vivir a la luz de esta palabra?

Cuando habla de la vida conyugal, nos llama a hacer vida en pareja, en ser intencionales al convivir y estar presentes en la vida uno del otro. Nuestros matrimonios no deberían ser como en los siglos pasados, donde las mujeres eran de adorno, sino que somos uno y eso se debe vivir y ver en la práctica día a día.

Cuando leo el mandato de Dios a cuidar y respetar a su mujer, no es solo porque sea su esposa, sino porque es mujer. Para Dios sí es importante el hecho de que la mujer sea menos fuerte o más delicada que los hombres. No porque sea inferior, sino porque debe recibir un cuidado mayor. Dios es bueno.

# MUESTRA A CRISTO

**Karla de Fernández**

*... sino santificad a Dios el Señor en vuestros corazones, y estad siempre preparados para presentar defensa con mansedumbre y reverencia ante todo el que os demande razón de la esperanza que hay en vosotros.*

(1 PEDRO 3:15)

*C*uando defendemos nuestra esperanza en Cristo, las respuestas que demos deberán apuntar a Cristo. Él es el centro de nuestra vida, es a quien anunciamos y en quien depositamos nuestra fe, confianza y esperanza.

Nosotros no debemos opacar el mensaje del evangelio para defender nuestras propias opiniones, la forma en como lo estudiamos o lo aprendemos. Podemos y debemos dar testimonio de nuestra esperanza en Cristo, pero hay algunas pautas a seguir y cumplir.

Podemos hablar con otros acerca de la esperanza que tenemos en Cristo, pero hacerlo con gentileza y respeto. Nuestras palabras deben ser con prudencia y sabiduría para dar un buen testimonio del evangelio que hemos creído.

Con esto quiero decir que necesitamos vivir en integridad, para que cuando nuestro carácter sea atacado, el evangelio resplandezca y el testimonio de nuestra esperanza en Cristo brille y hable más fuerte, para que sea anunciado entre los que nos rodean.

Qué maravilloso es poder anunciar a otros la verdad de Dios, la que habita en medio nuestro, la que está en nuestros corazones y nos inunda de paz, de esperanza y fe en el Señor.

# SACRIFICIO PERFECTO

## Karla de Fernández

*Porque mejor es que padezcáis haciendo el bien, si la voluntad de Dios así lo quiere, que haciendo el mal. Porque también Cristo padeció una sola vez por los pecados, el justo por los injustos, para llevarnos a Dios, siendo a la verdad muerto en la carne, pero vivificado en espíritu.*

(1 PEDRO 3:17-18)

Quizás has escuchado acerca de que la voluntad de Dios siempre es buena, agradable y perfecta; aun cuando sufrimos. Es una gran verdad. Debemos estar seguros de que aun el sufrimiento está controlado por Dios.

Pedro nos alienta a que si sufrimos, sea con esperanza. Nos recuerda que si Cristo sufrió fue por nuestra causa, no somos poca cosa para Él. En verdad Él nos amó tanto que se entregó a sí mismo por nosotros.

Necesitábamos ser rescatados de nuestros pecados y malas decisiones, todavía lo necesitamos. Todos los días pecamos, actuamos mal, nos olvidamos de Cristo y es probable que al final del día terminemos sufriendo como consecuencia.

Es verdad, las consecuencias siguen, esas no se detienen. Pero qué esperanzador resulta saber que en Cristo todos nuestros pecados han sido perdonados, que Su sacrificio fue suficiente para que en esta vida podamos experimentar la libertad de donde estábamos presos por causa de nuestros pecados.

Qué esperanzador resulta saber que Cristo murió una sola vez para que pudiéramos regresar al lugar del cual nunca debimos salir. Qué maravillosa gracia nos ha dado, que por medio de Su Hijo, ahora tú y yo podemos ser hechos y llamados hijos de Dios.

# AMOR MAYOR

### Karla de Fernández

*Y ante todo, tened entre vosotros ferviente amor;*
*porque el amor cubrirá multitud de pecados.*

(1 PEDRO 4:8)

*M*ientras más me adentro en conocer el amor de Cristo, me doy cuenta de lo poquitísimo que sé; es decir, Su amor es inmensamente mayor al que cualquier ser humano pudiera experimentar o dar.

Su amor sobrepasa el entendimiento humano. Por más que intento entender cómo es que nos amó tanto como para dar Su vida en rescate por la nuestra, recibir toda la ira de Dios sobre sí mismo… ¡la ira de Dios, sobre Él!, solo por amor a nosotros, es incomprensible a mi mente que tiene presente la maldad que puede ser capaz de albergar mi corazón.

No obstante, nosotros fuimos llamados a amar a otros también. El apóstol Pedro nos recuerda que: «Y ante todo, tened entre vosotros ferviente amor; porque el amor cubrirá multitud de pecados» (1 Pedro 4:8). Nos dice esto justamente después de que nos recuerda que debemos estar orando y en comunión con nuestro Dios.

El amor que florece y que debe caracterizar a los hijos de Dios es aquel en el que se perdona y se pasa por alto, por así decirlo, los pecados cometidos en nuestra contra. Nos insta a perdonar y amar, esto es un proceso largo, sobre todo cuando hubo un gran daño.

No obstante, el amor es lo que nos debe caracterizar, no albergar odio o resentimiento porque nos dañamos a nosotros mismos. Haríamos bien en recordar el amor que hemos recibido y entonces al sabernos amados, amar a los demás un poco más, día a día.

# SUFRIR POR CRISTO

### Karla de Fernández

*Amados, no os sorprendáis del fuego de prueba que os ha sobrevenido, como si alguna cosa extraña os aconteciese, sino gozaos por cuanto sois participantes de los padecimientos de Cristo, para que también en la revelación de su gloria os gocéis con gran alegría.*

(1 PEDRO 4:12-13)

*A*quí nos encontramos con una palabra de aliento de un hermano en Cristo a otro hermano en Cristo. Las pruebas en nuestra vida son continuas, Dios nos fortalece en medio de ellas; pero también nos pule, nos santifica para parecernos más a Cristo.

El sufrimiento del creyente es real y no debería sorprendernos cuando se nos presente. Las pruebas no deben agobiarnos, nublar nuestra mente o alejarnos de Dios.

Al usar la palabra *fuego* nos deja ver que pueden ser pruebas muy duras que podrían lastimarnos; pero aun así Dios nos ayuda a soportarlas.

Es difícil entender por qué deberíamos alegrarnos en las pruebas, en los sufrimientos de Cristo, pero debemos recordar que somos parte de Él, de Su cuerpo. Lo representamos, damos testimonio de Él y de Su gracia. Reflejamos Su gloria.

Para el mundo en el que vivimos sufrir por Cristo es una locura. En esta generación que está en busca de la felicidad continua, sufrir por alguien más es contracultural. Pero así no es para nosotros, sufrir como Cristo sufrió, es decir calumnias, rechazo, ofensas, etc., todo eso debería darnos alegría porque entendemos que no siempre será así. Nuestra esperanza está en que, si sufrimos por Él, también viviremos con Él para siempre.

# EXCESO DE FUTURO

### Karla de Fernández

*... echando toda vuestra ansiedad sobre él, porque él tiene cuidado de vosotros. Sed sobrios, y velad; porque vuestro adversario el diablo, como león rugiente, anda alrededor buscando a quien devorar; al cual resistid firmes en la fe, sabiendo que los mismos padecimientos se van cumpliendo en vuestros hermanos en todo el mundo.*

(1 PEDRO 5:7-9)

*A*lguien ha dicho que la ansiedad es exceso de futuro. Pensamos mucho acerca de cosas que aún no ocurren y que es posible que nunca ocurran. Cosas buenas, cosas malas que aún no han llegado pero que nos centramos en ellas todo el tiempo.

Todas nuestras preocupaciones están centradas en nosotros mismos. Queremos ejercer el control de ellas aun antes de que acontezcan, tememos que no salga como esperamos o tememos que nunca sucedan. Nos llena de ansiedad pensar que acontezca de manera contraria a lo que hemos planeado.

¿Qué necesidad, dime? ¿Qué necesidad tenemos de estar ansiosos por algo que no está en nuestras manos, algo sobre lo que no tenemos control en absoluto? El futuro no nos pertenece. Nuestra vida está en manos de Dios, lo que acontece en nuestra vida, lo que está en el pasado, presente y futuro le pertenece a Dios, Él cuida de nosotros, aunque solemos olvidarlo.

El sufrimiento del creyente no es eterno, es temporal. Vivimos con la esperanza de que algún día terminará. Vivimos bajo Su gracia sabiendo que, aunque el enemigo nos ataque y suframos por el embate del pecado, Dios nos está cuidando siempre.

# ELLOS SABÍAN

### Karla de Fernández

*... porque nunca la profecía fue traída por voluntad humana, sino que los santos hombres de Dios hablaron siendo inspirados por el Espíritu Santo.*

### (2 PEDRO 1:21)

A todos nos gusta estar con personas que sabemos que nos hablan siempre la verdad. Saber que no hay engaño en su boca nos hace sentir confiados, nos sentimos tranquilos al recibir sus consejos, pero también todo lo que nos dicen pues sabemos que no hay falsedad ni trucos escondidos que después nos harán daño.

No obstante, sabemos que aun las personas que siempre hablan con la verdad fallan. Aun ellos son susceptibles a pecar con sus labios y a no siempre decir la verdad. Somos obras en construcción, no somos perfectos, todos fallamos, todos pecamos todos los días, pero no por eso dejamos de confiar en sus palabras hasta que nos damos cuenta de que no hay perfección en todo lo que dicen.

Pero no sucede así con la Palabra de Dios y con los autores que fueron inspirados por Dios. Sí, es verdad que también ellos pecaban y fallaban muchas veces, pero no fallaba la Palabra que Dios les daba para comunicarla al pueblo. La Palabra de Dios no falla, no miente, no hay engaño en ella.

Podemos descansar en que todas las promesas que están escritas en ella se cumplirán tal como lo dijo. Aquellos hombres que fueron inspirados para decir y escribir la Palabra de Dios nos estaban compartiendo la única Palabra que jamás mentirá, ni fallará. Bendito sea Dios.

# AÚN HAY TIEMPO

## Karla de Fernández

*El Señor no retarda su promesa, según algunos la tienen por tardanza, sino que es paciente para con nosotros, no queriendo que ninguno perezca, sino que todos procedan al arrepentimiento.*

(2 PEDRO 3:9)

*P*arece que fue ayer cuando descubrí que uno de mis hijos había culpado a su hermano de algo que él había hecho. No me sorprendió que mintiera porque sé que todos somos pecadores, me sorprendió que se negara a confesar cuando fue confrontado con lo que había hecho.

Después de hablar con él le dimos la oportunidad de pensar en lo que había hecho mal, en los pecados que había cometido y, también le ayudamos a entender que necesitaba arrepentirse de lo que había hecho, pedir perdón a Dios y a su hermano. Aun así, él no estaba tan dispuesto a ceder, pero gracias a Dios pudo hacerlo.

En ocasiones así actuamos nosotros, pensamos que podemos hacer todo sin límites, sin consecuencias, sin pensar en Dios y en Sus leyes. Pensamos que podemos vivir la vida sin que haya alguna consecuencia por nuestras malas decisiones, pero con Dios no funciona así.

Dios ha sido muy paciente con nosotros y mientras hay vida, hay esperanza. Esperanza de poner nuestra fe en Cristo, esperanza de arrepentirnos de nuestros pecados, esperanza y confianza de que somos escuchados. Esperanza de que, si hemos creído en que Cristo es suficiente, seremos perdonados y salvados.

Aún hay tiempo, seguimos vivos, aún hay esperanza de salvación en Cristo.

# NO TARDES

### Karla de Fernández

*Si confesamos nuestros pecados, él es fiel y justo para perdonar nuestros pecados, y limpiarnos de toda maldad.*

(1 JUAN 1:9)

¿Te has preguntado por qué si tenemos la puerta abierta al juez del universo y nuestro abogado defensor es Cristo, tardamos tanto en ir a confesar nuestros pecados?

De entre millones de personas tú y yo tenemos la oportunidad de ir a confesar nuestras faltas, derramar nuestro corazón, pedir, clamar por perdón y misericordia y además de ser escuchados ¡ser perdonados!

¿Cuántas personas habrán muerto sin tener esa oportunidad? ¿Cuántos de ellos ahora estarán clamando desde el lugar donde ya no hay remedio? ¿Cuántos de ellos pudiendo ir y no fueron?

¿Por qué nosotros teniendo ese regalo de gracia inmerecida, no nos presentamos delante de Él? Hoy es un buen tiempo de acudir a Él, clamar por Su gracia y perdón. Dios nos ha dado todo en Cristo, la vida eterna, pero también la oportunidad de ir una y otra vez y las que sean necesarias a presentarnos delante del Padre y recibir perdón.

Escrito está: «Si confesamos nuestros pecados, él es fiel y justo para perdonar nuestros pecados, y limpiarnos de toda maldad» (1 Juan 1:9).

Es fiel y justo, nos mira a través de los méritos de Cristo. Su sacrificio fue suficiente para que podamos ir con confianza a confesar nuestros pecados y recibir Su perdón. Además de eso, seremos limpios de toda maldad.

¿Quiere decir que ya no cometeremos pecado? Ciertamente no dice eso, sino que Dios ahora nos verá como si nunca hubiéramos pecado, podremos acercarnos a Él; tenemos comunión con Él, somos Sus hijos, nos escucha y así será por siempre.

# ¡ASOMBROSO!

### Karla de Fernández

*Hijitos míos, estas cosas os escribo para que no pequéis; y si alguno hubiere pecado, abogado tenemos para con el Padre, a Jesucristo el justo.*

#### (1 JUAN 2:1)

*S*i fuéramos puestos a prueba un solo día de nuestra vida para ver cuántas veces pecamos o cuánto tiempo estamos sin pecar, seguramente nos frustraríamos al darnos cuenta de que no somos tan buenos como pensábamos.

Pienso en que, por ejemplo, duremos dos horas sin pecar, al instante en que sabemos cuánto tiempo hemos permanecido sin pecado, nos llenaríamos de orgullo o nos jactaríamos de lo bien que lo hicimos. Quizá voltearíamos a ver con desprecio y arrogancia a los que no lograron llegar a las dos horas, o por el contrario, miraríamos con envidia y resentimiento a los que duraron poco más de dos horas.

Todos somos pecadores. Es una verdad que no podemos negar. Todos los días pecamos ya sea de palabra, actos o por omisión, pero pecamos. Todos, no hay nadie en la historia que no haya pecado nunca, necesitamos a alguien que perdone nuestros pecados.

Solo Jesucristo el Justo, el Dios hecho hombre que vino a esta tierra a vivir la vida que nadie podía vivir, una vida perfecta, una vida justa, una vida libre de pecado, una vida perfectamente santa. Él es el único que tiene la potestad de perdonarnos y ponernos a cuentas con Dios.

Hemos pecado; podemos ir delante de Dios con la seguridad de que, si nos arrepentimos genuinamente, recibiremos perdón por medio de Cristo. ¿No es eso asombroso?

# NO CEDAS

### Karla de Fernández

*No améis al mundo, ni las cosas que están en el mundo.
Si alguno ama al mundo, el amor del Padre no está
en él. Porque todo lo que hay en el mundo, los deseos
de la carne, los deseos de los ojos, y la vanagloria de
la vida, no proviene del Padre, sino del mundo.*

(1 JUAN 2:15-16)

*E*sta porción bíblica siempre me recuerda al Edén. Todo era bueno. Todo lo que había en el mundo, todo lo creado, todo lo que los rodeaba era bueno.

Adán y Eva podían admirar todo su entorno y ser cautivados por la belleza y perfección con que Dios lo había hecho todo. Pero el engaño del que fue presa Eva parecía una mejor idea. En un instante los deseos de la carne se hicieron más apetitosos; los deseos de los ojos se hicieron más relucientes y hermosos de lo que parecían a simple vista; la vanagloria de la vida de pronto le dio la falsa ilusión de una vida mejor.

Sabemos lo que sucedió después de que ella cedió a sus deseos y vanagloria. No somos tan diferentes a ella. Es verdad que no somos perfectos y que tampoco lo que nos rodea es perfecto; sin embargo, estamos hechos de la misma materia que ellos y tenemos su naturaleza pecaminosa y caída.

Por esta razón, en la Palabra de Dios se nos recuerda: «No améis al mundo, ni las cosas que están en el mundo. Si alguno ama al mundo, el amor del Padre no está en él. Porque todo lo que hay en el mundo, los deseos de la carne, los deseos de los ojos, y la vanagloria de la vida, no proviene del Padre, sino del mundo» (1 Juan 2:15-16).

Tenemos esperanza, necesitamos ser cautivados por el amor de Dios mucho más que por los deseos que parecen una mejor idea. No cedas.

# ANUNCIADO A LOS HUMILDES

## Óscar Bauer

*Pero el ángel les dijo: No temáis; porque he aquí os doy nuevas de gran gozo, que será para todo el pueblo.*

(LUCAS 2:10)

*C*iertamente la ciudad de Belén estaba muy ocupada para notar el nacimiento de una criatura. El establo y el pesebre no representaban la clase de bienvenida que el mundo le debía al Hijo de Dios. Sin embargo, Dios sabía quién recibiría con gozo las buenas nuevas del nacimiento de Su Hijo. Él envió a uno de Sus ángeles a dar la noticia a un grupo de pastores en los campos cercanos a Belén. Los pastores eran personas sencillas, sin una vida llena de distracciones por las ambiciones de aquellos que buscan escalar los rangos de la sociedad.

Los pastores estaban cuidando los rebaños. Su vida dependía de velar por las hembras preñadas y de asegurarse que las crías que nacieran estuvieran bien alimentadas y protegidas. Si los rebaños no crecían en número, la fuente de su sustento se agotaría. Para quien vive de la crianza de animales cada nacimiento es algo para ser celebrado. Ellos sí recibirían con gozo las noticias del nacimiento de un niño en Belén.

Para sorpresa de los pastores, ellos encontrarían al niño acostado en un pesebre. ¿Cómo era posible que el «Señor» se identificara, no con los ricos, sino con los destituidos? Tras explicar a los pastores la manera de identificar al niño, una multitud de ángeles aparecieron delante de ellos. Estos prorrumpieron en un canto de alabanza a Dios. Él está en Su gloria, en las alturas, mas no se olvida de los que estamos aquí en la tierra. El nacimiento de Su Hijo nos mostraba Su buena voluntad para con los hombres. Dios ama a toda la humanidad, mas las circunstancias del nacimiento de Su Hijo gritaban a mil voces que en el corazón de Dios había un lugar muy especial para los humildes y los marginados. Estoy seguro de que aquellos pastores sencillos recibieron tales noticias con gran regocijo.

¡Qué bueno es saber que Dios nos ama a todos y que Él desea que Su paz y Su bendición nos alcancen! Si a veces te sientes olvidado, marginado y destituido, piensa en aquellos sencillos pastores. Dios no menosprecia a nadie. Dios nos muestra Su buena voluntad a todos por igual.

# JESUCRISTO ES REY

## Nilo Domínguez

*... diciendo: ¿Dónde está el rey de los judíos, que ha nacido? Porque su estrella hemos visto en el oriente, y venimos a adorarle.*

(MATEO 2:2)

La Navidad es Jesucristo. La sociedad moderna ha tratado de sustituir a Cristo por otros elementos: el arbolito, Santa Claus, etcétera. Pero si quitamos a Cristo de la escena, la Navidad no tiene sentido. Dentro del cuadro de la Navidad vemos que Cristo es la figura central. Él es Rey. Eso fue lo que dijeron los reyes sabios, hombres que vinieron siguiendo la estrella que los guio hasta el recién nacido niño.

Durante esta semana estaremos viendo las diferentes facetas de Cristo en la Navidad. La primera es: Jesucristo es Rey. La palabra rey es sinónimo de soberano, de todopoderoso. Jesucristo es el Rey de reyes y Señor de señores. Eso lo podemos afirmar por varias razones: Jesucristo es Rey porque tiene la autoridad de Dios. Él es Dios encarnado. Por ser Dios es todopoderoso. Él lo afirmó bien claro al dar a Sus discípulos la Gran Comisión. Toda potestad equivale a todo poder. La autoridad es el símbolo de la realeza. Jesús era todopoderoso. Jesucristo es Rey porque la naturaleza le obedece. Él lo demostró cuando calmó la tempestad. Cuando multiplicó los panes y los peces. Cuando levantó a Lázaro de la tumba. Jesucristo es Rey porque nadie puede hacer las obras que Él hizo. Él es el camino, la verdad y la vida. Nadie puede ir al Padre si no es a través de Él.

Jesucristo es Rey porque reina en los corazones de Sus súbditos. Mi hijo estuvo casi dos años en el barco misionero Logos II. Este barco fue el sucesor del Logos I, que se hundió en el estrecho de Magallanes tratando de pasar de Chile a Argentina. En el libro que narra la historia del Logos I, aparece lo siguiente: En este barco había una muchacha que había sido secretaria del Príncipe de Gales en Inglaterra y había dejado esa alta posición para servir, haciendo las tareas más humildes. Cuando el capitán le preguntó por qué lo había hecho, ella le respondió: «Dejé de servir a un príncipe para servir al Rey de reyes y Señor de señores».

# JESUCRISTO ES EL MESÍAS

## Nilo Domínguez

*Y al entrar en la casa, vieron al niño con su madre María,*
*y postrándose, lo adoraron; y abriendo sus tesoros,*
*le ofrecieron presentes: oro, incienso y mirra.*

(MATEO 2:11)

La palabra Cristo y la palabra Mesías significan lo mismo: el enviado de Dios. Los griegos soñaban con un hombre de Dios. Los hebreos soñaban con un Dios hecho hombre. Ese deseo se cumplió en Jesús, aunque ellos no lo entendieron así. Los judíos pensaban en un ser sobrenatural que viniera a liberarlos del yugo de los romanos. Por eso cuando supieron del humilde niño no podían creer que este fuera el Mesías. Pero lo era. Los sabios del oriente lo sabían, por eso le ofrecieron los honores del Rey. Son muy significativos los tipos de presentes que ellos trajeron al niño Rey.

El oro es el metal de los reyes. Las coronas reales se hacen de oro. Al traer oro al niño, estaban confirmando que Jesucristo es el Rey de reyes. El incienso es una sustancia aromática que se extrae de una palmera de Arabia y que se usa en la adoración. Jesucristo es el Dios hecho hombre, es el Mesías. Es el camino hacia Dios. Solo Él es digno de ser adorado. Los reyes humanos no merecen ser adorados, pero sí el Rey de reyes. La mirra es también una sustancia aromática que se usaba para embalsamar los cadáveres. Este regalo estaba anunciando que Cristo, el Mesías, daría su vida por los pecadores.

A veces los cristianos hemos perdido el sentido de orientación espiritual. Para muchos, Cristo es el médico y solo se habla en sus iglesias de sanidad divina. Para otros, Cristo es solo el dador de pan y peces y en sus iglesias solo se habla de llenar el vientre a los hambrientos. Para otros, Cristo es solo el Maestro y sus iglesias son escuelas donde se enseñan muchas cosas, excepto la Palabra de Dios. Pero Cristo vino, según el mismo dijo en la casa de Zaqueo, «A buscar y salvar a los perdidos». No podemos olvidar la verdadera misión de Cristo: «El Mesías de Dios».

# JESUCRISTO ES EL REDENTOR

## Nilo Domínguez

*... siendo justificados gratuitamente por su gracia, mediante la redención que es en Cristo Jesús.*

**(ROMANOS 3:24)**

Ya hemos visto que Jesucristo es el Rey, el Mesías. Hoy veremos que Jesucristo es el Redentor. La palabra Redentor es sinónimo de Libertador. Jesús se presentó a sí mismo como el Libertador. Admiro mucho a los libertadores de las naciones. He soñado con visitar la estatua de Simón Bolívar en Caracas. Pude visitar el monumento de Lincoln en Washington.

Ambos son libertadores. El primero, con su espada liberó a los pueblos de América del Sur. El segundo, con su pluma liberó a los esclavos de América del Norte. Pero Jesucristo es el Gran Libertador. Él es el Libertador de almas. El pecado es una cadena peor que las de hierro. Yo he estado en un calabozo. Sé lo que es estar preso. El pecado es la peor de todas las prisiones, la peor de todas las esclavitudes. Cristo vino a redimir a los pecadores. Y lo hizo con su sangre derramada en la cruz del Calvario.

Millones de personas como tú y como yo hemos experimentado la gracia salvadora y liberadora de Jesucristo. Un día estaba en una reunión de iglesias en Cuba. El predicador habló de la sangre de Cristo que limpia de pecados. En la primera fila había un hombre de la raza negra. Yo no sabía quién era. De pronto el hombre se levantó e interrumpió al predicador y dijo: «Yo sé que eso es verdad. Cristo me liberó a mí. Estuve 15 años preso por haber asesinado a mi esposa. Pero en la prisión conocí a Jesucristo y Él me liberó, me hizo una nueva criatura». El silencio fue total.

La Biblia está llena de ejemplos de hombres y mujeres liberados, redimidos por la sangre de Cristo. Zaqueo, un ladrón. Una samaritana, prostituta. Un Nicodemo, hipócrita fariseo. Un Saulo de Tarso, fanático y asesino. Miles han experimentado la gracia salvadora de Jesucristo. Por eso le damos gracias a Dios por haber enviado a Su Hijo, al Rey, al Mesías, al Redentor. Lo que no podía hacer la religión, lo hizo Cristo. Lo que no podía hacer la cultura, lo hizo Cristo. Lo que no podía hacer la ciencia, lo hizo Cristo. Lo que no puede hacer nadie, lo hace Cristo: Transformar una vida, realizar el milagro del nuevo nacimiento.

# JESUCRISTO ES EL SUMO SACERDOTE

### Nilo Domínguez

*Por tanto, hermanos santos, participantes del llamamiento celestial, considerad al apóstol y sumo sacerdote de nuestra profesión, Cristo Jesús.*

(HEBREOS 3:1)

*Y*a hemos visto que Jesucristo es Rey, Mesías, Redentor. Hoy veremos que Él es el Sumo Sacerdote de nuestras almas. En el complicado ritual religioso judío, el sumo sacerdote era una pieza clave. Era la única persona que podía penetrar una vez al año en el lugar santísimo para ofrecer sacrificio por el pecado del pueblo y por el suyo propio. Todo giraba alrededor de él. Pero al venir Jesucristo todo ese ritual caducó. Ya no hace falta un sumo sacerdote humano, ahora tenemos al verdadero Sumo Sacerdote divino. El libro de Hebreos es un formidable estudio de la religión judía; leemos cómo al venir Cristo todo cambió. En Jesucristo se reúnen de manera increíble la «ofrenda» y el «sacerdote». Él es el Cordero de Dios que quita el pecado del mundo. Y es también el Sumo Sacerdote enviado por Dios.

En el judaísmo, el cargo de sumo sacerdote pasaba de padres a hijos. Muchos de ellos cometieron graves errores. Recordemos a Aarón cuando en ausencia de Moisés, contribuyó a hacer el becerro de oro. Otros se corrompieron por el poder de los reyes a quienes apoyaron en sus errores y pecados. Nuestro Sumo Sacerdote fue designado por el propio Dios. Él vino del cielo a la tierra a ocupar nuestro lugar.

Todos los cristianos somos sacerdotes de Dios. Una de las doctrinas fundamentales de los bautistas es la que conocemos como el «sacerdocio universal del creyente». Ya no necesitamos un sacerdote humano para que nos presente ante Dios. Ese Sumo Sacerdote es Cristo, el único Mediador entre Dios y los hombres. Cada creyente es su propio sacerdote. Podemos acudir directamente a Dios por medio de Jesucristo, nuestro Sumo Sacerdote. Él abrió las puertas del cielo. Ya no tenemos que pedir audiencia. El Padre nos recibe siempre que toquemos a la puerta del trono. Billy Graham cuenta en un libro que un día estando en una reunión en la Casa Blanca en tiempos del presidente Kennedy, su pequeño hijo entró a la sala de reuniones sin pedir permiso. Podía hacerlo. Era el hijo del presidente. Nosotros podemos hacer lo mismo. Somos hijos del Rey.

# JESUCRISTO ES EL HIJO DE DIOS

### Nilo Domínguez

---

*Porque el Hijo de Dios, Jesucristo, que entre vosotros ha sido predicado por nosotros, por mí, Silvano y Timoteo, no ha sido Sí y No; mas ha sido Sí en él.*

(2 CORINTIOS 1:19)

Ya hemos visto que Jesucristo es Rey, Mesías, Redentor, Sumo Sacerdote, Hijo de Dios. Es Dios mismo encarnado.

La doctrina de la Trinidad es básica en el cristianismo. Creemos en un Dios trino. Un solo Dios que se manifiesta en tres personas. Esa doctrina no es fácil de entender, pero es la clave del cristianismo. Jesús se presentó como el Hijo de Dios, como la Segunda Persona de la Trinidad. Esta doctrina tiene su sustento en toda la Biblia, tanto en el Antiguo como en el Nuevo Testamento.

Dios es un Dios vivo y activo. En muchas ocasiones el Hijo es el brazo ejecutor del Padre. Jesús se identifica como el Hijo de Dios en el Nuevo Testamento y esto atrajo el odio de los líderes religiosos de Israel. Lo observamos en varios ejemplos. El propio Dios declara que Jesucristo es Su Hijo amado (Mat. 3:17). Satanás, cuando tienta a Jesús, lo llama el Hijo de Dios (Luc. 4:3). Sus discípulos, al ver Sus obras maravillosas, lo llamaron Hijo de Dios (Mat. 14:33). Los demonios reconocieron que Jesús era el Hijo de Dios (Luc. 8:28). El centurión romano que presenció la crucifixión de Jesús exclamó: «Verdaderamente este hombre era el Hijo de Dios» (Mar. 15:39). Pero todas estas afirmaciones no son comparables con la experiencia del creyente que ha sido salvado, perdonado y rescatado por el Hijo de Dios.

Esa es mi experiencia y debe ser la tuya también.

# EXPECTACIÓN

### Óscar Bauer

*Y le había sido revelado por el Espíritu Santo, que no vería la muerte antes que viese al Ungido del Señor.*

(LUCAS 2:26)

Estamos por llegar al día tradicional de la Navidad. Cada 24 de diciembre por la noche nuestra familia se reúne para celebrar. La fiesta incluye siempre una cena elaborada, alegría, regalos y más. Pero la parte central de la celebración es nuestro culto familiar. Abuelos, tíos y sobrinos nos reunimos en la sala de la casa para cantar himnos navideños, recontar la historia del nacimiento de Jesús y dar gracias por Sus bendiciones a lo largo del año que está por terminar. Éste es siempre un momento solemne, lleno de lágrimas y alegría a la vez. El corazón se goza y se conmueve al pensar en el sacrificio que hizo el Hijo de Dios al hacerse un pequeño bebé. Nos conmueve Su humilde cuna y el pensar que años después Jesús terminaría crucificado en una cruz. Nos conmueve que nos haya querido salvar y que se goce en hacer de nuestro corazón Su morada.

Sí, la Navidad es siempre algo que anticipamos por meses, y es algo que toca profundamente el corazón de los creyentes. ¿Te imaginas qué habrán sentido aquellos que esperaban la visita de Dios y vivieron aquella primera Navidad hace dos mil años? La Biblia nos da testimonio de una de aquellas personas. Su nombre era Simeón, un anciano temeroso de Dios. Él estaba en el templo de Jerusalén cuando José y María llevaron a Jesús allí, un poco más de un mes después de haberlo circuncidado. No sé cómo Simeón lo supo, pero él reconoció a Jesús inmediatamente. Lo tomó en sus brazos y bendijo a Dios por haber visto a su Salvador.

Simeón había estado esperando ese momento por muchos años. Dios le había dado una promesa: Su Hijo visitaría nuestra tierra y Simeón lo vería antes de morir. Dios cumplió Su promesa. Nosotros no tuvimos el privilegio de ver a Jesús en Su nacimiento. Mas como Simeón, podemos anticipar con gran expectación el cumplimiento de otra promesa. La Biblia nos dice que un día veremos a Jesús más allá de la muerte. Jesús mismo nos dijo que Él iría a preparar un lugar para nosotros. ¡Qué emoción será cuando los roles se inviertan! ¡Jesús estará esperándonos con brazos abiertos y nosotros somos los que arribaremos a Su hogar!

# ALABEMOS AL SEÑOR

### Obed Millan

*Porque han visto mis ojos tu salvación, la cual has preparado en presencia de todos los pueblos; luz para revelación a los gentiles, y gloria de tu pueblo Israel.*

### (LUCAS 2:30-32)

Lucas hace referencia a una profecía de Isaías que el piadoso Simeón esperaba ver cumplirse y cuando vio al niño Jesús en el templo de Jerusalén, el Espíritu de Dios le declaró que este era la consolación de Israel, la salvación, la luz para los gentiles, gloria, levantamiento de muchos y señal.

Mi hijo trabaja para una compañía que de vez en cuando convoca a subastas públicas para vender artículos personales que los viajeros abandonan y no reclaman dentro del tiempo estipulado por la ley. Cuando vence el término de su almacenamiento, las autoridades promulgan un anuncio en la prensa y citan a la población en general. Todo el que así lo desee puede presentarse libremente. Si ignoras la citación, también libremente la desconoces y no sabes lo que sucedió. Pero está a tu alcance. Puedes adquirir por muy bajo precio prendas de vestir, joyas, equipos electrónicos, artículos para el hogar y otras cosas más.

Así es la salvación que Dios ofrece. Está abierta a todos y tú la recibes si crees. Pablo amonesta: «Cree en el Señor Jesucristo y serás salvo». Pero a diferencia de los bienes a subasta, la salvación que Dios ha preparado para ti no se daña, no expira, no pasa de moda ni se agota. Es ofrecida a toda la humanidad. Está asegurada a todo aquel que recibe al Salvador con fe sincera. Bendito sea el Señor que nos brinda una salvación tan grande solo por fe en Jesús. Alabemos al Salvador que nos perdona nuestros pecados y descuidos, nos capacita para recibir el don precioso de la salvación, nos llena del gozo de Su presencia, nos ampara de la bancarrota moral y espiritual y nos guía más allá de la muerte.

# GRACIAS, SEÑOR

### Obed Millan

*Ésta, presentándose en la misma hora, daba gracias a Dios, y hablaba del niño a todos los que esperaban la redención en Jerusalén.*

(LUCAS 2:38)

*M*i nietecita está acostumbrada a dar las gracias siempre en inglés. Pero cuando viene a mi casa las da en español, aunque suena más bien italiano. Nos impresionan sus buenos modales, cosa poco común en nuestros días. También ora antes de comer y hasta recuerda peticiones de oración. ¡Qué importante es ser agradecidos unos con otros y con Dios!

Debemos dar gracias a los miembros de nuestra familia. ¿Le has dado gracias a tu hermana? ¿Por qué no dar gracias a tu hijo, a tu cuñado, a tu madre, a tu sobrino y a los tíos? Dios bendiga a las familias que pueden reunirse hoy para la tradicional Nochebuena. Oramos que la cena quede sabrosa, que el ambiente sea franco, que el trato sea saludable y cariñoso, que los recuerdos sean estimulantes, que los planes sean positivos, que todos sean prosperados y que el espíritu sea edificado. Les deseamos a nuestros lectores aún más: «Noche de paz, noche de amor».

La profetisa Ana daba gracias a Dios por el niño Jesús ante todos por la obra de la redención. Demos gracias a Dios por el advenimiento del Mesías, el Cristo, el Ungido. Porque en Él fueron benditas todas las naciones de la tierra; porque el Verbo se hizo carne; porque pondrá a todos Sus enemigos como estrado de Sus pies, porque juzgará a los vivos y a los muertos. Damos gracias al Salvador por la alegría de haberlo conocido, por el poder de Su Palabra. Damos gracias al Señor, porque Ana pudo reconocerlo, pero, maravilla de maravillas, tú también puedes encontrarlo hoy, amable lector.

Te damos gracias, oh Dios, porque respondes a nuestra llamada. Porque estás muy cerca de nosotros, porque te apiadas del necesitado e intercedes por los que sufren. Gracias por tu divina providencia. Gracias por tu inmenso amor, por tu constante compañía y por tu gran fidelidad.

# FELIZ NAVIDAD

## Obed Millan

*... testificando a judíos y a gentiles acerca del arrepentimiento para con Dios, y de la fe en nuestro Señor Jesucristo.*

(HECHOS 20:21)

*H*oy es día de Navidad. Celebramos el nacimiento de Jesús, el enviado de Dios para nuestra salvación. Descendió de la gloria a la más humilde condición como ser humano. Se humilló hasta lo sumo, naciendo entre pajas humildemente en un establo de Belén. El día de Navidad es día de paz, de amor y de buena voluntad.

Recuerdo con alegría cómo toda mi familia viajaba hasta mi casa año tras año para celebrar la Navidad. Los primos jugábamos, mis tías ayudaban en los trabajos de la casa, los tíos salían juntos, mi padre asaba el cerdito en púa y mi abuela hacía los dulces caseros. Ella siempre tenía arroz con leche que me encantaba. Esa noche se sentaban más de treinta personas a la mesa. Mi padre oraba y era ese el único momento en que hablaba una sola persona. Después entre servirse y llenarse, podías escuchar el cuento que más te gustara, pero todo en armonía y felicidad.

El texto de hoy nos recuerda el significado de la Navidad. Es un mensaje de Dios para todos los humanos. Él quiere que todos los hombres procedan al arrepentimiento y crean en el Señor Jesús, y que le confíen sus almas para salvación y vida eterna. No habrá Navidad más feliz que aquella en la que te arrepientas de tus pecados y creas en Jesucristo como tu Salvador personal.

Anselmo asistió a la fiesta de Navidad en la iglesia. A él no le gustaba venir pero aquel día se interesó en ver a sus niños que estaban actuando en un drama del nacimiento. Quedó admirado de lo que hicieron sus niños, pero siguió prestando atención al mensaje y al llamamiento de Jesucristo. Aprovechó la oportunidad para arrepentirse y creer. Inmediatamente testificó de su nueva fe en Cristo. Al año siguiente él fue el carpintero que preparó el escenario con el pesebre y el establo de los pastores.

*¡Gloria a Dios en las alturas, y en la tierra paz, buena voluntad para con los hombres!* (Lucas 2:14), fue el cántico angelical de alabanza a Dios, quien se humanó para que todo aquel que cree en Él, no perezca, sino que se salve por la eternidad.

# ALABADO POR LOS PASTORES

## Óscar Bauer

*Y volvieron los pastores glorificando y alabando
a Dios por todas las cosas que habían oído
y visto, como se les había dicho.*

(LUCAS 2:20)

O pino que la Navidad no sería Navidad sin música y canto. Cuando la alegría nos sobrecoge, el corazón canta. Después de dos mil años del nacimiento de Jesús, el mundo entero sigue cantando así como lo hicieron los ángeles del cielo y los pastores de Belén.

Desde niño he asistido a una iglesia bautista. Recuerdo ir creciendo en mi iglesia con un himnario en la mano. Cada culto dominical incluía una buena dosis de himnos. Aquellos cantos se fueron grabando en mi mente uno a uno. Hoy todavía puedo cantar de memoria himnos que aprendí hace 35 o 40 años atrás. Entre los himnos más preciados de mi niñez están los villancicos navideños: *Noche de paz, Se oye un son en alta esfera, Ángeles cantando están, Oh, aldehuela de Belén,* y muchos otros. Están profundamente grabados en mi corazón. Cada época navideña comenzábamos a entonar aquellos himnos en cada culto. Al terminar el año, quedaba en el corazón un asomo de tristeza al pensar que ya no los cantaríamos hasta la siguiente Navidad.

Con el paso de los años, nuestra iglesia cambió de himnarios. Cada nuevo himnario que comprábamos agregaba alabanzas de compositores más contemporáneos y removía algunos que habían caído en desuso. Algunas alabanzas que habíamos aprendido como «coritos», que se cantaban sin música o acompañados al compás de una guitarra, ahora formaban parte del nuevo himnario. Cada himnario contenía unas dos o tres docenas de himnos navideños. Hoy día, muy pocas iglesias usan himnarios. Las colecciones de cantos están grabadas en el disco duro de una computadora y se proyectan en una pantalla durante el culto dominical. Pero cantamos a Dios con el mismo gozo de aquellos pastores. Al igual que ellos, nuestros labios cantan a viva voz que Dios nos ha visitado. Así como los pastores, nuestro corazón sigue maravillado al pensar que Dios vino a nuestro encuentro. Al igual que ellos, nosotros celebramos el nacimiento de Su Hijo con cantos de alabanza a Dios nuestro Padre y a Jesús nuestro Salvador.

# ¿QUIÉN GANA AL FINAL?

### Nathan Díaz

*Hijitos, vosotros sois de Dios, y los habéis vencido; porque mayor es el que está en vosotros, que el que está en el mundo.*

(1 JUAN 4:4)

S olo existen dos categorías para toda la humanidad: los que son de Dios y los que son de este mundo. La carta de 1 Juan fue escrita para ayudarnos a saber si somos de Dios. Una característica de los que son de Dios es confesar que Jesucristo ha venido en la carne (v. 2) y que es el Mesías (1 Jn. 2:22). Otras características en nuestras vidas son: santidad (1 Jn. 2:6), la manera en que amamos a otros (v. 7) y la manera en que pertenecemos a la iglesia (1 Jn. 2:19).

Cuando sabes que eres de Dios, puedes sentirte desanimado porque estamos rodeados de gente que evidentemente no es de Dios. Nos sentimos como la minoría, porque lo somos. La discriminación, la opresión y el ataque de este mundo puede hacernos sentir que estamos perdiendo y no vale la pena vivir para el reino de Dios.

Pero Juan quiere darnos esperanza. El pueblo de Dios vencerá al final, no porque es el más fuerte ni porque es el más inteligente. Nosotros venceremos al final porque nuestro Dios está por encima de todo poder y autoridad en este mundo y en el mundo espiritual. No hay nada que puede derrotar a la iglesia porque es la iglesia de Cristo. Si eres de Dios, la victoria es segura.

# ¿CÓMO SÉ QUE SOY CRISTIANO?

## Nathan Díaz

*Todo aquel que es nacido de Dios, no practica el pecado, porque la simiente de Dios permanece en él; y no puede pecar, porque es nacido de Dios.*

(1 JUAN 3:9)

¿Cómo sé que realmente soy cristiano? Esta es una pregunta que muchos se hacen, especialmente cuando están luchando con diferentes pecados en sus vidas que parecen no desaparecer. La Biblia nos explica cómo se verá la lucha con el pecado en nuestro proceso de santificación (ej. Rom. 7:7-25).

Entonces, ¿qué significa que el que es nacido de Dios no puede pecar? La clave está en la descripción previa, «no practica el pecado». Lo que Juan describe es una vida que practica el pecado como parte de su identidad. Por eso es que el contraste está con «nacer de Dios» y «la simiente de Dios» Esta es la nueva identidad de alguien que ha nacido de nuevo (Juan 3:3).

Nuestra identidad antes de Cristo era una vida de pecado. Una vida de justificar el pecado y una vida sin arrepentimiento. Ahora, en Cristo, no podemos pecar sin sentir la convicción y la necesidad profunda de arrepentimiento (1 Jn. 1:9).

¿Cómo sé que realmente soy cristiano? Sé que soy cristiano porque mis pecados han sido perdonados y mi pecado ya no me define. Mi pecado ya no es la característica normal de mi vida. Vengo a Dios en arrepentimiento constante y mi vida está siendo transformada para reflejar que ahora tengo una naturaleza nueva en Cristo (2 Cor. 5:17).

# ABRE LA PUERTA

### Josué Ortiz

*He aquí, yo estoy a la puerta y llamo; si alguno oye mi voz y abre la puerta, entraré con él, y cenaré con él, y él conmigo.*

(APOCALIPSIS 3:20)

Vivimos en un mundo caído, y sabemos que la maldad reina en los lugares donde vivimos. Por lo tanto, enseñamos a nuestros hijos a nunca abrir la puerta a extraños. Les decimos que no importa lo que les digan, nunca pueden abrirle a alguien que no conozcan.

Llegamos al último libro de la Biblia, Apocalipsis. Juan, el autor de este libro, está siendo enviado por Dios a escribir a siete iglesias de ese entonces. El primer siglo estaba por terminar, y las cosas no estaban bien en la mayoría de estas congregaciones. En nuestro texto, Juan estaba escribiendo a la iglesia de Laodicea, y el mensaje para ellos era evidente: «déjenme entrar». La idea de esta frase es que aunque ellos se seguían congregando como iglesia, habían sacado a Jesús de sus lugares de reunión y claro, de sus vidas. Eran religiosos, pero no espirituales. Se reunían, pero no lo hacían para adorar a Dios. Hablaban de Dios, pero no hablaban con Él. Sabían de Dios, pero no lo conocían.

Por eso Dios les ofrece una relación íntima *otra vez*. La idea de «cenar» habla de comunión, cercanía y relación. Dios no se interesa en tu asistencia perfecta a la iglesia, Él quiere tu corazón. ¿Tú también has sacado a Dios de tu vida? El llamado continúa hasta hoy; no demores más.

30 DE DICIEMBRE

# SOLO TÚ

**Josué Ortiz**

*Señor, digno eres de recibir la gloria y la honra
y el poder; porque tú creaste todas las cosas, y
por tu voluntad existen y fueron creadas.*

(APOCALIPSIS 4:11)

*C*omo padres, muchas veces tratamos de *animar* a nuestros hijos para que *logren* alguna meta en particular. Si queremos que se esfuercen más en la escuela, o que dejen algún hábito malo, en ocasiones ofrecemos «premios» que los alientan a seguir adelante. Tristemente, si has hecho algo así, te das cuenta de que no es permanente. Los premios solo duran poco tiempo, los incentivos ya no emocionan, y tenemos que buscar otras formas de animarlos a seguir adelante.

Nuestro Señor Jesús no es así. Él no tuvo que demostrar nada. Él no tuvo que ganarse nada. Él no tuvo que trabajar para algún premio. Nuestro Rey es el único digno de recibir honor, gloria y honra. Juan escribe este texto donde simplemente registra lo que Él vio. Al final de los tiempos, según lo que Juan observó, el Señor recibirá todo loor y adoración. El Señor Jesús, en la perfecta cohesión de la Trinidad, creó todas las cosas y existen solo por Su voluntad. Esto quiere decir que servimos a un Rey vivo, vencedor y todopoderoso.

En la eternidad, pasaremos nuestros días uniendo nuestras voces a ese canto. El reino eterno se trata de eso, de glorificar a Dios, de honrarle y alabarle, ¿por qué no comenzar hoy mismo? Si decimos que queremos pasar toda la eternidad adorándole, entonces, ¿por qué no adorarle ya?

# FINALMENTE...

### Josué Ortiz

---

*Enjugará Dios toda lágrima de los ojos de ellos;*
*y ya no habrá más llanto, ni clamor, ni dolor;*
*porque las primeras cosas pasaron.*

(APOCALIPSIS 21:4)

Se dice que toda historia tiene un fin, pero no es así con la Biblia. Lo que algunos llaman «el fin» de las Escrituras, es realmente el comienzo: un nuevo comienzo. El apóstol Juan, autor de Apocalipsis, estaba ya hacia el final de su vida. La tradición nos dice que fue torturado en una olla de aceite hirviendo, y que al no morir después de ese terrible castigo, fue exiliado a la isla de Patmos donde estuvo hasta su muerte. Su vida no fue sencilla, sino llena de persecución y rechazo. Es por lo que estas palabras debieron tomar un significado muy personal para él.

La promesa de Dios para con Sus hijos es extraordinaria. El énfasis de este texto no está en la ausencia de llanto, clamor o dolor, aunque ciertamente es un aspecto espectacular. El énfasis de este texto está en Dios, en Su presencia, en Su acción: enjugar toda lágrima de los ojos de Sus hijos. Esto quiere decir que la relación rota de antaño finalmente será restaurada. Habrá cercanía, intimidad y comunión, y nunca jamás habrá separación otra vez entre Dios y los hombres. No habrá razón de llorar, pues todo lo malo habrá sido hecho bueno, y Dios mismo, el Rey de todo y de todos, estará con nosotros hasta la eternidad. Finalmente el Rey y Su reino. Para siempre, amén.

# ÍNDICE DE TÍTULOS

# ÍNDICE DE AUTORES

# Acércate a Dios cada día del año.

"Un año de esperanza" se enfoca en las promesas de Dios que te llenan de esperanza para el presente y el futuro. Este devocional te guiarán a acercarte a Dios cada día del año. Con varias ediciones en la Serie "Un año...", podrás compartir con otras personas la esperanza que solo Dios puede traer cada día.

## Un año de esperanza
365 DEVOCIONALES para animar tu alma

9781087782973

9781087769936

9781462791828

9781535985499

9781087751467

www.bhespanol.com

B&H ESPAÑOL